関西学院大学研究叢書　第94編

集団規範の実証的研究

～拡充されたリターン・ポテンシャル・モデルの活用～

佐々木 薫

Kaoru Sasaki

関西学院大学出版会

はしがき

本書は長期にわたって個別に発表してきた12篇の研究論文にいくらか手を加えて纏めたものである。4部構成の大まかな構想は当初からあったが、個々の研究は必ずしも目次の順序に従って進められたわけではない。個々の研究の学会発表は、当該研究のほぼ直近の関連学会で行われているが、論文としての公刊は、種々の事情で大幅に遅れたものが少なくない。その際、複数の学会発表を1篇にまとめたもの、学会では報告しなかった新たな分析結果を追加してまとめたもの、さらには学会発表ではなくて調査報告書として公刊した資料の1部に再分析を加えて論文にまとめたものなどがある。また、本書の第1章と第2章のように、1篇の既刊論文を2章に分割して増補した場合もある。初出論文の標題と掲載誌は次の通りである。

初出論文：

第1章・第2章　佐々木　薫　1963
集団規範の研究：概念の展開と方法論的吟味
教育・社会心理学研究　4巻 (1号)　Pp. 21–41.

第3章　佐々木　薫　1994
欠勤に関する職場規範の調査研究
関西学院大学社会学部紀要　第70号　Pp. 71–88.

第4章　佐々木　薫　1994
欠勤および遅刻に関する職場規範の調査研究：都市消防の事例研究
関西学院大学社会学部紀要　第71号　Pp. 45–68.

第5章　佐々木　薫　1966

集団規範の研究（Ⅲ）：生産水準規範に及ぼす課題遂行方式の効果に関する実験的研究
教育・社会心理学研究　5巻 (2号)　Pp. 189–199.

第6章　佐々木　薫・山口　真人　1971
リーダーシップ・タイプが集団規範の形成に及ぼす効果の実験的研究
関西学院大学社会学部紀要　第22号　Pp. 209–226.

第7章　佐々木　薫　1965
集団規範の研究（Ⅱ）：看護学院生の帰寮時刻に関する調査研究
教育・社会心理学研究　5巻 (1号)　Pp. 75–85.

第8章　佐々木　薫　1969
寮の門限に関するインフォーマルな集団規範の変動：Return potential model を用いた継時的研究
関西学院大学社会学部紀要　第18号　Pp. 29–45.

第9章　佐々木　薫　1971
集団規範の研究（Ⅳ）：集団のサイズとリーダーが規範変容に及ぼす効果の実験的研究
実験社会心理学研究　11巻 (1号)　Pp. 45–55.

第10章　佐々木　薫　1971
規範形成に及ぼす制裁の効果に関する調査研究：カンニング事件による自然実験
関西学院大学社会学部紀要　第23号　Pp. 79–90.

第11章　佐々木　薫　1995
出席および遅刻に関する規範と集団の成績：吹奏楽部と洋弓部の調査研究
関西学院大学社会学部紀要　第72号　Pp. 73–90.

第12章　佐々木　薫　1995
出席および遅刻に関する規範と集団の成績（2）：野球部の調査研究
関西学院大学社会学部紀要　第73号　Pp. 13–24.

第 13 章　佐々木　薫　1998
監督者、生産水準規範、および集団生産性:集団規範の作用に関する実験的研究
関西学院大学社会学部紀要　第 79 号　Pp. 35–49.

総　括　佐々木　薫　1998
集団規範の研究：理論化の試み
関西学院大学社会学部紀要　第 81 号　Pp. 51–60.

編集の方針：

初めに述べたとおり、これらの研究は必ずしも目次の順を追って進められたものではないので、第 3 章から第 13 章までの各章冒頭に記された「問題」の項はそれが書かれた時点での文献レヴューであって、現状からみれば必ずしも網羅的なレヴューにはなっていない。編集に際して当初は現状に合わせて書き換えるつもりであったが、「問題」の書き換えは、それだけでは済まず、分析の視点や結果さらには考察にも影響を及ぼすことになることが判明し、結局、本書では編集の方針を次のように定めることとした。

1) 基本的用語は統一する。
2) 規範の測定に用いた質問項目は、研究ごとに「方法」の項の本文中に明示する。ただし、すぐ前の章で用いられた質問項目と全く同じものが用いられた場合には、参照箇所を指示した上で省略されることがある。
3) 上記の 2 点と誤りの訂正、難解な表現を若干改める以外は、なるべく元の論文に変更を加えない。
4) 4 部構成の各部に収録された複数の章の間の論理的関連を示すため、各部の冒頭に簡単な解説を付ける。
5) 終章に「総括」を置いて、研究全体の理論的統合を試みる。

謝　辞：

本書に収録された諸研究は、実に多くの方々のご協力によって、はじめて可能となったものである。調査研究における回答者の方々、実験研究におけ

る被験者の方々はもとより、調査や実験の準備から実施、得られた資料の集計・整理の各段階でご尽力下さった多くの方々に感謝申し上げる。初期の研究では、当時の九州大学教育学部三隅二不二教授を中心とする研究グループの皆さんから、中期以降の研究では、関西学院大学社会学部における当時の私のゼミナール生や大学院生の諸君から多大なご協力を賜った。いくつかの研究では、データの処理に際して関西学院大学の情報処理研究センターとその前身である計算センターのお世話になった。またさらにいくつかの研究では、調査や実験の場を提供していただく上でご支援を仰いだり、場合によっては調査を代行して頂いたりもした。私の前任校である筑紫女学園短期大学での当時の同僚の先生方、従業員調査に便宜を提供していただいた企業や官公庁の責任者の方々、関西学生吹奏楽連盟、関西学生アーチェリー連盟、関西野球連合の役員の方々と連盟（連合）傘下各団体の役員の方々、ケースによっては２週間にも及ぶ長期の実験研究に教室と被験者をお借りするなどの願いを温かくお認め下さってその上何かとお世話下さった小学校、中学校、高等学校の先生方にも厚くお礼申し上げたい。これらの方々のお名前は、個々の研究ごとにできる限り注記させていただいているが、種々の都合でお名前の明示を控えさせて頂いた方々も少なくない。もとより感謝の気持ちに差があろう筈はない。

編集に際してお世話になった人々がいる。初期の研究論文のパソコンへの入力には妻と長女が早くから手伝ってくれていたが、関西学院大学社会学部の同僚鳥越皓之教授（現在、筑波大学教授）がスキャナーによる読み込みをお申し出下さり、一挙に完了させることができた。ご多忙中の時間を割いてご援助下さった同教授に心から感謝申し上げる。

本書の原著は学位請求論文として関西学院大学に提出、1999 年２月付けで審査合格と認定され、1999 年度同大学の「大学叢書出版補助金」を受けて出版の運びとなった。これらの過程でご尽力下さった方々と関西学院に改めて感謝の意を表したい。

出版に当たっては、関西学院大学出版会の岡見精夫氏および戸坂美果女史に大変お世話になった。厚くお礼申し上げる次第である。

なお最後にゲラの校正では、ある事情のため特別多忙な時期にあったわが妻から並々ならぬ内助が得られたことを感謝をもって記しておきたい。

2000 年 3 月

佐々木　薫

目　次

総　　括 307

付　　録 335

第Ⅰ部
概念規定と測定法

第I部　概念規定と測定法

第I部では本研究の主題である「集団規範」の概念規定とその測定方法の検討を行う。まず第1章では、成員たちにとって全体像の捕捉が可能な比較的サイズの小さい輪郭のはっきりした集団の中で形成されるインフォーマルな規範に関心の焦点が置かれることを宣言した上で、これまで社会心理学の領域で取り扱われてきたこの概念の変遷ないし展開を振り返り、実験社会心理学の方法論に依拠して実証的研究を進めることを可能ならしめるような、集団規範およびこれに関連した諸概念の定義を試みた。

上での検討において、Jackson（1960, 1965）の提唱する return potential model の有効性が注目されたが、その実用化については多くの課題が残されていた。第2章ではこのモデルの実用化に向けての理論的吟味と、実際のデータ収集への応用とを試みた。これらの過程でモデルの拡充がはかられた。

第1章 集団規範の概念

1. 問題の限定

本研究の対象は「集団規範」である。「集団」に関しても「規範」に関しても、その定義をめぐって多くの議論があるが、本研究が対象としたのは、職場集団、学級、全寮制の看護婦養成機関のクラス、学生団体（クラブ、サークル）など、比較的サイズの小さい輪郭のはっきりした個別の集団に見られるインフォーマルな規範である。したがって、全体社会、産業組織体、あるいは学校全体というような、成員個人にとって全体像の捉え難い大規模な集合体ないし組織体は背景ではあっても、直接の研究対象とはなっていない。また、就業規則、学則、寮則、団体規約といったフォーマルな規範はインフォーマルな集団規範の有り様を規定する重要な与件として注目されはするが、われわれの研究の焦点ではない。フォーマル規範は集団の成員たちによって集合的に解釈し直され、いったんインフォーマル規範に変換されたのち、成員たちの実行動をより直接的に拘束することになる。このようなインフォーマル規範の形成と作用にこそ実験社会心理学ないし集団力学が目を向けるべき興味深い研究課題が存在すると思われたのである。

2. 社会心理学における「集団規範」概念の展開

すぐれて社会学的ないしは文化人類学的事象と考えられていた集団規範の問題を、心理学の領域に持ち来たして実験的な方法で研究を開始したのはSherif（1935）であった。彼は知覚が社会的要因によっても規定されることを示した実験、いわゆる社会的知覚の実験的研究から出発して、社会的規範（social norm）の起源を説明しようと試みた（Sherif，1936）。2人ないし3人の被験者を１グループとして自動運動現象を観察させ、光点の見えの移動距離を、各人の判断値がグループの成員相互に聞こえるような条件のもとで、反復回答させると、同一グループの成員の判断値はしだいに接近し、グループに固有な一定の範囲内に収斂して安定した。彼はこの現象をもって、グループの成員間に光点の移動距離に関する共通の準拠枠（frame of reference）が成立したものと考え、このような共通の準拠枠を集団規範（彼の語法に従えば、social norm）とみなした。

集団規範を成員に共有された準拠枠（shared frame of reference）として定義する考え方は、Newcomb（1950）にいたってもっと徹底したものとなっている。彼は上述の Sherif の実験を略述した後「われわれは、このような共有的フレーム・オブ・レファレンス――コミュニケーションの結果として生じ、そしてコミュニケーションを可能にする――を集団規範と呼ぶ。」と言い、例えば、「動物に無慈悲である」行動は、「動物は他の形式の物的所有物と同じである」という規範の存在するところでは、「動物を苛酷に取り扱う人は、それらをあまり価値あるものだと思わない人である」というコミュニケーションを伝達し、一方「動物は苦痛に敏感だという点では人間と同じである」という規範のもとでは、「動物に無慈悲な人は、他人の苦痛に無関心で、そしておそらく自分の子供をも虐待する人である」というコミュニケーションを伝達するのだとしている。この例から明らかなように、Newcomb が考えている集団規範の概念そのものには、一般に道徳的規範などの語法から連想されるような当為としての性格は必ずしも含まれていない。彼は続けていう。「『規範』の用語を……集団成員に用いるときは、別の意味がその用語にまぎれこんでくることはやむを得ない―すなわち、規範は遵守すべき理想であるということである。規範の意味を“共有的フレーム・オブ・レファレンス”と“遵守すべき理想”の２つに用いることはまぎらわしいので、われわれは後者の目的のためには『行動基準 bebavior standard』という言葉におきかえよう。」と言う。

上のように、規範を当為的性格から解放して、共有された準拠枠として定義する行き方を Rommetveit（1955）は「シェリフの伝統 Sherif´s tradition」と呼んで、一般に準拠枠という概念そのもののもつ曖昧さがこの種の定義にもつきまとうことを指摘し、かつ批判している。すなわち、2人（またはそれ以上）の人間が同一の対象を認知あるいは判断するとき、

[Ⅰa]　共通の次元上の共通の尺度で認知・判断する（たとえば、注1 材木商同士が立木の値ぶみをする）、

[Ⅰb]　認知の次元は共通だが、尺度は共通というほどでなく類似しているという程度の場合（たとえば、立木を売手と買手が値ぶみする）、

[Ⅱa]　次元は共通だが尺度は異る場合（たとえば、材木商と運搬業者が木を見る）

[Ⅱb]　共通ではないが類似した次元で認知・判断する場合（たとえば、伐木夫と運搬業者が木を見る）

[Ⅲ]　各人異った次元で認知するが、相互に相手の用いる次元を理解することができる場合（たとえば、材木商はいくら儲かるかという次元で、また画家は審美的な次元で立木をみるが、互いに相手の見方を理解できている）

のいずれをもって、準拠枠が共有されているとみなすべきか明確でないし、従来の研究もその点で混乱しているというのである。[Ia] の立場は知覚心理学でいう厳密な意味でのフレイム・オブ・レファレンスの用法と一致するが、[Ⅲ] のような立場になると、その内包は初期のフレイム・オブ・レファレンス研究で考えられていたものをはるかに超えてしまう。しかしながら、コミュニケーションを可能にする必要かつ充分なる条件という基準からすれば、当然、含まれるべきものである。Newcomb が規範の概念をこのように広範な内包をもつものとして用いていることは、規範の内在化に関する彼の論議にもうかがえるが、ここでの引用は省略する。

一方 Stouffer（1949）は、その規範葛藤に関する研究において、規範を一種の役割義務（role obligation）のごときものとして扱っている。彼は質問紙法によって、被験者たちに「もしあなたが試験の代理監督をしている最中にカンニングしている学生を発見したら」という仮想的場面を想定させ、厳しさの異る5通りの処置を示して、それらの各処置に対する大学側の是認（また

は否認）の程度と、学生仲間からの是認（または否認）の程度とを尋ねた。ここでは是認－否認という次元で測られた集団成員たちの期待という観点から、規範を考えているのである。したがって、この場合には Newcomb のいう行動基準に相当するものが考えられている。このような意味での規範においては、遵守または同調への圧力が中心的な重要さをもっているのである。

Rommetveit は Festinger 他（1950）のいう集団標準（group standard）[注2]にも Stouffer の役割義務におけると共通な社会的圧力（social pressure）に基づく概念規定がみられることを指摘し、さらに彼自身もこの立場で規範に関する理論的モデルを展開している。彼はまず規範の送り手 norm-sender（A）と規範の受け手 norm-receiver（E）の存在を前提し、「社会的規範とは、繰り返えし生起する一範疇の事態におけるＥの行動とＡの間に存在する圧力であると定義し、この圧力は次のような形をとって現われるものだとしている。すなわち、Ｅ が特定の仕方（Xi）で行動することを Ａ が期待する（expect）または望む（wish）、あるいはＥが Xi をとる（または、とらない）ときＡは満足する（または、不満を感じる）または外顕的な制裁（overt sanction）を加える。Ａ と Ｅ との間にこのような状況のいずれかまたはすべてが存在するならば、そこに社会的規範が存在する、と認めるのである。彼はまた、規範の送り手と受け手の区別に対応して、「送られた規範（sent norm）」と「受け取られた規範（received norm）」とを区別する。なぜなら、両者は時として食い違うからである。いまＡがＥに期待している行動を Xi とすれば、Ａが自分（E）に期待しているとＥ自身が認知する行動は、Xi に類似してはいるが同一ではないことを示すために Xj で表わされる。彼は、Xi と Xj との差異を規範の虚構性（fictitiousness）と呼んで、ここにも規範研究の一領域があることを示唆している。

Rommetveit は、彼の理論的モデルを展開する前段階の作業として、彼以前の規範研究者によって行なわれていた種々の概念規定を整理したところで、上述の「共有された準拠枠」としての規範および「社会的圧力としての規範」のほかに、もう一つ行動の斉一性を記述するための、あるいは斉一性の存在から推論された規範の概念があることを指摘している。このような見方は一般に文化人類学者や社会学者によって、一つの社会全体の記述に際して用いられることが多い。方法論上ある程度やむを得ない単純化ではあろうが、行動の斉一性が直ちに規範の存在を保証するものでないことは注意しなければならない。全く物理的に規制された斉一性も存在するし、あるいは、二つ以上の規範ないし行動基準の拮抗から結果する斉一性もあり得るからである。

しかしながら、実際には特に社会心理学において、規範が純粋に斉一性のみによって定義されたり測定されたりすることはきわめて稀であるように思われる。例えば、McClellamd 他（1958）が行ったアメリカ合衆国およびドイツにおける自己と社会に対する義務（obligations to self and society）の比較研究や Hartley（1960）が試みた規範の両立性（norm compatibility）と準拠集団との関係に関する研究などは、方法論的には行動の斉一性を中心に定義された規範を取り扱っているが、obligation や reference group という概念そのものの中にすでにある程度の社会的圧力ないし心理的圧力が含まれていることは見逃がせない。

さて、社会的圧力を中心に定義された規範は、すでに Festinger 他のいう group standard にもみられるごとく、本来場理論（field theory）と親和的である。この特性に着目した French & Zajonc（1957）は、cross-cultural norm conflict の研究において、規範を力の場（force field）として表現している。これは French（1956）が social power に関する形式理論で展開したモデルの応用である。図 1-1 は、大学生が教授に対して払う敬意の程度を直交座標の横軸にとり、合衆国において理想的と考えられている敬意の程度に対応する点（A）に向う力の強さを縦軸にとって、この力の分布を描いたものである。すなわち、A 点の近くではこの力は小さいが、A 点から遠ざかるにつれてしだいに増大し、A 点からの隔りがある程度を超えるともはや増大するのを止めてしまう、という分布型を示している。彼らはこの A 点（一定の幅をもった範囲であってもよい）を標準（standard）または理想（ideal）と呼び、「本研究の目的のためには、規範は特定の行動次元に沿って行動することを要請されるような事態におかれた集団成員に対し、所与の標準ないし理想（その行動次元上の点または一定の範囲として表現される）に同調するように作用するところの、

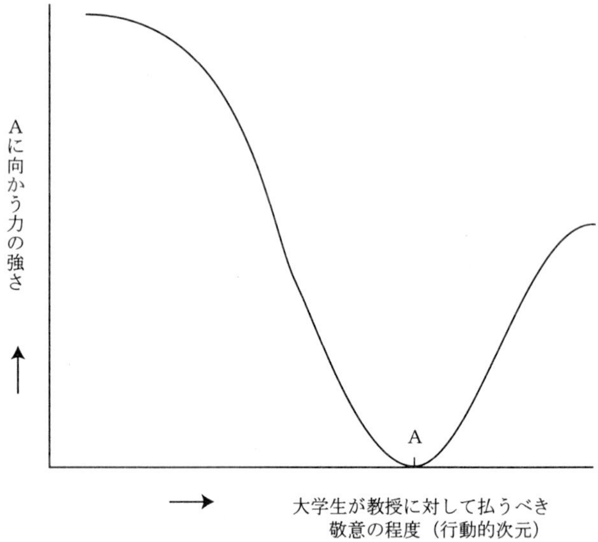

図 1-1　規範のもつ力の場（French & Zajonc,1957）

集団によってもたらされる一組の力（a set of forces)」と定義している。この定義は、集団規範の一般的定義というよりは、規範葛藤の場面における個体の行動を研究するという特殊な目的に即して試みられたものとみるべきであろうが、社会的圧力を中心に定義された集団規範が、場理論的に再定義された例として興味深い。

Jackson（1960）のリターン・ポテンシャル・モデル（return potential model）は、これをさらに一歩進めて、集団規範一般の定義へと発展させ、その定量的測定の可能性を拓いている。彼はある集団が 1 時間の討議を行うという場面を例にとって、図 1-2 を示しながらこのモデルを説明している。この図の横軸は、1 人の成員がこの集団討議で何回発言するかを表しており、左端の 0 回から右端の 8 回までが目盛られている。このように発言という行動を回数の多寡という連続体上に配列したものを行動次元（behavior dimension）と呼び、この次元上のさまざまな行動（ここでは発言回数）が当該集団から受けるであろう評価（是認または否認の程度 : すなわちリターン）の分布を 1 つの曲線で表したものをリターン・ポテンシャル曲線（return potential curve）

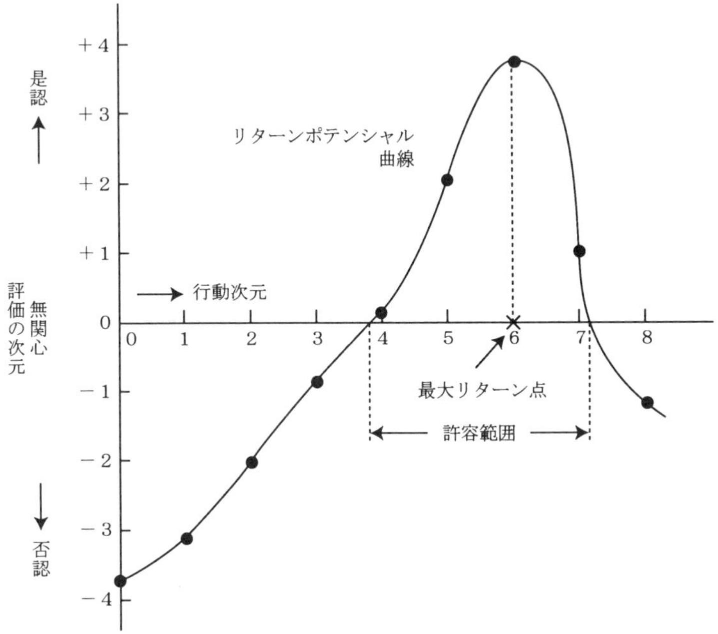

図 1-2　規範のリターン・ポテンシャル・モデル（Jackson,1960）

と呼ぶ。その際、高度の是認から高度の否認にまで及ぶ縦軸を評価次元（evaluation dimension）と呼び、是認（＋のリターン）から否認（－のリターン）に移るリターン 0（良くも悪くもない indifferent）の点に横軸を描いている。そうすることによって、曲線がこの横軸より上にあれば是認、下にあれば否認であることが容易に読み取れる。図 1-2 の例では、4 回から 7 回までの発言は集団によって是認され、3 回以下と 8 回以上の発言は否認されている。

ひとたびこのようなリターン・ポテンシャル曲線が描かれれば、これを基にして、集団規範の構造的特性を表わす次のような指標が導き出せるとしている。

最大リターン点（point of maximum return）：リターン・ポテンシャル曲線の最大値に対応する横軸上の点で、これは該当集団が理想とみなしている行動型を表わしている。

許容範囲（range of tolerable behavior）：リターン・ポテンシャル曲線が是認

の領域にある行動次元上の範囲を指し、この範囲内の行動をとっておれば集団からの否認を受けないですむことを意味する。

規範の強度（intensity of a norm）：行動次元上の各測定点から曲線までの高さ（絶対値）を合計した数値は、値が大きいほどその規範への同調を是認し非同調を否認する度合いが大きいことを意味するから、それだけ規範の順守へ向かわせる集団圧力が大きいことを示す。

是－否認比（approval-disapproval ratio）：所与のリターン・ポテンシャル曲線について是認の平均と否認の平均を求め、それらの比（是認の平均/否認の平均）によって規範が支持的（是認部分が大きい）か、威嚇的（否認部分が大きい）かを表わそうとするものである。後にJackson（1965）は比の代りに是認の総和と否認の総和の差を用いることを提案し、これを**ポテンシャル・リターン差**（potential return difference）と呼んでいる。

規範の結晶度（crystallization of a norm）：リターン・ポテンシャル曲線は集団成員ひとりひとりの認知に基づいて描かれるから、集団の規範として1本の曲線に統合される以前には、個々の成員の認知する曲線が成員の数だけ存在することになる。これらの曲線がよく一致しているほど集団の規範は結晶度が高いことを意味する。各観測点における平均のまわりの分散の和が逆指標として提案されていたが、後にJackson（1965）はCronbachの$100-D^2$を用いることを提唱している。

規範の曖昧度（ambiguity of a norm）：個々の成員ではなく下位集団を単位にとって、それらの間の一致度を指標化することによって、全体集団の規範がもつ曖昧さを知ることができる。

Jackson（1960）は、以上の他に集団の規範的構造の特徴（properties）を表す諸指標を提案し、教育集団におけるそれらの応用可能性について論じているが、ここでの論点からは遠ざかり過ぎるので紹介を省略する。ただし、上述したこのモデルの基幹部分については、集団規範の測定方法と関連させて次章で改めて詳述し、検討を加えるであろう。ここでは次の点に注目しておきたい。French & Zajonc がA点に向かわせる力として概念化したものを、Jacksonは当該行動型に対する集団からの評価ないしリターン（返報）のレベルで捉え、集団成員には一般に自分の属する集団からの評価ないし返報を最大化しようとする、あるいは少なくとも負の評価・返報を避けようとする傾向のあることを前提として、この評価・返報が集団成員をして最大リターン点（これが French & Zajonc の A 点に相当する）または「許容範囲」内の行動型に向かわせる圧力として作用するものと期待している点で、このモデルも規範を圧力中心に定義しようとする系列に属している。さらにもう 1 点注目すべきは、「規範の結晶度」という指標に見られるような成員間一致度という視点を集団規範の概念に取り込んでいることである。

なお、規範の概念規定を直接目指したものではないが、見落すことの出来ない研究がいくつかある。

Deutsch & Gerard（1955）は、社会的影響に規範的影響（normative social influence）と情報的影響（informational social influence）の 2 種があることを実験室実験によって明らかにしている。前者は他者の期待（positive expectation）に沿おうとすることから生じる影響、後者は他人の発信する情報を実在に関する明証として受容しようとすることから生じる影響であると定義されている。後者の存在は、匿名が完全に保証され、他者や集団への配慮がいっさい不要な状況で行われる個人判断においてさえ確認できるのである。社会的影響にこのような 2 種が区別できるということは、集団規範の概念規定における系譜に照らして考えるとき、きわめて興味深い示唆を含んでいる。あの Sherif から Newcomb にいたる「共有的フレーム・オブ・レフアレンス」という定義は、どちらかと言えば情報的影響に重点を置いたものであり、他方、圧力を中心とする規範の定義は、Newcomb の「行動標準」をも含めて、規範的影響に焦点を合わせた概念規定となっている。前者は cognitive な側面に、後者は conative な側面に注目している。しかし、このことは同一現象を異なる視点から観ているということではない。認知が真か偽か（true or false）ということと、行動型がその場に適正であるか不適であるか（appropriate or inappropriate）ということとは別のことであって、集団規範の定義に際して、後者のみに限定すべきか、前者をも含むものとして幅広く定義されるべきか、という問題は残る。いずれ項を改めて検討するであろう。

Thibaut & Kelley（1959）は、規範をその機能の側面から考察している。規範は、それを形式の面からみれば「全成員によって（著者達はこの際とくに2人集団について論じているけれども、より大きな集団への一般化を予想している）少くともある程度まで受容された行動上の規則」（p. 129）というに尽きるが、機能的には「（成員間の）インフォーマルな働きかけ合いの代用物である」（p. 126）という。つまり、彼らの提唱すろ cost-reward matrix の理論からいって、規範は集団成員の相互作用に一定の型を設定することによって、その都度試行錯誤的に繰り返えさなければならないインフォーマルな働きかけ合い（合意を達成するための成員間調整）を省略して cost を下げる働きをしているというのである。これは定義というより機能的特性の叙述であるけれども、注目すべき考察である。

最後に、Cartwright & Zander（1960）は、グループ・ダイナミックスにおける諸概念が個人のレベル、対人関係のレベル、そして集団のレベルでそれぞれ対応をもちながら概念化される必要のあることを指摘している。このことは、規範概念の整理にも適用されなければならない。[注3]

3. 実験社会心理学における「集団規範」の妥当な概念規定を求めて

一般に、概念が科学的研究の有効な用具たり得るためには、(1) 現象の重要な側面に一義的に言及し、(2) その現象のダイナミズムに関連する他の諸変数（または概念）との間に十分明確な論理的関係をもち、かつ (3) その測定または観察が実施可能（必ずしも直接的な測定・観察である必要はないが、何らかの操作的定義を可能にするものでなければならぬ）であることが要請される。概念の妥当性に関するこのような基準は，その内容を問題にするならば、当然、相対的なものであることを免れない。たとえば (3) にいう測定の可能性などは測定技術の発展と共に変化するからである。われわれがここで求めようとしている「規範」の妥当な概念規定も、したがって、その意味では相対的に妥当なもの、将来より妥当なものへと改めらるべきものでしかない。しかし、現時点においては、最も妥当なものであることが目指されなければならない。

Rommetveit が従来の規範研究にみられた規範概念の種々な定義を整理、批判し、社会的圧力に基く再定義を提案したことは、規範概念の一義性を高める上で大きな功績であった。「社会的規範とは、繰り返して生起する一範疇の事態における規範の受け手 E の行動と規範の送り手 A との間に存在する圧力である」という彼の定義は、現象を対人的なレベルで把える限りにおいてほとんど破綻がないように思われる。そのような規範は、対人的影響の試み（interpersonal influence attempt）一般とどう区別されるのか、という疑問が出されるかも知れない。「繰り返えし生起する一範疇の事態における（in a category of recurrent situations）」という限定がそれを区別する、と彼は答えるであろう。この限定は、個人間にみられるその場限りの働きかけ（影響の試み）を排除する。したがって、たとえば、父親が子供に「或る朝 6 時に起床すること」を求め子供がそれに従ったとしても、それは子供が父親の影響の試みを受け入れたのであって、子供は規範に従ったのではない。子供が規範に従ったと言えるためには「いつも朝 6 時に起床すること」という定型化された事前の期待ないしルールがなければならない。前者は 1 回限りの事態であるが、後者は毎朝繰り返し生起する事態なのである。この限定は平凡に見えるけれどもきわめて有力であって、規範ないし規範的過程を対人的なレベルで考察する限り、ほとんど反論の余地を残さないように思われる。

問題は規範を集団のレベルで考えようとするときに生じる。Rommetveit は、上の定義における E および A は個人であっても集団であってもよい、としている。集団 A がその成員 E に一定の行動型を為すこと（あるいは、為さないこと）を期待するというとき、期待する集団 A とは一体何であるか。たとえば、集団の規則、掟などのように明確な形をもった規範が問題になっている場合には、そこに結集された集団全体の意思を考えることは比較的容易であろう。しかし、それほど明確に表示されていないインフォーマルな規範についてはどうであろうか。結局、成員個々人の期待から構成されている何かを考えるほかない。そこでは、当然、その期待の成員間一致度ということが介入して来ざるを得ない。この一致の度合は、多少比喩的に表現すれば、0%から 100%にわたって分布する変量である。集団のレベルで規範の存在を確定することは、対人的なレベルでのそれほど容易ではない。それは、成員間の一致度と共に決定さるべきことがらだからである。つまり、特定の集団において、特定の事項に関し規範が存在するかしないか（2分法）ではなくて、如何ほどの成員間一致度をもって存在するかが示されなければならない。そのとき集団規範の概念は一層高度の一義性を賦与されることになろう。

規範を成員間の期待の一致度とともに把えようとするとき、考えておかねばならない問題が残されている。ここにいう期待は、成員個々人が外部に表明することなく抱いている、すなわち他者によって認知されることのない、期待であってよいものかどうか。たとえば、寮に入った同室の新入学生数名が初めての期末考査を控え、誰もが内心で「他の同室者たちはどう考えているか知らないが、自分は同室者全員が静かに勉強することを望む」と考えていたとする。つまり互いにそうとは知らずに偶然、彼らの期待は100％一致していたとする。この場合、規範の存在を認めるべきであろうか。Rommetveitは、これを「送られた規範」と捉えて、規範の存在を認めるであろう。われわれはそのような取り扱いに疑問をもつ。われわれが規範の存在を認めるのは「試験が近いこの時期には同室者全員が静かに勉強することを、皆が期待している」という相互認知が成立していて、そのため他の人も静かに勉強するだろうから、自分もそうしなければならぬ、という思いが同室者たちに共有されている場合である。すなわち、「期末考査が近くなった時期」という繰り返し生起する事態において、「静かに勉強する」という行動型が当該集団の全成員に妥当なものとして期待されているとの認知が成員たちに共有されていなければならない。Rommetveitはこれを「受け取られた規範」と呼ぶであろうが、われわれは、集団規範は本来受け取られた規範としてのみ存在すると考える。彼のいう「送られた規範」は、われわれのいう集団規範がその背後にどれだけの実質的裏付けをもっているか（たとえば、規範の虚構性 fictitiousness の問題など）を吟味しようとする際参照さるべき事象の一つであって、それ自体としては集団規範たるの資格を有しないものと考える。さらに言えば、Rommetveitの「受け取られた規範」には、そこに期待されている行動型が自分のみならず集団の成員全体に共通に妥当するのだという認知の共有が明示されていない。この共通の妥当性に対する認知の共有こそが集団規範を社会的圧力ないし期待一般から区別する限定条件でなければならない。

混乱を避けるために次のことを指摘しておかねばならない。ここにいう「共通の妥当性に対する認知」とは、妥当するとの認知が成員間に共通しているのであって、妥当すると認知されている行動型そのものが成員間に全く共通であるということと同じではない。各成員は、他者にも共通に妥当すると認知しながら、それぞれ多少異った行動型を念頭に置いているということは大いにあり得ることである。この認知されている行動型が成員間でどれほど一致しているかということは、期待の一致度の問題、Jackson の用語で言えば規範の結晶度の問題なのである。

以上の論議を整理して、われわれの提案しようとする集団規範の概念を明確にしておこう。すべての集団現象がそうであるように、集団の規範ないし規範的過程も、個人または対人関係のレベルと集団のレベルとにおいて二重に把握される。

個人ないし対人関係のレベルにおける規範は、Rommetveit に従って、「繰り返えし生起する一範疇の事態における E（受け手）の行動と A（送り手）の間に存在する圧力」であって、「E が特定の仕方で行動すること（Bi）を A が期待している、または望んでいる、あるいは E が Bi をとる（または、とらない）とき A が満足する（または、不満をもつ）かまたは外顕的な制裁を加えるであろう、という認知が E の側に存在する場合」（Rommetveit の「受け取られた規範」の定義における Xi を Bi に置き換えて表現したもの）、E に関して規範の存在を認めるものとする。

集団のレベルにおける規範は、繰り返えし生起する一範疇の事態において集団の全成員に共通に妥当すると（成員 M によって）認知されている特定の行動型 Bi に同調するよう、集団成員 Mi に作用する社会的圧力 Pi の合成されたものである。したがって、(1) 行動型 Bi は集団の全成員に共通に妥当するという認知が Mi に欠けている場合、(2) Bi の内容に関して成員間で全く一致がない（極限的に結晶度が 0）場合、(3) Bi へ向わせる社会的圧力 P が全くない（ΣP が 0）場合、のいずれか一つまたは二つ以上に該当する事情が認められるときには、集団規範の存在を認めないものとする。ただし、Bi に関する一致度および Bi に向う社会的圧力 Pi（または、その合成されたもの ΣP）はいずれも量的に存在する変数であって、零（0）は極限値的にのみ捉えられる値である。

さて、このように定義された集団規範は、これに関連する他の諸概念とどのような論理的関係をもつであろうか。特に重要と思われるいくつかの概念を取り上げて検討しておこう。

社会的圧力は規範の定義における最も基本的な変数の一つである。社会的環境に由来する一種の強制力であって、それに逆らって行動する個体は、何らかの抵抗[注3]を経験しなければならない。集団規範はある種の社会的圧力であるが、社会的圧力は必ずしも規範ではない。いかなる条件を満たすとき規範とみなすべきかについてはすでに上で論じた。

ここでは**社会的影響**との関連について若干考察しておきたい。研究者によって用語法は必ずしも一致していないが、われわれは次の用語法を提案したい。社会的影響（social influence）は結果であって、社会的圧力（social pressure）はその原因である。すなわち、前者は、後者が作用し始める直前の状態から作用停止時または作用中の任意の時点における状態までの変化として（ただし、コントロール条件との比較をも考慮して）測定されるものであるのに対し、後者は、前者の測定値から間接的に推定されるか、またはその作用方向に逆らう行動が受けなければならない抵抗の大きさによって測定されるものである。Social influence の語は、しばしば社会的圧力の結果としての影響ではなく、むしろ影響の過程を指して用いられることがあるけれども、両者はやはり区別して、後者には社会的影響過程（social influence process）の語を当てるのが望ましい。また、影響をもたらそうと意図してなされる具体的な働きかけを指して言うときは、影響の試み（influence attempt）の語を用いるべきであろう。影響の試みは社会的圧力の一種である。社会的影響に関しては、上で述べたように、Deutsch & Gerard（1955）が巧みな実験によって、規範的影響と情報的影響の 2 種が区別できることを示してる。われわれが先に提案した規範の概念規定との関連でいえば、ここにいう規範的影響が規範と同じ社会的過程を指していることは明らかである。情報的影響についてはどうか。もしその純粋型を考えるならば、それはわれわれのいう規範的過程とは異質であるといわねばならない。なぜなら純粋に考えられた真偽は適不適とは異質だからである。しかしながら、現実の社会心理学的平面で作用するときには真偽はしばしば適不適と結びついている。とくに社会的真実性（social reality）にかかわる情報的影響は、その影響（の試み）の受容・非受容は、単なる真偽の問題として止まらず、社会的是認・否認と離れ難く結びついている。したがって、情報的影響は、それが社会的是認・否認と関連する限りにおいて、規範的過程としての扱いを受けることになるであろう。

同調は、社会的圧力一般に対して起り得るが、とくに規範との関連において論議されるときには、次のように定義されよう。すなわち、個人が社会的圧力に従って、負の制裁（否認）を喚起しない範囲で行動する場合、彼はその社会的圧力またはその圧力の送り手に同調しているという。ここでとくに「負の制裁を喚起しない範囲で」と規定したのは、同調行動が一般にある幅をもっていることを示そうとしたからである。このことは、しかし、その範囲内（Jackson のいう許容範囲）で生起するすべての行動型に一様な正の制裁（是認）が与えられることを意味しない。許容範囲内の種々の行動型には、通常、零からある量までの是認がさまざまな程度に与えられる。集団が理想とする行動型に最大の是認が与えられ、その理想的行動型からのずれが大きくなるにしたがって是認の量は少なくなるであろう。したがって、同調は、上の定義によって非同調と区別される一群の行動型に対して適用される名目尺度（カテゴリー）であるが、同時に、それらの行動型が受け取る（または潜在的に受け取るであろう）是認の量という観点から、同調度なる一つの連続的変量として取り扱われる可能性をもつ変数である。

内在化は、一般に、始め個体の外部に存在していた行動の原因が、時間の経過とともに、個体の内部へ移行する過程と結果を指して用いられる。したがって、操作的には、始め（時点 t_1 において）一定の外的状況との対応においてのみ生起していた個体の行動が、後の時点（t_2）においてその外的状況の欠如にもかかわらず生起するという事実によって確認される。このことは規範の内在化にもそのまま適用できる。すなわち、時点 t_2 において社会的環境からの是認の獲得または否認の回避を予想することなく、それらを予想した t_1 におけると同様の行動がとれる個体において、規範が内在化された事実を認めることができる。内在化もまた量的に存在する変量として考えられるが、その具体的測定法については、今後さらなる検討を要するように思われる。

最後に、規範とくに集団レベルにおける規範の測定可能性に関して言えばJackson のリターン・ポテンシャル・モデルが重要な足掛かりを提供してくれている。すなわち、行動次元を横軸に、評価（またはリターン；われわれのいう是認・否認ないし制裁に相当する）の次元を縦軸にとり、行動次元上の各点に対応する行動型に対して集団が与えるであろう（と成員に認知されている）評価の程度をプロットしていけば一つの曲線すなわちリターン・ポテンシャル曲線が得られる。この曲線に基いて集団規範の種々な構造特性を量的に示す指標、たとえば、最大リターン点、許容範囲、強度、是－否認比またはポテンシャル・リターン差、結晶度などが得られることはすでに紹介した。従来事後解釈的に媒介変数としてのみ取り扱われることの多かった集団規範は、このような量的測定の可能性をもつことによって、実験社会心理学における従属変数としての地位、そしてさらなる研究の進展を通して独立変数の地位をも獲得できるようになるであろう。方法としてのこのモデルの実用化と拡充については次章で検討する。

注記：

＊この章は、佐々木（1963）の前半部分を改訂補筆したものである。

注 1　以下のたとえはすべて筆者による補足である。

注 2　Festinger 他（1950）によれば、group standard は a set of directions which the group induces on the forces which act on the members of the group と定義されている（P. 166）

注 3　集団規範の概念について考察をすすめる手掛りは、以上に尽きるものではない。従来の諸研究で取り扱われた問題領域（たとえば、規範の形成、持続と変容、葛藤など）およびそれらの研究を通じて明らかにされた諸事実もまた有力な手掛りとなる。これらに関するレビューはすでに別のところでなされているので改めて繰り返さない（三隅、1963 とくにⅢＡの項を参照）。

第2章 測定方法の検討：リターン・ポテンシャル・モデルの実用化と拡充

この章では、はじめに Jackson のリターン・ポテンシャル・モデルが集団規範の測定法という観点から検討され、モデルの実用化とさらなる拡充が提案される。次いで、その方法の実用性を検証するために行われた2つの予備的研究（調査研究と実験室実験）が報告され、最後にこれらの結果を踏まえて、方法論のいっそうの精緻化が試みられ、残された問題が考察される。

1. Jackson の return potential model の検討

すでに前章で紹介したように、Jackson（1960）は、横軸に行動次元をとり縦軸に評価次元をとって、行動次元上の各点に対応する行動型に当該集団が与えるであろう評価（是認または否認の度合）を目盛ってこれを曲線でつないだものをリターン・ポテンシャル曲線と呼び、この曲線から該当集団がその行動次元に関してもっている集団規範の構造特性を表わす次のような指標が導き出せるとしている。

最大リターン点（point of maximum return）：リターン・ポテンシャル曲線の最大値に対応する横軸上の点で、これは該当集団が理想とみなしている行動型を表わしている。Jackson はこれを許容範囲、強度、是－否認比に次ぐ4番目の構造特性として挙げているが、われわれはこれを第1の特性と位置づけたい。理由の第1は、集団が理想とみなしている行動型を知ることは集団規範を把捉する上できわめて重要であること（事実、規範の計量的測定の可能性が拓かれていなかった時期には、理想的行動型によって規範が記述されていたほどである）、理由の第2は、この特性が規範の強度や是－否認比について考える際問題となる行動次元の上限－下限とはまったく独立に定義できることである。

許容範囲（range of tolerable behavior）：リターン・ポテンシャル曲線が是認の領域にある行動次元上の範囲を指し、この範囲内の行動をとっておれば集団からの否認を免れることを意味する。Jackson は特に指摘していないが、リターン・ポテンシャル曲線と横軸の交点も、当然、この範囲に含まれる。狭い許容範囲をもつ規範は、他の条件が一定ならば、広い許容範囲をもつ規範より、集団によって許容される行動の選択範囲が制限されるという意味において、成員にとって厳しい規範と言える。Jackson（1960）は、集団にとって重要な行動次元の規範ほどその許容範囲は狭いものとなるであろうとの予想を述べている。

この特性もリターン・ポテンシャル曲線が横軸と2点で交わる限り、原理的には行動次元の上限－下限とは独立に定義できるが、規範によっては、例えば門限に関する規範のように（図2-1参照）、1点でしか交わらないものもあるので、その際の処置を工夫する必要がある。（実際の処置については第7および8章を参照せよ。）

規範の強度（intensity of a norm）：行動次元上の各尺度点（＝測定点）から曲線までの高さを合計したものを指標にとって、これを規範の強度と呼ぶ。言うまでもなく、否認（すなわち、負のリターン）は絶対値に変換して加算しなければならない。この指数は値が大きいほど、その規範への同調を是認し、非同調を否認する度合いが大きいことを意味するから、それだけ規範の順守へ向かわせる集団圧力が大きいことを表わしている（図2-2のaとbを比較せよ）。

ここで行動次元の上限と下限が問題となる。なぜなら、上限と下限をどう取るかによってこの指数の値は変わるからである。Jackson が例示に用いた1時間の集団討議における発言回数の場合には、下限は0回であり、上限は1時間内に可能な発言回数として実証的に決定できると思われるから、特に問題とはならないであろうが、例えば出社時刻に関する職場規範の場合には、前夜の残業から引き続いての勤務などを考えると、規範の測定に当たって早い方（下限）の出社時刻をどこまで取り、遅い方（上限）をどこまで取るかを決めるには別の基準が必要となる。Jackson 自身はこのことに触れていない

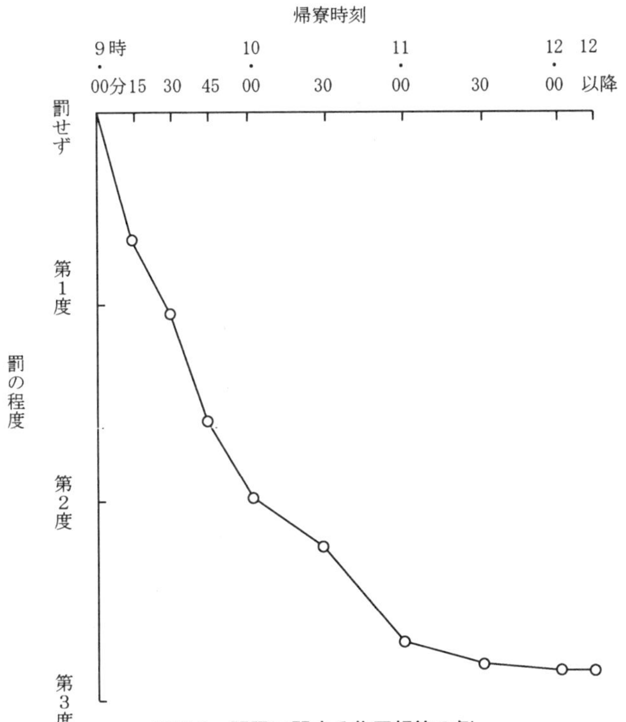

図 2-1　門限に関する集団規範の例

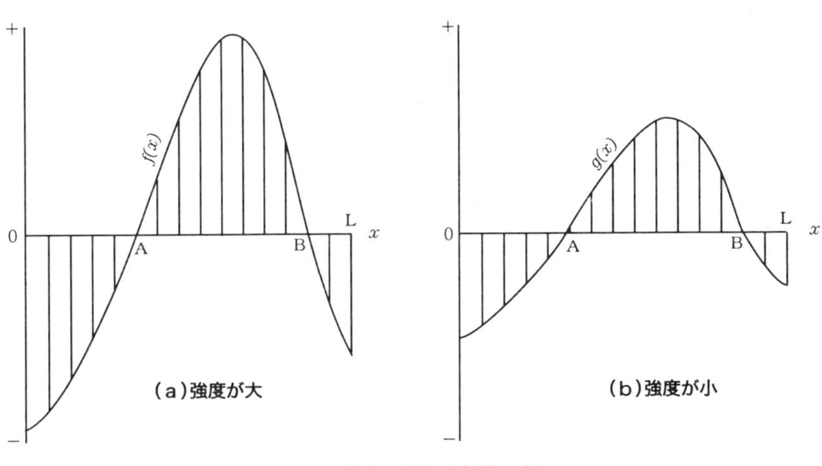

図 2-2　強度の異なる規範の例示

が、われわれは次のような原理的基準を提案したい。すなわち、行動次元（グラフの横軸）を左方向に延長して行ってリターン・ポテンシャル曲線が水平に（すなわち、横軸と平行に）なり始める点を下限とし、右方向に延長して同様にリターン・ポテンシャル曲線が水平になり始める点を上限とするのである。リターン･ポテンシャル曲線が水平になるということは、行動型によって評価（リターン）に変化が生じないことを意味するから、それ以上の追跡は不要と考えるのである。この基準は、勿論、原理的であると同時に便宜的でもある。実際の測定においてこの基準を堅持することは容易でないことが第 3 章以下の実証研究で示されるであろう。規範測定にまつわる難問の 1 つである。

是－否認比（approval-disapproval ratio）または**ポテンシャル・リターン差**（potential return difference）：前者は所与のリターン・ポテンシャル曲線について是認の平均と否認の平均を求め、それらの比（是認の平均／否認の平均）によって規範が支持的（是認部分が大きい）か威嚇的（否認部分が大きい）かを表わそうとするものである。後に Jackson（1965）は比の代りに差を用いることを提案しこれをポテンシャル･リターン差と呼んでいる（図 2-3 参照）。

われわれはこのモデルの実用化を試みて収集した資料の検討を通して、Jackson がポテンシャル・リターン差を提案する以前から、平均の比よりも総和の差の方が有効であることに気付いていて、これを**是－否認差**（approval-disapproval difference）と呼び慣わしてきた。Jackson は 1960 年に是－否認比を提案して 5 年後に、是－否認比には触れないまま、ポテンシャル・リターン差を提案しており、その際変更の理由を一切説明していない。われわれは上述の予備的検討の中で、稀に、是認の平均が 0 になる場合や否認の平均が 0 になる場合の存在することに気付いた。前者の場合是－否認比は、否認の平均の大きさに関係なく、0 となり、後者の場合比の算出は不能となる（分母となる否認の平均を極限的 0 と捉えれば、比の値は無限大となる）。さすがに分子と分母が共に 0 となる事例は存在しなかったが、比を用いることの不十分さは明瞭である。さらに言えば、是認も否認も 0 でない通常の事例においさえ、是認の平均と否認の平均の比を用いるよりも是認の総和と否認の総和の

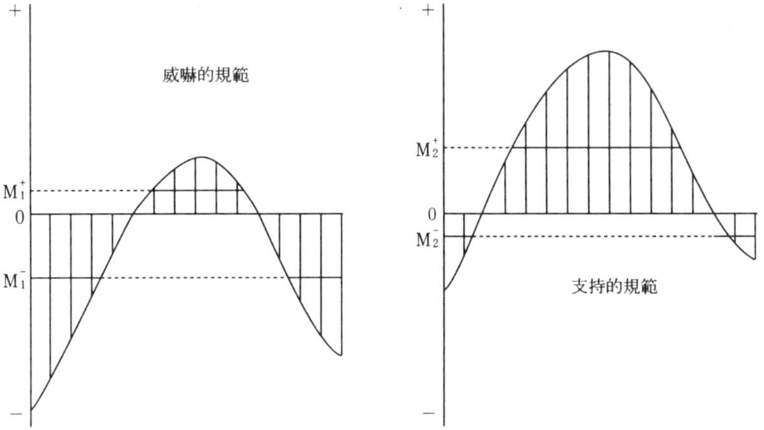

是-否認比：$\frac{M_1^+}{M_1^-} < \frac{M_2^+}{M_2^-}$　　但し　M^+：是認の平均値
M^-：否認の平均値

是-否認差：$\Sigma R_1 < \Sigma R_2$　　但し　Rはリターン
横軸より上は＋、下は−

図 2-3　支持的な規範と威嚇的な規範の例示

差を用いる方が、規範の支持性−威嚇性を示す指標として優れている。前者の指標は是認（否認）を平均値に加工することで抽象化され、比を用いることで基準値が1となり（下方は0から1未満の範囲の少数値となるのに上方は無限大まで広がっている点で）指標のとり得る値の範囲が基準値の上下でアンバランスとなるのに対して、後者の指標は是認（否認）の総量をそのまま計算に用いることで第1段階での抽象化を免れ、差を用いることによって基準値が0となり、指標のとり得る値も基準値の上下でバランスよく正負の領域に広がり得るからである。

この指標も、行動次元の上限−下限の取り方によって値が左右される。

規範の結晶度（crystallization of a norm）：リターン・ポテンシャル曲線は集団成員ひとりひとりの認知に基づいて描かれるから、集団の規範として1本の曲線に統合される以前には、個々の成員の認知する曲線が成員の数だけ存在することになる。これらの曲線が成員間でよく一致しているほど集団規範はよく結晶していると言える（図2-4参照）。指標としては各観測点における

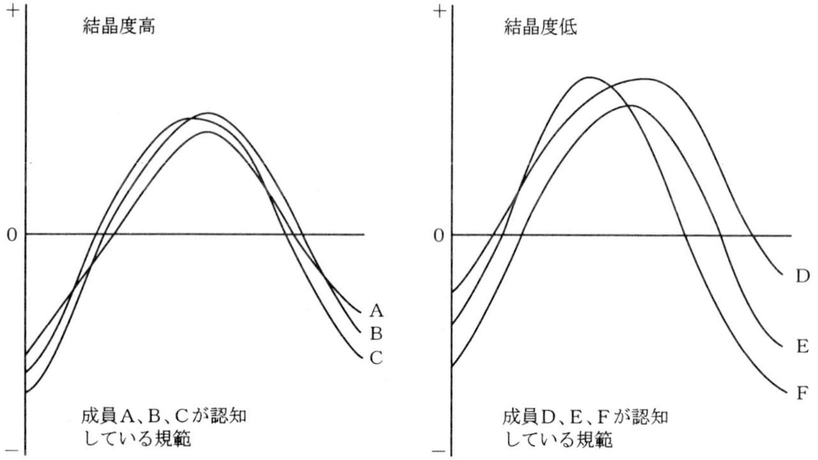

図 2-4　結晶度の異なる規範の例示

平均のまわりの分散の和が用いられ、この値が小さいほど結晶度は高いとされる。指標の値の大小と結晶度の高低が逆になっていることを改善するため、後に Jackson（1965）は Cronbach の $100-D^2$ を用いることを提案している。

規範の曖昧さ（ambiguity of a norm）：結晶度の低い特殊例として、下位集団間の不一致（但し、下位集団内部では結晶度大）ということがある。この場合、特に規範の曖昧さという指標を考えることができる。成員個人に代えて下位集団を単位にとって、各下位集団のリターン・ポテンシャル曲線がどれほど一致しているかを結晶度算出の方法に準じて計算すればよい。結晶度が極度に低い場合には規範の欠如を論じることができるが、極度の曖昧さは規範の完全な欠如ではなく、複数の下位集団がもつ複数の規範の存在と関係している。

2. モデルの拡充と構造特性指標の追加

これらのほかに佐々木は、Rommetveit（1955）の所説や自身による実証研究の進展などから着想を得て、さらに次のような指標を考案した。[注1]

私的見解（private position）：集団が与えるであろう評価とは別に、成員個々人が私的な意向として与えたいと思っている評価を考えることができる。この評価を、先のリターン・ポテンシャル曲線と類似の方法で曲線に表わしたものを私的見解（または私的見解の曲線）と呼ぶことにする。成員個々人から得た私的見解の曲線を当該集団について統合すれば（実際には、各観測点ごとに算術平均を求める）、その集団における平均的な私的見解を表わす１本の曲線が得られる。これについても、上でみたリターン・ポテンシャル曲線の場合と同様に、最大リターン点、許容範囲、強度、是ー否認差を考えることができるであろう。以後、私的見解という時は、特に断らない限り、この平均的な私的見解のことを指して言う。

私的見解の一致度（congruence of private positions）：規範の結晶度に対応する指標を私的見解について求めたものを（私的見解の）一致度と呼ぶ。指標（分散の和）の値が小さいほど一致度は高い。

規範の虚構性（fictitiousness of a norm）：リターン・ポテンシャル曲線によって表わされた集団規範と私的見解とのくい違いを規範の虚構性と呼んで、規範の特性を表わす１つの指標とする。行動次元上の各測定点における集団規範と私的見解の差（絶対値）を合計してこの値を算出する。規範の虚構性は、いわゆる「多元的無知 plural ignorance」と関係している。虚構度が大きいことは、その規範に対する集団成員の内発的支持が少なく、成員たちが多元的無知の存在に気付いたとき急速に規範が変化する可能性を持つものとして、その集団規範の不安定性を示唆している。

規範の虚構性は私的見解と集団規範とのズレであるから、ズレの方向に２つの場合がある。私的見解を基準にして集団規範がより厳しい方向（是認が少なく、否認が多い方向）にズレている場合と、反対により寛やかな方向（是認が多く、否認が少ない方向）にズレている場合とである（図 2-5）。佐々木は全寮制の看護婦養成機関における寮の門限に関する寮生たちのインフォーマルな規範を調べた研究（佐々木, 1969:第８章）で、前者の場合集団規範は成員たちによって**過厳視**されていると言い、後者の場合**過寛視**されていると言って、両者を区別することを提案し、これを用いて規範の変容過程を分析している。

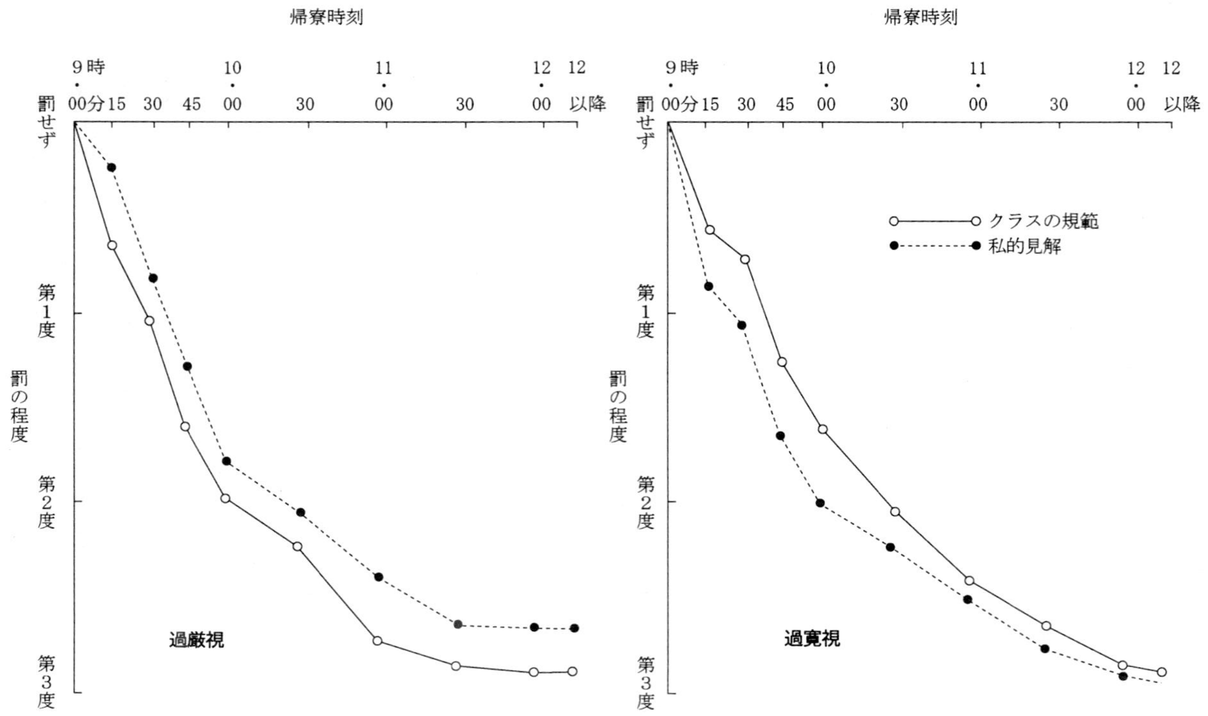

図 2-5　虚構性の 2 つの場合：規範の過厳視と過寛視

3. 予備的研究 1：Stouffer の方法の検討

Stouffer（1949）は，ハーバード大学とラドクリフ大学の学生を対象に、質問紙法によって、回答者が教官の代理として期末考査の監督に当っている時にある学生がカンニングしているところを発見したという事態を想定せしめ、厳格さの異なる 5 通りの処置（「A. 答案を取り上げて即刻退場を命じ大学当局にカンニングの事実を通告する」から、「E. 見て見ぬふりをする」までにわたる）に関して予想される大学当局側の反応、及び回答者の学友達の反応を是認－否認の 4 段階尺度上に回答させた。彼はこの資料を基に、処置 A から E までを横軸上にとって、それら各処置を大学当局（またはクラスの学友達）が是認するであろうと回答（4 段階尺度上の是認の側の 2 段階に回答）した者の全回答者中に占める百分比を縦軸に目盛って図 2-6 のような曲線を得た。

この表示は、カンニングを発見された学生に対する 5 通りの処置を行動次元（横軸）にとり、縦軸（評価次元）にこれらの処置に対するクラスの学友

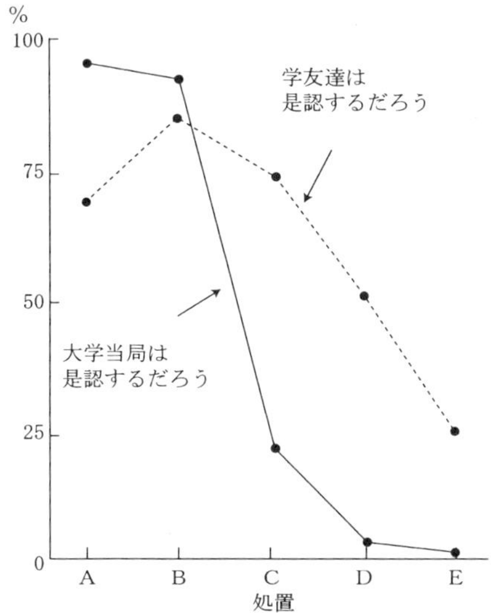

図 2-6　各処置を是認する者の割合（Stouffer,1949）

たちの是認の程度をとって、各処置に対する是認の分布を表している点でリターン・ポテンシャル・モデルの考え方にきわめて近い。この分布曲線をリターン・ポテンシャル曲線に変換することはできないであろうか。Jackson が考えた行動次元は比率尺度（討議における発言回数）ないし間隔尺度（授業への出席時刻）であったが、この際は順序尺度（厳しい処置から寛大な処置へと配列）であることを容認し、是認（または否認）の程度を回答させるために提示された4段階の回答肢（a. 期待通りにやってくれた；b. 必ずしも期待通りではないが、まあそれでもよかろう；c. まずいことをしてくれた；d. けしからんことをした、許せない）を近似的に間隔尺度とみなして、これらに4から1までの得点を与えて平均値を算出できるようにすればよい。Stouffer 自身は、回答肢 a または回答肢 b に答えた者の全回答者中に占める百分比を用いているが、これは、結局、4段階の回答肢を ab と cd の2段階に区分し直し、それぞれに 1，0 のウェイトを与えて算出した平均値（%にするため100倍してあるが）と同じである。その際、回答肢 a も b もともにウェイトは1であって、是認の程度の差は計算上認められていない（否認の方も cd 共に 0）。しかし現実には、程度の差を考慮するのが自然であろう。

このような観点から Stouffer の方法を再吟味するため、われわれは T 女子短期大学（n ＝ 124）、Y 大学Ⅱ部（夜間課程：n ＝ 62）、および K 大学の商学部（n ＝ 166）[注2] の各標本について、次のような質問紙を作成して調査を行なった。

質問形式［甲］[注3]

まず、次のような場面を想像して下さい。

あなたは今、ある教授に頼まれて、期末試験の監督をしているところです。試験半ばで、あなたは、1人の学生がカンニング・ペーパーを使ってカンニングしているのを発見しました。あなたがその学生の席に近づくと、その学生は観念したように「やあ、バレたか」と言いました。それはあなたの知らない学生です。

代理監督としてのあなたが、この場合とり得る処置として、だいたい次の５通り（A，B，C，D，E）が考えられます。

A.　カンニング・ペーパーと答案用紙を取り上げ、直ちに退場を命じ、あとで担当教授に報告する。

B.　カンニング・ペーパーを取り上げた上で、そのまま受験を続けさせ、あとで担当教授に報告する。

C.　その学生が何か別の口実を設けて自発的に受験を放棄するようにすすめる。すすめに応じない場合には、やむを得ずカンニングの事実を担当教授に報告する。

D.　カンニング・ペーパーだけを取り上げ、そのまま受験を続けさせる。担当教授には報告しない。

E.　見て見ぬふりをし、担当教授にも報告しない。

上の場面をよく念頭に置いて、次の質問に答えて下さい。

[質問 1] この出来事は、あなたが黙っている限り、担当教授にも、またあなたの学友たちにも伝わる心配はないものとします。

そういう場合、あなたはどの処置をとりますか。代理監督としてあなたが①もっとも取りそうな処置、②その次に取りそうな処置、③もっとも取りそうにない処置、④その次に取りそうにない処置を、それぞれ A, B, C, D, E の中から１つ選び○で囲んで下さい。

代理監督としてのあなたが

①もっとも取りそうな処置………A　B　C　D　E
②その次に取りそうな処置………A　B　C　D　E
③もっとも取りそうにない処置…A　B　C　D　E
④その次に取りそうにない処置…A　B　C　D　E

[質問 2] もしあなたが **A の処置**を取ったとして、そのことが担当教授とあなたの学友たちに伝わったとすれば、彼らはそれぞれどう思うでしょうか。a, b, c, d の中から１つ選び○で囲んで下さい。

担当教授は　a. 期待通りにやってくれた、と思うだろう。
b. 必ずしも期待通りではないが、まあそれでもよかろう、と思うだろう。
c. まずいことをしてくれた、と思うだろう。
d. まったくけしからんことをした、許せない、と思うだろう。

学友たちは　a. 期待通りにやってくれた、と思うだろう。
b. 必ずしも期待通りではないが、まあそれでもよかろう、と思うだろう。
c. まずいことをしてくれた、と思うだろう。
d. まったくけしからんことをした、許せない、と思うだろう。

［**質問 3**］ もしあなたが **B の処置**を取ったとしたら、どうでしょうか。

担当教授は　a. 期待通りにやってくれた、と思うだろう。
b. 必ずしも期待通りではないが、まあそれでもよかろう、と思うだろう。
c. まずいことをしてくれた、と思うだろう。
d. まったくけしからんことをした、許せない、と思うだろう。

学友たちは　a. 期待通りにやってくれた、と思うだろう。
b. 必ずしも期待通りではないが、まあそれでもよかろう、と思うだろう。
c. まずいことをしてくれた、と思うだろう。
d. まったくけしからんことをした、許せない、と思うだろう。

［**質問 4**］ もしあなたが **C の処置**を取ったとしたら、どうでしょうか。

担当教授は　a. 期待通りにやってくれた、と思うだろう。
b. 必ずしも期待通りではないが、まあそれでもよかろう、と思うだろう。
c. まずいことをしてくれた、と思うだろう。
d. まったくけしからんことをした、許せない、と思うだろう。

学友たちは　a. 期待通りにやってくれた、と思うだろう。
b. 必ずしも期待通りではないが、まあそれでもよかろう、と思うだろう。
c. まずいことをしてくれた、と思うだろう。
d. まったくけしからんことをした、許せない、と思うだろう。

［**質問5**］もしあなたが**Dの処置**を取ったとしたら、どうでしょうか。
担当教授は　a. 期待通りにやってくれた、と思うだろう。
b. 必ずしも期待通りではないが、まあそれでもよかろう、と思うだろう。
c. まずいことをしてくれた、と思うだろう。
d. まったくけしからんことをした、許せない、と思うだろう。
学友たちは　a. 期待通りにやってくれた、と思うだろう。
b. 必ずしも期待通りではないが、まあそれでもよかろう、と思うだろう。
c. まずいことをしてくれた、と思うだろう。
d. まったくけしからんことをした、許せない、と思うだろう。

［**質問6**］もしあなたが**Eの処置**を取ったとしたら、どうでしょうか。
担当教授は　a. 期待通りにやってくれた、と思うだろう。
b. 必ずしも期待通りではないが、まあそれでもよかろう、と思うだろう。
c. まずいことをしてくれた、と思うだろう。
d. まったくけしからんことをした、許せない、と思うだろう。
学友たちは　a. 期待通りにやってくれた、と思うだろう。
b. 必ずしも期待通りではないが、まあそれでもよかろう、と思うだろう。
c. まずいことをしてくれた、と思うだろう。
d. まったくけしからんことをした、許せない、と思うだろう。

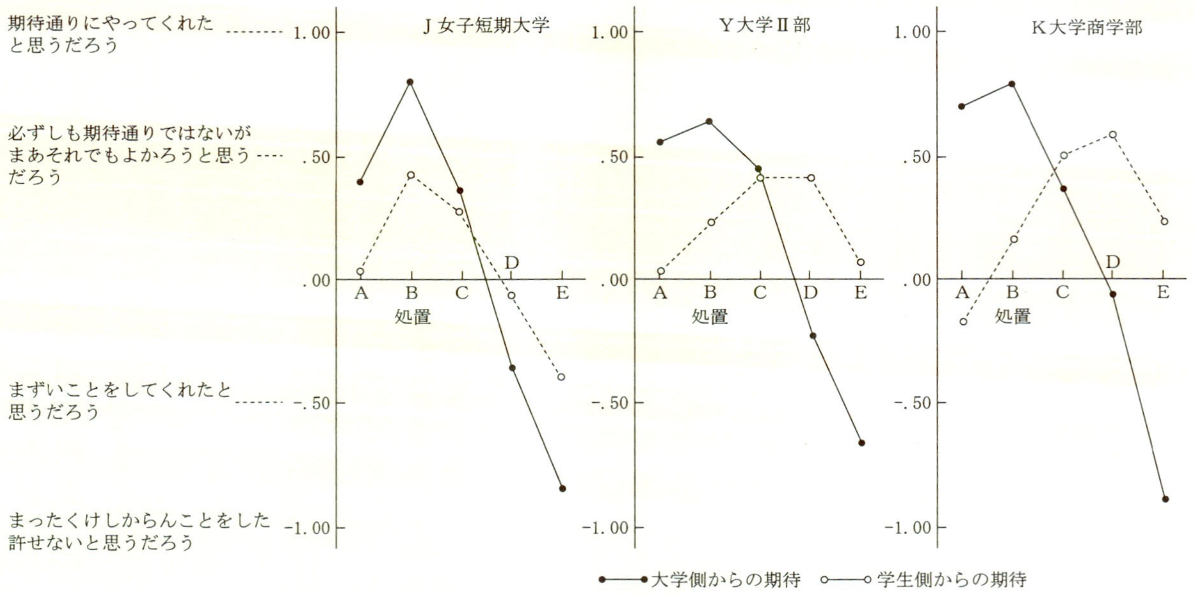

図 2-7　各標本における回答者たちが認知した大学側および学生側からの期待を示すリターン・ポテンシャル曲線

表 2-1　各標本における学友側の規範の構造特性

標　　本	n	集団規範の構造特性				
		最大リターン点	許容範囲	強度	是－否認比	結晶度
T 女子短期大学	124	B	A B C	1.20	1.11	.863
Y 大学夜間部	62	D	A B C D E	1.14	∝	.687
K 大学商学部	166	D	B C D E	1.65	2.17	.813

質問1は質問2以下を導くための前置きとして挿入されたものであったので、質問2以下の回答を検討することにする。いま便宜的に、回答肢a, b, c, dにそれぞれ＋ 1.5, ＋ 0.5, － 0.5, － 1.5 を配点して平均を算出し、標本ごとにリターン・ポテンシャル曲線を描いたのが図 2-7 である。担当教授の期待に対する認知にはあまり大きな差異は見られないが、学友たちの規範にはかなりの差異が見られる。

各標本における学友たちの規範のそのような差異を、構造特性として示したのが表 2-1 である。

まず、最大リターン点はＴ女子短大ではＢであるのに、Ｙ大とＫ大ではともにＤである。許容範囲はＴ女子短大でＡからＣまでであるのに対してＫ大ではＢからＥまで、そしてＹ大ではＡからＥまですべての処置が許容されている。強度が最も大きいのはＫ大で最も小さいのはＹ大であった。Ｙ大の許容範囲がＡからＥまで行動次元の全領域を覆っていたことは、是－否認比の計算に問題を投げかけている。分母に置くべき否認の平均が 0 になるからである。一般に、実数を 0 で割ることは不能である。上表では分母を極限値としての 0 と考えて算出してみたが、これとても有効な解決とは思えない。前節で論じたように、是認の総和と否認の総和との差を指標とする是－否認差（Jackson のいうポテンシャル・リターン差）を算出してみると、1.14 が得られ、因みにＴ女子短大で 0.30、Ｋ大で 1.31 が得られた。リターン・ポテンシャル曲線が、評価次元の 0 点に引かれた横軸より、全体としてどれだけ浮き上がっているか、または沈み込んでいるかをみる指標としては、この方が明らかに優れていると言えよう。

結晶度の差異も興味深い。Ｙ大（夜間部）では最大リターン点や許容範囲からみてカンニングに対してかなり甘いと思われる規範が、3つの標本中最も高い結晶度を達成していたのに対し、T女子短大では処置Bを最大リターン点とし許容範囲もCまでとする厳しい規範が相対的に低い結晶度しか達成していないことが読み取れる。規範内容の厳しさと規範の結晶度は別の構造特性なのである。

さて、集団規範の測定用具として改善点はないであろうか。まず評価次元の是認・否認の測定に関していくつかの改善点がある。(1) 評価次元の基準点ともいうべき評価0の点（すなわち、是認と否認の境界点）を明示すること、(2) 目盛りを増やしていっそう敏感な尺度にすること、(3) そして、この尺度が近似的に間隔尺度であることを回答者に示唆する工夫をすることである。次の予備的研究では、評価0点として「とくに良いとも悪いとも思わないだろう」といった主旨の中性点を設け、是認側に4段階、否認側に4段階、計9段階の目盛りもったグラフィック・スケールを試作することとした。

次に集団の輪郭をいっそう明確にした質問文に改めることが望まれよう。今回の予備研究では先行の Stouffer（1949）に依拠するところが多かったので、「あなたの学友たち」という表現を用いたが、「あなたのクラスの人たち」とか「あなたのクラブのメンバーたち」といった特定の集団の構成員全体を指示する表現を用いることによって、どの集団の規範であるかをいっそう明らかにすることが望ましい。

4. 予備的研究2：生産水準規範の実験的創出

社会心理学的事象は現実の社会的場における調査研究と並行して、より条件の統制された実験室実験による研究を進めることによって一層よく理解されるようになる。先に集団規範の測定可能性について論じた際，集団の課題遂行方式が生産水準に関する集団規範（以下、生産水準規範と略称する）をどのように規定するかを実験的に明らかにすることの可能性に言及した。ひとたび有効な方法が得られれば、この種の集団規範が集団凝集性や勢力構造などさまざまな変数とどのような関係をもつかが、実証的に明らかにされていくであろう。

このような見地から集団の生産水準規範の実験室的創出が試みられた。中学２年の女子生徒計 10 名を５名ずつ２班に分け、一方の班（第１班）には個別作業で、他方（第２班）には流れ作業で、パンチカードの孔を眼で数え、孔の数に従ってカードを分類する作業を毎日放課後１セッション（30 分間）ずつ 10 日間継続してもらった。このカードには 40 ～ 49 の範囲の孔数がランダムに穿孔されており、被験者はこの孔の数をかぞえて 10 通り（孔数 40 のカード，41 のカード，...，49 のカード）に分類する。個別作業では、班員１人１人が独立に分類し、１セション（30 分）終了後各班員の分類したカード枚数を合計してその班の生産量とした。流れ作業では、５人の班員のうち４人がそれぞれ１～ 20 カラム，21 ～ 40 カラム，41 ～ 60 カラム，61 ～ 80 カラムの間の穿孔数を分担して数え、最後の１人がこれらの数を合計して分類した。班の生産量は１セション中に分類されたカードの枚数で測られた。班の生産量は毎回作業終了後実験者立ち会いのもとに班員の手で集計されたので、班員たちは自分の班の生産量について完全な情報を得ていた。10 回のセションを通じて両班の示した生産量は図 2-8 の通りであった。

生産水準は両班とも７回目ごろから安定し始めている。これらの両班について、５回目終了直後と 10 回目終了直後とに次の質問項目を用いて、班の生産水準に関する規範を訊いた。

Q2-A. １日（30 分間）にあなたの班全体として何枚くらい分けるのが適当だと思いますか。

（　　　　　）枚くらい

Q2-B. もしあなたが「自分たちの班全体として 100 枚くらい分けたらよい」と言ったら、班のほかの人たちは、それでよいと思うでしょうか。また、もしあなたが 150 枚，200 枚，……，600 枚くらいと言ったら、どうでしょうか。

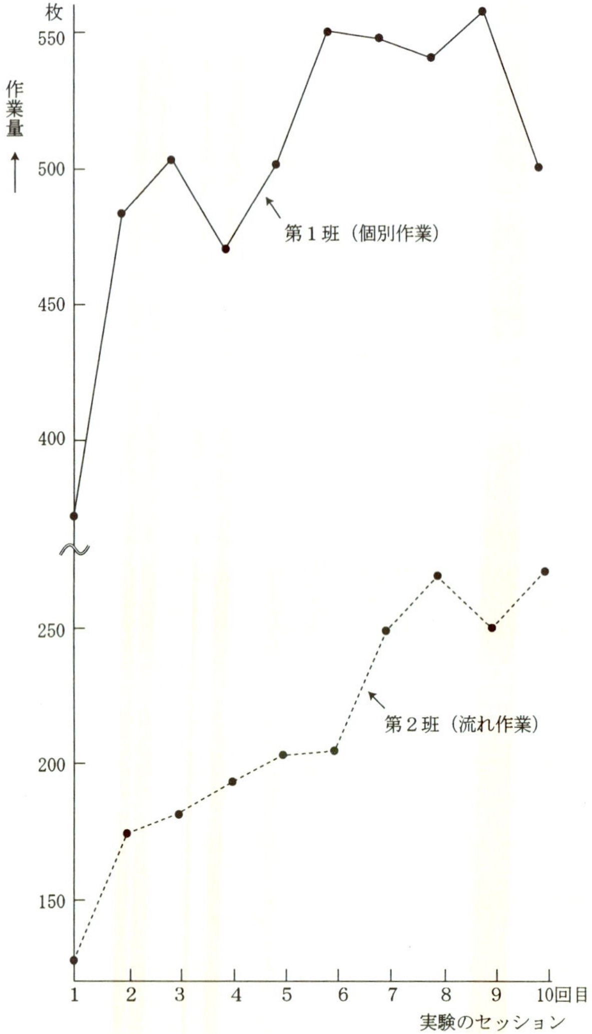

図 2-8　両班における生産量の推移

もしあなたが↓　班の人たちは→	強く反対するだろう		あまり喜ばないだろう		とくに反対も賛成もしないだろう		まあよかろうと思うだろう		大いに賛成してくれるだろう
100 枚くらいと言ったら	1	2	3	4	5	6	7	8	9
150 枚くらいと言ったら	1	2	3	4	5	6	7	8	9
200 枚くらいと言ったら	1	2	3	4	5	6	7	8	9
250 枚くらいと言ったら	1	2	3	4	5	6	7	8	9
300 枚くらいと言ったら	1	2	3	4	5	6	7	8	9
350 枚くらいと言ったら	1	2	3	4	5	6	7	8	9
400 枚くらいと言ったら	1	2	3	4	5	6	7	8	9
450 枚くらいと言ったら	1	2	3	4	5	6	7	8	9
500 枚くらいと言ったら	1	2	3	4	5	6	7	8	9
550 枚くらいと言ったら	1	2	3	4	5	6	7	8	9
600 枚くらいと言ったら	1	2	3	4	5	6	7	8	9

Q2-B に回答を求める際には、「人によって考えが違うかも知れないが、全体としてどの程度賛成かあるいは反対かを大まかに想像し、1 から 9 までの数字のどれに当てはまるかを考えて、その数字を○で囲んで下さい。」と指示した。この場合も Q2-A は導入用で、Q2-B の回答に基づいて班の生産水準規範をリターン・ポテンシャル曲線として描いた。

図 2-9 は 5 回目直後と 10 回目直後に得られた 2 つの班の生産水準規範（リターン・ポテンシャル曲線）であり、それらの構造特性が表 2-2 に示されている。

当初の予想に反して、流れ作業と個別作業とで生産量そのものにかなり大きな開きが生じた。しかも、分業化した流れ作業の方がかえって能率を落としている。しかし、このことは作業の実態に即して見れば不思議ではない。分担した 20 カラム間の孔数を数えるだけでなく、それを記録用紙に記入し次の担当者に回さねばならないし、最後の担当者は 4 つの数の合計を計算しな

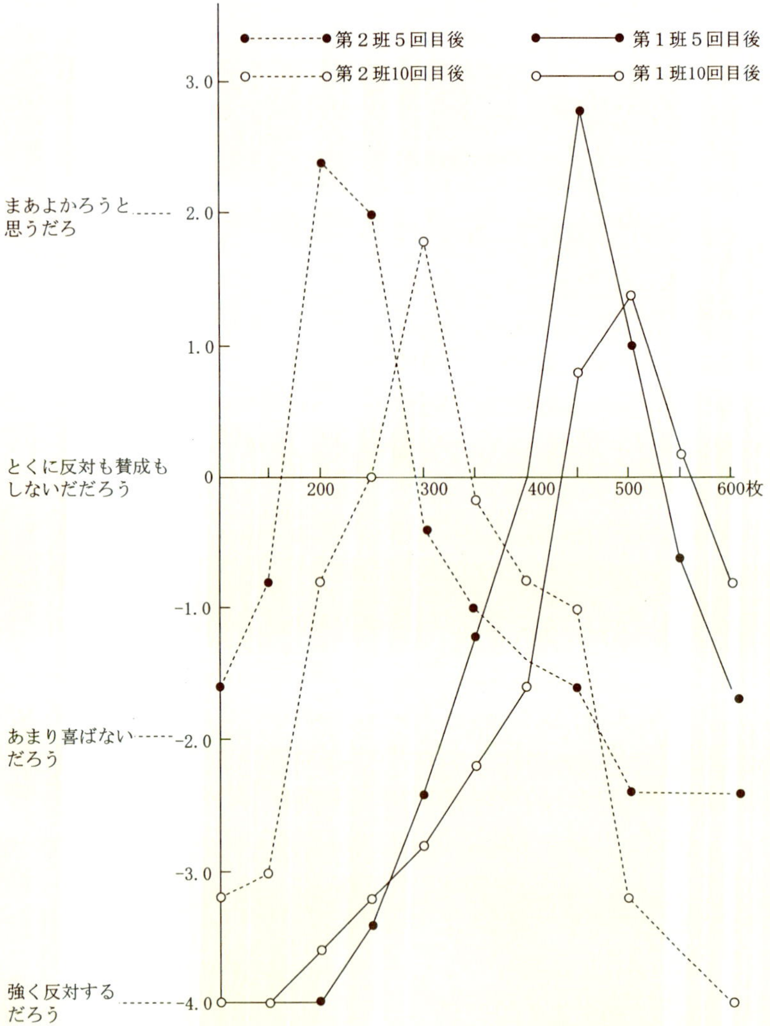

図 2-9　５回目後と 10 回目後に測定された生産水準に関する両班の集団規範

ければならない。80 カラム程度の読み取りでは１人で通して数えた方が、数の記録や合計の計算の手間が省ける分かえって能率が上がるのであろう。当初の予想では、流れ作業におけるこれらの手間と分業化（＝専門化）のメリッ

表 2-2　両班の 5 回目後と 10 回目後における生産水準規範の構造特性

構造特性	第 1 班：個別作業		第 2 班：流れ作業	
	5 回目後	10 回目後	5 回目後	10 回目後
最大リターン点	450	500	200	300
許　容　範　囲	400-500	450-550	200-250	250-300
強　　　　度	25.0	24.6	18.4	21.6
結 晶 度 ($\Sigma\sigma^2$)	3.13	3.39	5.93	2.98

トとが相殺し合って、個別作業とほぼ同水準の能率を示すものと考えられていた。この結果は、一般の産業場面における個別作業 vs 流れ作業の模型としてではなく、むしろ今後実験室実験において能率差を創出する技法の 1 つとして活用できるかも知れない。

生産量に関する以上の結果はともかくとして、強度と結晶度には興味深い動きが見られる（表 2-2）。すなわち個別作業の班にあっては強度も結晶度も 5 回目後と 10 回目後のとでほとんど変化がみられていないのに対して、流れ作業の班では 5 回目後には強度も小さく結晶度も低かった規範が 10 回目後には強度も増加し結晶度も高くなっていた。これらの差異は、流れ作業集団における成員間の行動調整が個別作業集団のそれより複雑で長時間を要すること、そしていったん規範として成立すれば、より高い結晶度を達成しがちであることを示唆しているように思われる。

しかし、ここには行動次元の上限と下限の問題がある。表中の数値は QB に示した通り 100 枚生産から 600 枚生産までの範囲で算出されたものである。この下限－上限は予備テストに基づいて設定されたものであるが、結果的には、個別作業方式の班にとっては上限が不足しており、流れ作業の班では下限が不足しているように思われる。したがって、上述の強度と結晶度とに関する読み取りは、このような不完全な上限－下限に制約された暫定的解釈と見なければならない。また表中、是－否認差を敢えて示さなかったのは、この指標が上限－下限の取り方次第であまりにも大きく影響されるからである。今回の実験に見られるように、独立変数の効果が集団規範の最大リターン点や許容範囲に大きな差異をもたらした場合、行動次元の上限－下限を共通に設定すべきか別々に設定すべきかというもう１つの問題が生じる。第１節で提示したリターン・ポテンシャル曲線が水平になる点を基準とすれば、別々の設定になる可能性が大きくなる。結局、将来もっと例数を増やして実証的に検討を重ね、研究のねらいに即して適切な方法を探索して行かざるを得ないであろう。

次に、許容範囲、強度などの計算に関して考察すべき問題がある。表 2-2 には、始めに成員たちの是認（および否認）の算術平均を基に集団のリターン・ポテンシャル曲線を描き、この曲線から許容範囲、強度などを算出した値が示されている。しかし、これとは別の計算方法もあり得る。すなわち、集団のリターン・ポテンシャル曲線を描く前に、成員個々人の認知した是認（または否認）から先ず個別に許容範囲や強度を算出しておき、これを集団単位で平均するのである。通常、両者はほぼ一致するが、結晶度が著しく低い場合には、不一致が無視できなくなる。後者の方法は２つの集団（の平均）を比較する時など、成員の数だけデータがあるから差の検定には有利である。しかし、集団規範は、本来、集団単位で存在するものであることを考えれば前者の方法が正当であろう。

このことに関連して、算術平均という方法のもつ不完全性が批判される。この方法では各成員が集団に対して同等な影響力をもっていることが前提されている。しかし、現実には大きな影響力を持つ者やわずかな影響力しかもたない者など様々である。理想的には各成員のもつ影響力に応じてウェイトづけした加重平均を用いるべきだとする批判である。実際には、このウェイトの適正な算定が困難であるため、やむを得ず単純平均を代用しているという事情は否定できない。ただ、集団規範の場合には、私的見解の場合ほど、この欠陥は深刻でない。なぜなら、集団規範は集団の成員たち１人１人の是認（否認）の量を個別に訊いているのではなく、集団全体としての予想される是認（否認）を総量として見積もらせているのであるから、成員間の影響力の格差もこの総量の中にある程度織り込み済みになっている、とみてよいであろう。

注記：
＊この章は、佐々木（1963）の後半部分を改訂補筆したものである。

注 1　1965 年に某報道関係企業体で実施された欠勤に関する職場規範の調査ではじめてこれが用いられ、結果は下記の学会で報告された。
佐々木薫（1966）「欠勤に関する集団規範の研究」
日本心理学会第 30 回大会発表論文集　p. 372（当日配布の追加資料）

注 2　この他にも Y 大学の I 部（昼間課程 : n ＝ 47）と K 大学の医学部（n ＝ 74）についても資料を取り、同様の分析を行った。原著（佐々木, 1963）にはそれらの結果を示してあるが、ここでは方法論的検討という観点から事例を絞り込んだ。

注 3　この他に質問形式［乙］として、カンニングしていた学生が代理監督者であるあなたの親友であった場合を想定させた同様の質問セット（付録Ⅲに「質問 B 群」として収録）にも回答を求めたが、ここでの提示は煩瑣にになるので省略した。原著（佐々木, 1963）には質問とその結果を示してある。

第Ⅱ部

構造特性の規定要因

第Ⅱ部　構造特性の規定要因

第Ⅱ部では、拡充されたリターン・ポテンシャル・モデルによって測定される種々の規範の構造特性が、その集団の従事する活動の特性、集団の凝集性、監督者のリーダーシップ・タイプなどとどのように関連するかを検討する。

まず第3章では、某報道関係企業で行われた総合的調査に機会を得て、欠勤に関する職場規範その他を測定することができたので、それぞれの集団が従事している業務の特性、集団の凝集性、監督者のリーダーシップ・タイプなどの差異によってこの種の集団規範がどのように変異するかを検討している。

第4章は、欠勤に関する職場規範に加えて遅刻に関する職場規範をも取り上げ、大都市の消防組織についてそれぞれの職場が担当している業務の性質、リーダーシップ・タイプ、勢力構造（発言権・影響力の集中度）などにおける差異が、これら2種の職場規範とどのように関係するかを分析している。因みに、この組織は市民の生命・財産を護ることを目的とする非営利的な公的機関である。遅刻に関する職場規範の重要性もこのことと大いに関連している。

第5章は、単純な生産作業を集団で行う場合、成員一人一人が個別に全工程を行って製品を作り、全成員が作った製品の合計数を集団の生産量とする個別作業方式を取るか、それとも成員間である程度役割分担を行っておいて、もし作業の滞っている部署があれば近くの者が支援するという協同作業方式を取るかによって、集団の生産水準規範がどのような差異を見せるかを、実験室実験によって明らかにしようとしている。ここで生産水準規範とは、（所定の時間内に）集団としてどれだけの生産量を達成すべきかについて成員間に形成される規範をいう。

第6章は、リーダーシップ・タイプが集団の生産水準規範と実際の生産量とに及ぼす効果を検べるために行った実験研究の報告である。

このように、はじめの2章は欠勤に関する職場規範を中心に、性格の異なる組織体の現場に取材して、業務の特性や監督者のリーダーシップ・タイプの効果ないし影響と思われるものを析出しようとしている。しかし、1回限りの現場調査では、厳密な意味での因果関係は特定できない。業務特性やリーダーシップ・タイプを明確に原因変数として位置づけるには、実験研究に依らざるを得ない。

後半の2章はそのような試みである。その際、欠勤の規範を軸に据えることは困難であった。それに代わるものとして生産水準規範が取り上げられた。欠勤と生産水準は、アブセンティイズム（欠勤・怠業）の概念を介して、相互に関連のある変数であるが、規範としてみた場合どこまで共通性があるかは未知であると言わねばならない。生産水準規範はそれ自体、いわゆるホーソン研究の「生産制限規範」以来産業心理学や産業社会学で関心の寄せられる事象の1つとなっている。ともあれ、実験による追求の結果は、業務の特性（実験では、課題遂行方式の差異）やリーダーシップ・タイプが集団の生産水準規範の構造特性に明瞭な影響を及ぼすことを明らかにしている。

第3章 ― 欠勤に関する職場規範の調査研究 ―

問　題

生産に従事する職場集団がその集団の生産高その他についてインフォーマルな集団標準をもつことは、すでに古典的なホーソン研究によって明らかにされている（Roethlisberger & Dickson, 1939）。なかでも生産制限規範（production-restricting norm）は有名であり、後にハーウッド縫製工場において再びその存在が確認された（Coch & French,1948）。われわれは、各種の産業組織体においてリーダーシップ関連の研究に従事するなかで、「有給休暇はあっても、職場仲間のことを考えるとなかなか思うように休暇は取れない」などの声を耳にし、職場集団には欠勤に関するインフォーマルな集団規範が存在するらしいとの感触を得ていた。

たまたま、地方都市の某報道関係企業において全社的な組織調査[注1]が行われた折に、その調査の一部として欠勤に関する職場規範について研究する機会を得た。規範の測定には Jackson（1960, 1965）のリターン・ポテンシャル・モデルを基に考案された質問項目と佐々木自身によるこのモデルの拡充に基づく追加の質問項目が用いられた。これらの質問項目から導かれる種々の指標を用いて、職場集団に見られる欠勤に関する規範が、その職場の業務特性、リーダーシップ・タイプ、凝集性、会社への帰属意識などと如何なる関係を示すかを検討した。

方　法

本研究で分析に用いられた資料は、1965 年 11 月下旬から 12 月初旬にかけて実施された福岡県下の某報道関係企業で働く一般従業員とその第1および第2線管理監督層全員を対象とする無記名の質問紙調査から得られた資料のうち一般従業員の回答から得られた。規範測定の職場単位は、必ずしも組織上の部課に固執せず、日常的に比較的頻繁な相互交渉をもって仕事をしていることを考慮して区分された。その結果、総務局、広告局、販売局、工務局では課（e. g. 厚生課、外務1課、販売1-1課、製版課など）が、編集局では部（e. g. 社会部、文化部、校閲部など）が主要な職場単位となっているが、総務局の人事部、労務部、編集部の庶務課、資料1・2課、工務局の（工務鋳造部）汽缶係などのような例外的区分もある。このように区分された職場単位のうち調査票回収率の比較的高かった52職場集団が本研究の分析対象に選ばれた。この部分の資料の回収率は65.6％であった。

これらの職場での欠勤に関するインフォーマルな「集団規範」は、次のような質問形式によって測定された（Q3-A）。さらに同様の形式を準用して、回答者の認知する限りでの「会社側からの期待」（Q3-B）と、回答者自身の「私的見解」（Q3-C）とが測定された。

Q3-A　もしあなたが月平均1回の割合で欠勤するとした場合、あなたの職場の仲間たちは、それを歓迎するでしょうか、それとも嫌うでしょうか。月平均2回の場合、3回の場合,…. 5回の場合などにはどうでしょうか。数字を○で囲んで下さい。

もしあなたが ↓　職場の仲間たちは →	大いに歓迎してくれるだろう	一応歓迎してくれるだろう	まあまあよかろうと思ってくれるだろう	いいとも悪いとも思わないだろう	どちらかといえば困ると思うだろう	あまりおもしろくないと思うだろう	実にけしからんと思うだろう
月平均1回欠勤すれば	1	2	3	4	5	6	7
月平均2回欠勤すれば	1	2	3	4	5	6	7
月平均3回欠勤すれば	1	2	3	4	5	6	7
月平均4回欠勤すれば	1	2	3	4	5	6	7
月平均5回欠勤すれば	1	2	3	4	5	6	7
2カ月に1回欠勤すれば	1	2	3	4	5	6	7

3カ月に1回欠勤すれば	1	2	3	4	5	6	7
4カ月に1回欠勤すれば	1	2	3	4	5	6	7
5カ月に1回欠勤すれば	1	2	3	4	5	6	7
6カ月に1回欠勤すれば	1	2	3	4	5	6	7

Q3-B　<u>**会社側は**</u>どれくらい歓迎する（あるいは嫌う）でしょうか。想像で答えて下さって結構です。数字を〇で囲んで下さい。

もしあなたが↓　会社側は⟶	大いに歓迎してくれるだろう	一応歓迎してくれるだろう	まあまあよかろうと思ってくれるだろう	いいとも悪いとも思わないだろう	どちらかといえば困ると思うだろう	あまりおもしろくないと思うだろう	実にけしからんと思うだろう
月平均1回欠勤すれば	1	2	3	4	5	6	7
月平均2回欠勤すれば	1	2	3	4	5	6	7
月平均3回欠勤すれば	1	2	3	4	5	6	7
月平均4回欠勤すれば	1	2	3	4	5	6	7
月平均5回欠勤すれば	1	2	3	4	5	6	7
2カ月に1回欠勤すれば	1	2	3	4	5	6	7
3カ月に1回欠勤すれば	1	2	3	4	5	6	7
4カ月に1回欠勤すれば	1	2	3	4	5	6	7
5カ月に1回欠勤すれば	1	2	3	4	5	6	7
6カ月に1回欠勤すれば	1	2	3	4	5	6	7

Q3-C　今度は、あなたではなく、あなたの職場の誰かが欠勤するとした場合、<u>あなた自身は</u>どう思いますか。数字を〇で囲んで下さい。

あなたの職場の誰かが↓　あなたは⟶	大いに歓迎する	一応歓迎する	まあまあよかろうと思う	いいとも悪いとも思わない	どちらかといえば困ると思う	あまりおもしろくないと思う	実にけしからんと思う
月平均1回欠勤すれば	1	2	3	4	5	6	7

月平均 2 回欠勤すれば	1	2	3	4	5	6	7
月平均 3 回欠勤すれば	1	2	3	4	5	6	7
月平均 4 回欠勤すれば	1	2	3	4	5	6	7
月平均 5 回欠勤すれば	1	2	3	4	5	6	7
2 カ月に 1 回欠勤すれば	1	2	3	4	5	6	7
3 カ月に 1 回欠勤すれば	1	2	3	4	5	6	7
4 カ月に 1 回欠勤すれば	1	2	3	4	5	6	7
5 カ月に 1 回欠勤すれば	1	2	3	4	5	6	7
6 カ月に 1 回欠勤すれば	1	2	3	4	5	6	7

これらの質問に対する回答を職場単位で集計し、欠勤の頻度ごとに是認または否認の平均値を算出した。次いでこれらの値を、欠勤の頻度を横軸、是認・否認の程度を縦軸とする 2 次元上にプロットして線でつなげば、リターン・ポテンシャル曲線が得られる。その際、欠勤の頻度は横軸上で小さい順（6ヶ月に 1 回から月に 5 回まで）に配列し直された。

結果と考察

1. 業務特性と欠勤に関する職場規範

得られた 52 職場集団の欠勤に関する規範をリターン・ポテンシャル曲線の形で表したものを通覧すると、多様な曲線形態の中で特に目立つ 3 種の曲線が認められた。典型的なケースを集めて表示したのが図 3-1 である。欠勤の頻度を横軸上にどう目盛っていけばよいかという問題は、物理量を心理量に変換するという難しい問題を含んでいるが、ここでは職場間の比較が目的であるので、この問題に深入りすることを避け、取りあえず等間隔に目盛ってある。

図中 A 型と呼んでいるものは、少ない欠勤に高い是認を与える一方月 1～2 回を超える多い欠勤には厳しい否認を与えている。つまり、これらの職場では一定の頻度以内の欠勤は歓迎されるが、それを超える頻度の欠勤は厳し

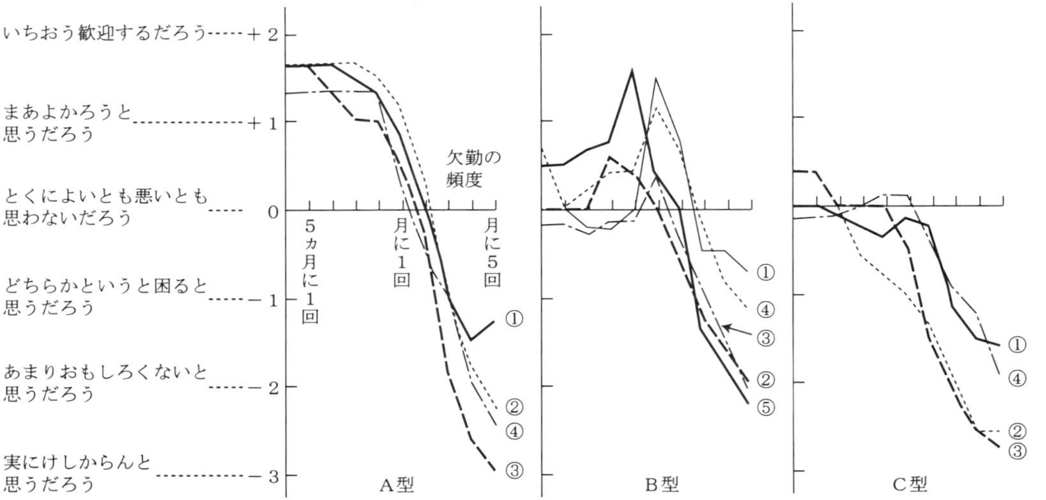

A型：①人事課、②労務課、③厚生課、④企画課
B型：①普通印刷課、②工作課、③鋳植課、④政治部、⑤資材課
C型：①車輌課、②整理部、③地方部、④大組課

図 3-1　欠勤に関するインフォーマルな職場規範の３類型

く非難されるのである。B 型では中間頻度の欠勤（職場によって３カ月～１カ月に１回のどこか）に最大リターン点をもち、これより多い欠勤のみならず少ない欠勤も是認の度合を低下させる。多い欠勤はもちろん否認されるが、全般的にみてその度合はＡ型ほど厳しくない。これらの職場では中間頻度の欠勤が歓迎され、少ない欠勤は、多すぎる欠勤ほどではないが、あまり歓迎されないのである。C 型では少ない欠勤に対しても殆ど是認が与えられず、多い欠勤はもちろんのこと相対的に少ない欠勤に対しても否認が与えられている。どんなに少なくても欠勤は歓迎されない、なるべく欠勤はしないで欲しいという願望が、この型の規範の背後に読み取れる。

これら３つの型の職場規範とそれぞれの型に含まれる職場の業務特性との関係を考察するうちに、次のような興味深い関係が見いだされた。

Ａ型の欠勤規範がみられる職場は、総務局の人事課、労務課、厚生課、企画課などで、これらの職場では多かれ少なかれ業務が分化していて、課員はそれぞれ自分の担当業務をもっている。自分の業務には詳しいが、同じ課内であっても他人の業務を代行することは難しい。しかし、業務そのものは、特殊な状況を例外として、さほど緊急を要しない。「いま担当者が出張しているので、来週出直して来てほしい。」といって済ませられる業務が多いのである。このように緊急性は低いが成員間で代替のきかない専門分化した業務を行っている職場集団では、その代替可能性の低さ故に、業務上支障をきたすような頻繁な欠勤は厳しく非難されるが、それに至らない頻度の欠勤は、その業務の緊急性の低さ故に、大いに是認されるような規範が形成されている、と解釈することができる。

Ｂ型の欠勤規範が見られる職場は、工務局の普通印刷課、工作課、鋳植課、編集局の政治部、総務局の資材課などで、比較的緊急性の低い業務に従事しており、成員間の代替可能性が高い職場である。ちなみに、普通印刷課は社内の需要に応えて出勤簿、規程集、主催行事の広報紙などを印刷しており、工作課は既製の活字や木型では間に合わない特殊な活字や工作物が必要になった時これに対応して作業する。鋳植課はパンチされた紙テープの形で受信された記事を鋳植機と称する機械によって活字化していく作業を行っている。

受信機が自動的に作成したテープを鋳植機にセットすれば、あとはすべて機械が処理してくれる。政治関係の取材は東京支局に主力があるため、この調査の対象となった本社の政治部は比較的ゆったりと仕事している。資材課は資材の発注と管理に当たっている。これらの職場では、あまりに少ない欠勤はかえって歓迎されず、ある程度の頻繁な欠勤が称揚されている。もちろん過度の欠勤は否認されるが、緊急性の低い業務が代替可能な成員たちによって遂行されているためか、その否認の度合はＡ型の場合ほど厳しくはない。

Ｃ型の規範が見られる職場は、総務局の車両課、編集局の整理部、地方部、工務局の大組課などである。ここでは業務遂行に関する成員間の代替可能性は高いが、それ以上に緊急性の高いことが注目される。車両課は会社が所有する自動車の運転手から成っている。突発事件の取材など待ったなしの仕事が多い。整理部は記事に見出しをつける仕事に当たっている。各地方版ごとに発送時間の決っている紙面を次々に構成していかねばならないこの仕事は、時間との戦いである。大組課は記事ごとに組まれた活字を紙面１ページ大に組み直して、紙型をとる部署にまわす仕事をしているが、これも整理部について述べたと同じ理由で、なかなか忙がしい職場である。このように代替可能性は高いが、時間に追われるような緊急性の高い業務に従事している職場では、欠勤はどのような頻度であろうと歓迎されることはなく、むしろ忌むべきものと見なされている。

以上のことは、職場集団の従事する業務をその緊急性と成員間の代替可能性という２つの次元を用いてタイプ分けするとき、それらの業務特性とそこに形成される欠勤規範との間に、表 3-1 に示されるような関係があることを意味する。

ここで、表中－印をいれた箇所、すなわち業務の緊急性が高く、成員間の

表 3-1　業務特性と欠勤に関する職場規範の対応関係

		成員間の代替可能性	
		高い	低い
業務の緊急性	高い	Ｃ型	－
	低い	Ｂ型	Ａ型

注：規範のＡ型、Ｂ型、Ｃ型は図 3-1 に示されている．

代替可能性の低い職場では、どのような型の規範が存在するであろうか、との疑問が湧くかも知れない。しかし、そのような職場は現実には存在し得ないであろう。生身の人間に欠勤が不可避である限り、欠勤者の代替要員なしに緊急性の高い業務を成功裏に処理することはできないからである。

2. リーダーシップ・タイプと欠勤に関する職場規範

次に職場集団のリーダーシップ・タイプと欠勤の規範との関係を検討する。

リーダーシップ・タイプの測定には、三隅（1966）の PM 式リーダーシップ測定法が用いられた。各職場集団のリーダーの課題遂行機能を表すP得点は、①上役は決められた時間までに仕事を完了するように要求する、②上役は規則をやかましくいう、③上役は仕事の計画や内容を知らせてくれる、④仕事のことでわからないことがある時、上役は教えてくれる、⑤仕事上生じた問題について上役は新しいやり方を示す、⑥上役はあなた方（部下）を最大限働かせようとする、⑦あなた方がまずい仕事をした時、上役はその仕事ぶりのまずさを批判する、⑧上役はあなたが関係している業務について理解している、の8項目について、また集団維持機能を表すM得点は、①上役は自分の意見があなた方の意見とくい違う時、自分の意見を押し通そうとする(逆スケール)、②上役はあなた方の意見をよく聴こうとする、③仕事に必要な設備の改善などを申し出ると、上役はその実現のために努力する、④一般的にいって上役はあなた方を支持してくれる、⑤職場に気まずい雰囲気が生じた時、上役はそれを上手にほぐす、⑥仕事のことで上役と気軽に話し合うことができる、⑦上役はあなた方の気持ちを考えずに仕事をさせることがある(逆スケール)、⑧個人的な問題について上役は気を配ってくれるの8項目について、それぞれ部下たちが5段階評定したものを合計し、それを職場集団ごとに平均して算出した。可能な得点範囲は、P得点M得点ともに、8～40である。これらのP・M得点は、それぞれの全社平均（P=26.5；M=26.4）に照らして、P得点M得点ともに平均未満ならpm型、ともに平均以上ならPM型、P得点が平均以上でM得点が平均未満ならP型、逆にP得点が平均未満でM得点が平均以上ならM型と分類した。因みに、図3-2は、52職場集団の管理・監督者のP得点とM得点を二次元の平面上にプロットしたもの

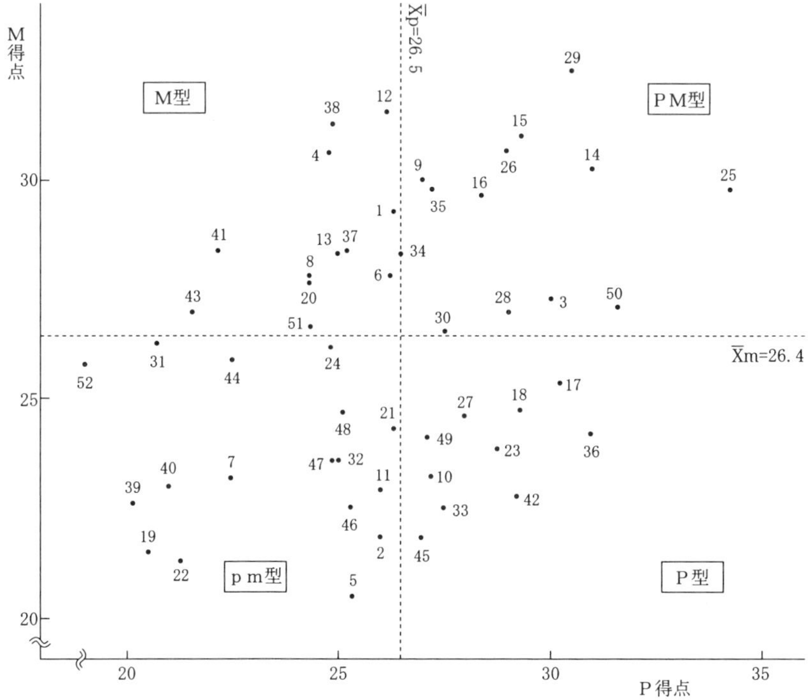

図 3-2　職場集団ごとにみたリーダーシップ・タイプ

である。このようにして、PM 型 13 集団、P 型 10 集団、M 型 12 集団、pm 型 17 集団が得られた。

さて、職場集団のリーダーシップ・タイプと欠勤に関する集団の規範との間にはなんらかの関係が見られるであろうか。欠勤に関する集団規範、認知された会社側の期待、および私的見解のそれぞれについて、リーダーシップ・タイプ別に平均値を算出し、一覧表に示したのが表 3-2 である。そして図 3-3 は、これらの型別の平均値を用いてリターン・ポテンシャル曲線ふうに集団規範（実線）、会社側の期待（破線）、および私的見解（点線）を描いたものである。

まず、集団規範の型別特徴をみていこう。PM 型と P 型では共に月 1 回までを許容範囲としているが、PM 型の方が是認部分と否認部分との対照がよ

**表 3-2　リーダーシップ・タイプ別にみた
欠勤に関する集団規範，会社側の期待、および私的見解**

		PM 型 (n=13)	P 型 (n=10)	M 型 (n=12)	pm 型 (n=17)
集団規範	1/6M	2.96	3.19	2.92	3.03
	1/5M	2.97	3.30	3.00	3.12
	1/4M	3.10	3.29	3.08	3.15
	1/3M	3.21	3.31	3.13	3.10
	1/2M	3.38	3.49	3.31	3.16
	1/1M	3.86	3.78	3.54	3.55
	2/1M	4.32	4.52	3.92	3.98
	3/1M	5.12	5.16	4.72	4.84
	4/1M	5.83	5.75	5.27	5.45
	5/1M	6.25	6.00	5.62	5.76
会社側の期待	1/6M	3.12	3.48	2.72	2.91
	1/5M	3.18	3.54	2.79	3.02
	1/4M	3.25	3.62	2.96	3.10
	1/3M	3.55	3.77	3.08	3.31
	1/2M	3.64	3.92	3.26	3.49
	1/1M	4.02	4.13	3.66	3.84
	2/1M	4.81	4.93	3.92	4.51
	3/1M	5.65	5.68	4.99	5.40
	4/1M	6.18	6.18	5.71	6.00
	5/1M	6.53	6.37	6.12	6.39
私的見解	1/6M	2.77	2.90	2.89	3.00
	1/5M	2.76	2.96	2.99	3.02
	1/4M	2.88	3.09	3.01	3.00
	1/3M	3.06	3.21	3.11	3.02
	1/2M	3.16	3.27	3.16	3.12
	1/1M	3.45	3.45	3.03	3.10
	2/1M	4.09	3.87	3.33	3.68
	3/1M	4.84	4.66	4.13	4.40
	4/1M	5.41	5.34	4.83	5.07
	5/1M	5.72	5.59	5.33	5.47

注：1/6M は 6 ケ月に 1 回、2/1M は 1 ケ月に 2 回の欠勤頻度を表す

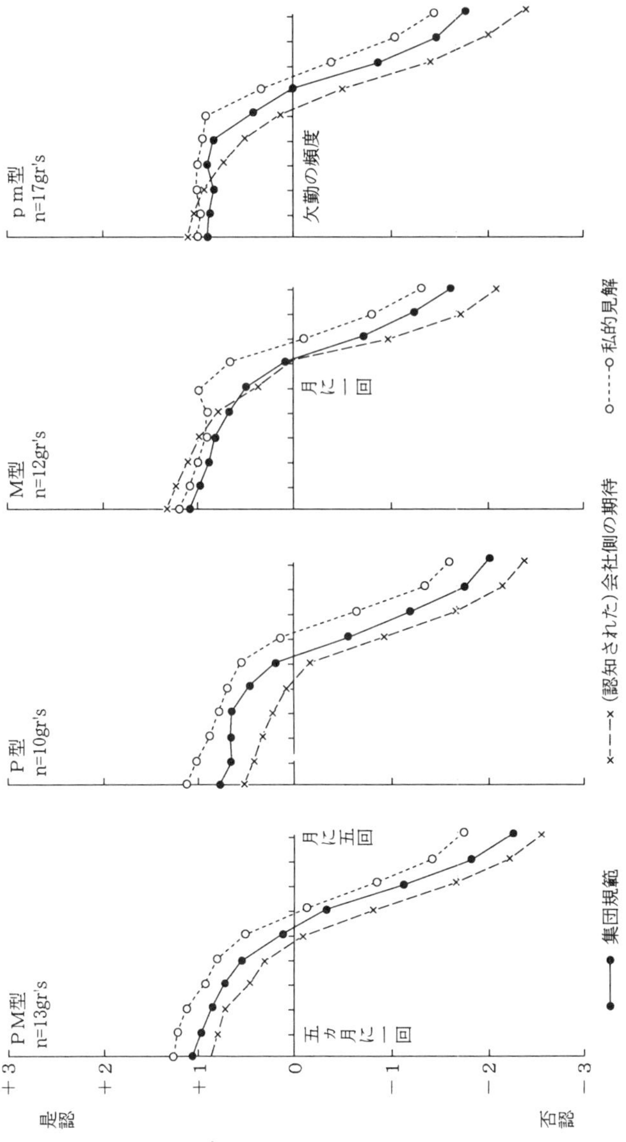

図 3-3　リーダーシップ・タイプ別にみた欠勤に関する集団規範、会社側の期待、および私的見解

●──● 集団規範　　×─── × (認知された) 会社側の期待　　○------○ 私的見解

りはっきりしている。すなわち、少ない欠勤はこれを大いに是認するが、許容範囲を超えた頻繁な欠勤に対しては厳しく否認する、といった形をとっている。他方、P 型は是認部分が 4 類型中最も少ない。M 型と pm 型は共に月 2 回までを許容範囲としており、許容範囲内での欠勤に対する是認も共に PM 型とほぼ同水準にあるが、許容範囲を超えた頻繁な欠勤に対する否認は共に PM 型のそれより明瞭に少ない。さらに言えば、pm 型では曲線がわずかながら bi-modal な形態を示している。これは上で業務特性との関係をみた際 B 型規範と呼んだものへの傾斜を示唆するものである。一般に、P 機能すなわち課題遂行機能の弱いこれらのリーダーシップのもとでは、許容範囲外の行動も PM 型の場合ほどには厳しく否認されることがないのであろう。そこでは相対的に強度の小さい規範が形成されるものと考えられる。

次に、回答者（一般従業員）によって認知された会社側の期待についてみてみよう。PM 型と P 型は、上で集団規範について述べたと同様の関係を、いっそう明瞭な形で示している。いっそう明瞭な部分とは、許容範囲内の欠勤に対する是認量の差である。P 型においては、6 カ月に 1 回、5 カ月に 1 回というような少ない欠勤に対してさへも、ごくわずかな是認しか与えないのである。会社側の期待を最も寛大な形で認知しているのは M 型である。月 2 回までの欠勤が許容範囲で、4 類型中最も多い是認と最も少ない否認を示している。pm 型は、M 型と PM 型との中間に曲線を描いている。つまり、M 型よりはいくぶん厳しく、PM 型よりはいくらか寛やかな期待を認知していることになる。このように会社側の期待が、職場集団のリーダーシップ・タイプ如何によって、一般従業員から異なって認知されるという事実は大変興味深い。

最後に、私的見解をみてみる。2 カ月に 1 回までの少ない欠勤については、PM 型がわずかに他の 3 類型を上回る是認を示しているものの全体としては大差ない状態であるが、月 1 回の欠勤で是認の大きい M 型・pm 型と相対的に是認の小さい P 型・PM 型とに 2 分され、月 2 回以上の欠勤で最も寛やかな M 型から pm 型、P 型、を経て最も厳しい PM 型まで順に並んでいる。M 型と pm 型には、ここでもまたわずかながら bi-modal な曲線への傾斜が認め

表 3-3　リーダーシップ・タイプ別にみた欠勤に関する集団規範と会社側の期待とのズレ

	PM 型	P 型	M 型	pm 型
1/6M	－.16	－.29	＋.20	＋.02
1/5M	－.21	－.24	＋.21	＋.10
1/4M	－.15	－.33	＋.12	＋.05
1/3M	－.34	－.46	＋.05	－.21
1/2M	－.26	－.43	＋.05	－.33
1/1M	－.16	－.35	－.12	－.29
2/1M	－.49	－.41	.00	－.53
3/1M	－.53	－.52	－.27	－.56
4/1M	－.35	－.43	－.44	－.55
5/1M	－.28	－.37	－.50	－.63
Σ｜x｜	2.93	3.83	1.96	3.27

注：＋は集団規範が会社側の期待より厳しい方向へ、また－は反対に寛やかな方向へズレていることを表す.

られる。欠勤に関する私的見解もまたリーダーシップ・タイプに影響される。とくにＰ機能の弱いリーダーシップによって私的見解はより頻繁な欠勤を是認する方向へと進みがちであることが示唆されている。

以上集団規範、会社側の期待、私的見解のそれぞれについて、リーダーシップ４類型間の差異を見てきたが、これら３種の測度間のズレを検討してみるのも有意義である。

まず、集団規範と会社側の期待との間のズレは、従業員が会社側の期待と認知するところからどれだけ距離をおいて自分たちの集団規範を形成しているか、つまり、会社側の期待を職場集団としてどれだけ受け入れようとしているかを表す指標と考えることができよう。その際会社側の期待は客観的事実としての期待ではなく、あくまでも従業員たちに認知された期待であり、そのような認知された期待はリーダーシップ・タイプによって大きく影響されることは上で見た通りであるから、このズレのもつ意味はきわめて心理的なものであることに注意しなければならない。表 3-3 は、表 3-2 に基づいてこのズレを算出したものである。表中、＋符号は集団規範が会社側の期待より厳しい方向へ、また－符号は反対に寛やかな方向へズレていることを表しており、最下行のΣ｜x｜は、これらの方向を無視して（絶対値としての）ズレを合計したもので、６カ月に１回の欠勤から月５回の欠勤までのすべての

表 3-4　リーダーシップ・タイプ別にみた欠勤に関する集団規範と私的見解とのズレ

	PM 型	P 型	M 型	pm 型
1/6M	+.19	+.29	+.03	+.03
1/5M	+.21	+.34	+.01	+.10
1/4M	+.22	+.20	+.07	+.15
1/3M	+.15	+.10	+.02	+.08
1/2M	+.22	+.22	+.15	+.04
1/1M	+.41	+.33	+.51	+.45
2/1M	+.23	+.65	+.59	+.30
3/1M	+.28	+.50	+.59	+.44
4/1M	+.42	+.41	+.44	+.38
5/1M	+.53	+.41	+.29	+.29
$\Sigma \mid x \mid$	2.86	3.45	2.70	2.26

注：＋は集団規範が私的見解より厳しい方向へ、また－は反対に寛やかな方向へズレていることを表す.

頻度わたってみられたズレの総量を表している。

ズレの総量が最も大きいのはP型であり、次いでPM型、pm型と続き、最も小さいのはM型である。これらの差の有意性については、ノン・パラメトリックなT検定によって検討した結果が表6にまとめられている。ここでもまた、M型やpm型のようなP機能の弱いリーダーシップのもとでは、低頻度の欠勤に関して会社側の期待をわずかながらも自分たちの集団規範より寛やかなものと見ていることが注目される。

次いで、集団規範と私的見解とのズレをみてみよう。これは佐々木 (1982) のいう集団規範の虚構性に当たる。このズレが大きいことは、成員たちが私的に妥当と考えている有りようから離れた形で集団規範が存在することを意味し、集団規範に対する成員たちの内心からの支持が低いことを表している。表 3-4 は、表 3-3 と同様の方法で、このズレとズレの総量を算出したものである。

ズレの総量の最も大きいのは、この場合にもP型であり、これは最小のpm型とは $p<.05$ 水準で、またM型とは $p<.10$ 水準でそれぞれ有意差、傾向差を示している（総量の差の検定結果は表 3-6 を参照)。PM型とM型はほぼ同量のズレ総量で、これら両極の中間に位置しているが、否認の対象となる高頻度欠勤の部分ではPM型のズレが小さく、この部分の規範に対する成員の

表 3-5　リーダーシップ・タイプ別にみた欠勤に関する会社側の期待と私的見解とのズレ

	PM 型	P 型	M 型	pm 型
1/6M	＋.35	＋.58	－.17	－.09
1/5M	＋.42	＋.58	－.20	.00
1/4M	＋.37	＋.53	－.05	＋.10
1/3M	＋.49	＋.46	－.03	＋.29
1/2M	＋.48	＋.65	＋.10	＋.37
1/1M	＋.57	＋.68	＋.63	＋.74
2/1M	＋.72	＋1.06	＋.59	＋.83
3/1M	＋.81	＋1.02	＋.86	＋1.00
4/1M	＋.77	＋.84	＋.88	＋.93
5/1M	＋.81	＋.78	＋.79	＋.92
Σ｜x｜	5.79	7.18	4.30	5.27

注：＋は集団規範が私的見解より厳しい方向へ、また－は反対に寛やかな方向へズレていることを表す.

表 3-6　各種のズレの差の検定

	PM	P	M
1）集団規範－会社側の期待			
P	＊＊		
M	(＊)	＊	
pm	－	－	＊
2）集団規範－私的見解			
P	－		
M	－	(＊)	
pm	(＊)	＊	－
3）会社側の期待－私的見解			
P	＊＊		
M	＊	＊＊	
pm	－	＊	(＊)

＊＊ p<.01　＊ p<.05　(＊) p<.10

支持が高いことを示している。

最後に、会社側の期待と私的見解とのズレについて検討する。これは従業員たちが自分の私的見解を基準として会社側の期待をどれほど妥当なものと考えているか、すなわち、会社側の期待に対する従業員側の支持の程度を表している。しかし、ここでもまた客観的な会社側の期待ではなく、認知された期待であることに留意しなければならない。表 3-5 は、上と同様の手続きで、このズレとその総量を算出したものである（総量の差の検定結果については表 3-6 を参照)。

自らの認知する会社側の期待に最も高い支持を与えているのは M 型であり、次いで pm 型、PM 型と続き、支持の最も低いのが P 型である。この場合にも、否認の対象となる高頻度欠勤の部分についてみれば、M 型と PM 型の順位は逆転する。

以上を総合すると、自らが認知する会社側の期待に最も近く集団規範を設定しているのは M 型で、反対に最も遠く設定しているのは P 型である。そしてこのことは会社側の期待と従業員たちの私的見解との関係（すなわち、会社側の期待に対する個人的支持）についても同様である。このような関係は、M 型リーダーシップのもとで高い会社への帰属意識が、そして P 型リーダーシップのもとで低い帰属意識が醸成されているであろうことを予想させる。表 3-7 はこの点を検討したものである。表中、会社への帰属意識とあるのは、①会社のトップはあなた方のことを考えてくれていると思うか、②この会社に入社してよかったと思うか、③あなた方の意見や希望が会社の経営に取入れられていると思うか、④会社はあなた方の苦情をよく聴いて処置してくれると思うか、⑤あなた方に会社の状況が知らされているか、⑥会社のやり方をどう思うか、の 6 項目について 5 段階評定させた合計評定値（6 ～ 30 に分布可能）の集団平均のリーダーシップ・タイプ別平均である。予想される通り、この値は M 型において最も大きく、P 型において最も小さい。そして、このことは Fleishman（1973）が見い出した関係、すなわち「思いやり」(consideration) 得点の高いリーダー（M 型のリーダーに相当）のもとでは苦情や退職が少なく、「体制づくり」(initiating structure) 得点の高いリーダー（P

表 3-7　各種のズレと会社への帰属意識・職場集団の凝集性の関係

	PM 型	P 型	M 型	pm 型
集団規範－会社期待	②2.93	④3.83	①1.96	③3.27
会社期待－私的見解	③5.79	④7.18	①4.30	②5.27
会社への帰属意識	②15.7	④14.3	①15.9	③15.3
集団規範－私的見解	③2.86	④3.45	②2.70	①2.26
職場集団の凝集性	①19.9	④18.5	②19.3	③19.0

注：ズレの順位は値の小さい方から順に、帰属意識と凝集性は大きい方からつけてある.

型のリーダーに相当）のもとではこれらが多くなる、ということと符合する。

さて、そのような集団規範に対して最も高い支持を与えているのは pm 型であり、最も低い支持しか与えていないのは P 型であった。pm 型は課題遂行機能も集団維持機能も共に弱い、いわば放任型のリーダーシップであるから、リーダー（およびリーダーを通して伝達される会社側の期待）を無視して、私的見解に近いところに引き付けて集団規範を設定できたのであろう。他方、P 型では課題遂行機能を重視するリーダーによって欠勤に厳しい会社側の期待が伝達されるため、成員たちの私的見解から強く引き離されるかたちで形成された集団規範には、当然成員たちからの支持が小さくなる、と解釈できよう。このように考えると、集団規範－私的見解のズレは、集団の凝集性と対応するのではないかと思われる。表 7 中に示した職場集団の凝集性（測定方法については次節で詳しく述べる）は、P 型において最低である点はこの予想を裏付けるものの、pm 型で充分高いとはいえない。むしろ PM 型や M 型において高いのである。凝集性の高さはリーダーの集団維持機能と係わる部分が大きく、集団規範への支持との関係は他のさまざまな条件変数（たとえば、会社への帰属意識、認知された会社側の期待など）との交互作用によって不明瞭なものとなっている[注2]、とみるべきであろう。職場集団の凝集性と欠勤に関する規範との関係については、次節で改めて検討するであろう。

3. 職場集団の凝集性と欠勤に関する規範

集団の凝集性は、成員をしてその集団に止まらしめるように作用するあらゆる分力の総合されたもの、と定義されるが、現実にはすべての分力を測ることはできない。本研究では、Seashore（1954）を参考にして、①仕事仲間の誰かが失敗して困っていれば助けてあげたいと思うか、②あなたはいまの仕事仲間にとってなくてはならない存在だと思うか、③いつまでもいまの仕事仲間の一員でいたいと思うか、④いまの仕事仲間と折り合いよくやっていけると思うか、⑤いまの仕事仲間と気軽に話し合う機会があるか、の 5 問について 5 段階評定で回答を求めた。5 問の回答の総和を個人の職場集団に対する帰属意識得点とし、これの集団平均を以ってその集団の凝集性を表す指標とした（可能な得点範囲は 5.0 ～ 25.0）。

**表 3-8　職場集団の凝集性の高低別にみた
欠勤に関する集団規範、会社側の期待、および私的見解**

	集団規範		会社側の期待		私的見解	
	高群 (n=10)	低群 (n=10)	高群 (n=10)	低群 (n=10)	高群 (n=10)	低群 (n=10)
1/6M	2.49	3.36	2.61	3.52	2.52	3.10
1/5M	2.53	3.37	2.62	3.56	2.53	3.17
1/4M	2.74	3.45	2.78	3.68	2.64	3.24
1/3M	2.85	3.44	3.05	3.75	2.72	3.27
1/2M	3.09	3.49	3.11	3.89	2.94	3.26
1/1M	3.31	3.65	3.63	3.89	3.04	3.27
2/1M	3.77	4.16	4.35	4.53	3.67	3.73
3/1M	4.57	4.89	5.52	5.41	4.50	4.47
4/1M	5.30	5.38	6.00	6.00	5.19	5.11
5/1M	5.79	5.63	6.46	6.28	5.49	5.48

注：1/6M は 6 ケ月に 1 回、2/1M は 1 ケ月に 2 回の欠勤頻度を表す.

このような方法で 52 集団のすべてについて凝集性を算出し、この値の大きい上位 10 集団を選んで凝集性高群とし、反対にこの値の小さい下位 10 集団を選んで凝集性低群とした。ちなみに、高群の凝集性指標は 21.0 ～ 23.2 の範囲にあり平均は 21.7、低群のそれは 11.2 ～ 17.7 の範囲にあって平均は 16.7 であった。

表 3-8 は、欠勤に関する集団規範、会社側の期待、および私的見解について高群の平均と低群の平均を求め、それらを群間比較の形で示したものであり、これをグラフに描いたのが図 3-4 である。

これらの表や図の示すところによれば、凝集性高群においては月に 2 回までを許容範囲とし、この範囲内の欠勤に対しては頻度が小さくなるほど大きな是認を与え、他方この範囲外の欠勤には頻度が大きくなるほど急傾斜で否認を強めるような集団規範が見られるのに対し、凝集性低群では月に 1 回までを許容範囲とし、この範囲内の欠勤に対しても相対的に小さい是認しか与えず、範囲外の欠勤に対しても相対的に小さい否認にとどまろうとする規範が見られる。このことは表 3-9 の規範の構造特性に量的に示されている。高群の規範は強度、是－否認差ともに低群のそれらより有意に大きな値を示している。なお、この表には結晶度も示されているが両群間に有意な差異は認

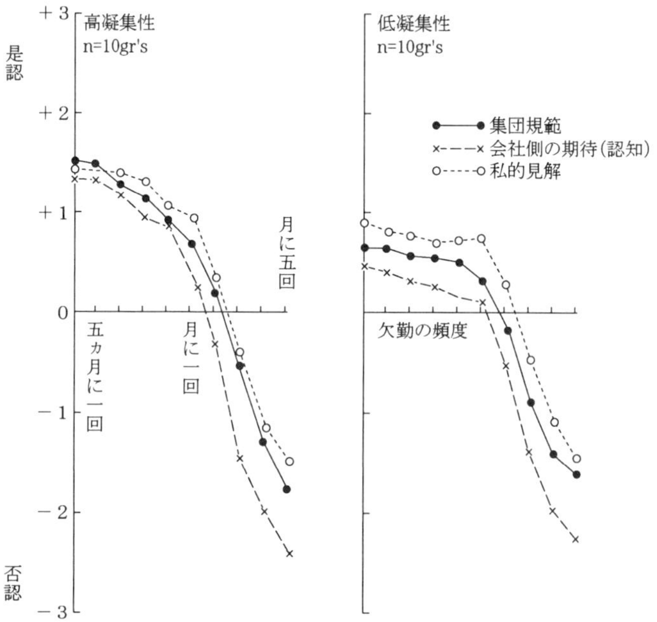

図 3-4　集団凝集性の高低別にみた欠勤に関する集団規範、会社側の期待、および私的見解

表 3-9　職場集団の凝集性の高低別にみた欠勤に関する集団規範の構造特性

構造特性	高群	低群	差の有意性
強　度	10.88	7.30	p<.05
許容範囲	2/1M	1/1M	n. s.
是－否認差	1.64	.60	p<.005
結晶度	8.74	9.43	n. s.

められていない。

この集団規範を基準にして、会社側の期待および私的見解との関係を見ると、表 3-10 にズレの形で量的に示してあるように、規範－会社間のズレの総量には差がみられないが、規範－私見間のズレ（すなわち規範の虚構性）と会社－私見間のズレについては、いずれも高群においての方が低群におけるより有意に小さいことがわかる。先に予想した通り、凝集性の高い集団においては集団規範が私的見解によってよりよく支持されていることが確認できたのである。そしてこのことは、規範－会社間のズレが両群間で同じならば、

表 3-10　職場集団の凝集性の高低別にみた
欠勤に関する集団規範，会社側の期待，および私的見解間のズレ

	規範－会社		規範－私見		会社－私見	
	高群	低群	高群	低群	高群	低群
1/6M	－.12	－.16	－.03	＋.26	＋.09	＋.41
1/5M	－.09	－.19	.00	＋.20	＋.09	＋.39
1/4M	－.04	－.23	＋.10	＋.21	＋.14	＋.44
1/3M	－.20	－.31	＋.13	＋.17	＋.33	＋.48
1/2M	－.02	－.40	＋.15	＋.23	＋.17	＋.63
1/1M	－.32	－.24	＋.27	＋.38	＋.59	＋.62
2/1M	－.58	－.37	＋.10	＋.43	＋.68	＋.80
3/1M	－.95	－.52	＋.07	＋.42	＋1.02	＋.94
4/1M	－.70	－.62	＋.11	＋.27	＋.81	＋.89
5/1M	－.67	－.65	＋.30	＋.15	＋.97	＋.80
Σ｜x｜	3.69	3.69	1.26	2.72	4.89	6.40
高低間の差	n.s.		p<.01		p<.05	

注：差の検定はノンパラメトリックな T-test による．＋，－の符号の意味は表 3,4,5 の注を参照せよ．

会社－私見間の距離を縮めることになる。

なお、調査に用いた質問紙には「あなたは今年中（6 月 1 日から明年 5 月 31 日まで）に有給休暇を何日とれることになっていますか。また、それらのうち今日までに何日使いましたか。」という質問が含まれていたが、これに対する回答を両群間で比べると、年間にとれる有給休暇の日数は高群で平均 6.9 日、低群で 7.3 日と有意差はみられないが、すでに使った日数は高群の平均 2.1 日に対して、低群では 2.9 日と p<.05 水準で有意に多かった。低群では許容範囲が狭かったにもかかわらずである。おそらく、低群における規範の強度が低いことと虚構性の大きいこととが、成員から許容範囲の狭い厳しい規範への同調を引き出す力を弱めているものと思われる。

要　約

地方都市に立地する報道関係企業の職場集団（本研究の資料はこれらのうちの 52 集団から得られた）について、欠勤に関する規範を調査し、これと集団の業務特性、リーダーシップ・タイプ、集団凝集性との関係を検討した。

規範の測定には、リターン・ポテンシャル・モデルを用い、さらにこれを発展させて集団成員（従業員）の私的見解と彼らの認知する会社側の期待とを同時に測定した。

1）業務特性との関係で3種の型の規範が識別された。(A) 緊急性は低いが成員間で代替でき難い分業化した業務に従事する集団では、少ない欠勤に大きな是認を与えるが許容範囲をこえる頻度の欠勤に対しては厳しい否認を与える強度の大きな規範が見られた。(B) 緊急性は低くかつ成員間の代替可能性が高い業務に従事する集団では、中間の欠勤頻度（月に1回前後）に最大リターン点をもち、これより高頻度の欠勤に対してのみならず低頻度の欠勤に対しても是認を低減させるような規範が見られた。(C) 緊急性も代替可能性もともに高い業務にたずさわる職場では、低頻度の欠勤に対しても殆ど是認を与えることなく、頻度の増大につれてますます厳しい否認を与えようとする是−否認差のきわめて小さい（威嚇的な）規範が見られた。

2）リーダーシップ・タイプをそのP機能（課題遂行機能）とM機能（集団維持機能）の強弱によってPM型、P型、M型、およびpm型に4分類し、それぞれのタイプのリーダーに監督指導される職場集団群ごとに平均的なリターン・ポテンシャル曲線を描いて比較すると：(A) PM型では低頻度の欠勤に対する是認と高頻度の欠勤に対する否認とが際立った対照をみせる、強度の大きな規範が、私的見解によって比較的よく支持された（虚構性の低い）形で形成されていた。この型では会社側の期待と集団規範との間のギャップも比較的小さく認知されていた。(B) P型では許容範囲内の欠勤に対しても小さい是認しか与えられない（是−否認差の小さい）規範が形成されており、これと私的見解とのズレも大きく（虚構性が大）、認知された会社側の期待とも大きくズレていた。(C) M型では許容範囲内の欠勤に対してはPM型同様の大きい是認を与えるが、範囲外の高頻度の欠勤に対してはさほど厳しい否認を与えないという是−否認差の大きい規範を形成しており、会社側の期待もこの規範にきわめて近いところにあると認知している一方で、私的見解はもっと寛やかな規制を望んでいた。(D) pm型ではわずかにbi-modalな形に傾斜している点を除けばきわめてM型に近い形の規範が見られた。しかし、会社側の期待の認知に関してはM型ほどには規範と近くなく、私的見解との隔たりもM型ほど大きくない。(E) P機能の弱いM型とpm型に共通して、許容範囲外の高頻度の欠勤に対する否認が小さいことが注目される。

3)集団凝集性の高い上位10集団と低い下位の10集団を選んで両群の平均を比較した結果：凝集性高群においては月に2回までを許容範囲とし、この範囲内の欠勤に対しては頻度が小さくなるほど大きな是認を与え、他方この範囲外の欠勤には頻度が大きくなるほど急傾斜で否認を強めるような集団規範が見られたのに対し、凝集性低群では月に1回までを許容範囲とし、この範囲内の欠勤に対しても相対的に小さい是認しか与えず、範囲外の欠勤に対しても相対的に小さい否認にとどまろうとする規範が見られた。すなわち、高群の規範は強度、是－否認差ともに低群のそれらより有意に大きかった。また、集団規範と認知された会社側の期待との間のズレにはほとんど差はなかったが、集団規範と私的見解とのズレすなわち規範の虚構性と認知された会社側の期待と私的見解とのズレは、いずれも高群の方が低群より有意に小さかった。

注記：

＊日本心理学会第30回大会（1966）での研究発表「欠勤に関する集団規範の研究」を中心にまとめたものである（初出論文参照）。

注1　この調査は1965年11月下旬から12月初旬にかけて、九州大学教育学部三隅二不二教授（当時）を中心とする研究チームが現場に入って行われた。筆者もその一員であった。

注2　課題遂行への圧力が集団外から加えられることの多い職場集団ではなく、このような外圧のかからない、いわゆる自生集団の場合には集団規範への支持と凝集性との関係はもっと明瞭なものとなろう。

第4章 欠勤および遅刻に関する職場規範の研究：都市消防の事例研究

問　題

われわれは先に某報道関係企業の職場における欠勤に関する職場規範について調査研究を行い（佐々木, 1994a：第3章)、規範の構造特性が、職場の業務特性、リーダーシップ・タイプ、および凝集性とどのように関係しているかを明らかにした。

本研究では、都市消防に従事する公的組織体の職場集団について、欠勤に関する規範のみならず遅刻に関する集団規範をも取り上げ、これらの規範の構造特性が職場集団の担当業務、リーダーシップ・タイプ、勢力構造などとどのように関係しているかを検討する。

方　法

本研究に用いられた資料は、われわれの研究室が某市の委託を受けて、同市の消防部門に働く指令補以下の男性吏員928名を対象に、1972年9月11日から16日にかけて行った無記名の質問紙調査の一部である。

調査は、まず9月11日から13の間に、研究室所属の3年生および4年生が2名ずつチームを組んで、所定の日時（本部は勤務時間中、署・分署・出張所は隔日勤務者の交替時の前後、消防学校・音楽隊・工場などはそれぞれの都合に合わせて）に本部、署・分署・出張所、消防学校など、所定の場所へ出向いて集合調査を行い、終了と共に回答票を持ち帰った。そして調査当日出張や病欠などで調査に参加できなかった者のために、調査者以外は開封できない回収箱を各所属に設置しておき、9月16日に回収した。

表 4-1　調査対象者数、有効回答票数、および回収率

カテゴリー	対象者数（A）	有効回答票数（B）	回収率（B/A）
指　令　補	170名	158票	92.9%
士　　　長	379	370	97.6
副　士　長	150	141	94.0
消　防　士	206	205	99.5
そ　の　他	23*	15	65.2
不 明（無 答）	－	8	－
計	928	897	96.7

＊男性職員のみの数

こうして得られた有効回答票は 897 票、回収率は 96.7%ときわめて高かった。なお、階級別内訳は表 4-1 に示す通りであった。

因みに、この調査の全般的分析結果は、同時に所属長から指令補・主任までの管理職を対象に行った組織特性調査（Likert, 1967：三隅訳）の結果と併せて、報告書にまとめてある。ただし、集団規範に関する詳細な分析は含まれていない。

欠勤に関する集団規範と私的見解は、それぞれ次の Q4-A および Q4-B によって測定された。

Q4-A　もしあなたが 3 カ月に 1 回ぐらいの割合で欠勤するとしたら、あなたの職場の仲間たちは、それを歓迎するでしょうか、それとも嫌うでしょうか。

また、2 カ月に 1 回、1 カ月に 1 回... 5 回ぐらい休むとしたらどうでしょうか。

（各列の数字を○で囲んで下さい。）

もしあなたが ↓　職場の仲間は→	大いに歓迎してくれるだろう	一応歓迎してくれるだろう	まあまあよかろうと思ってくれるだろう	いいとも悪いとも思わないだろう	どちらかといえば困ると思うだろう	あまりおもしろくないと思うだろう	実にけしからんと思うだろう
3 カ月に 1 回ぐらい休んだら	1	2	3	4	5	6	7
2 カ月に 1 回ぐらい休んだら	1	2	3	4	5	6	7
1 カ月に 1 回ぐらい休んだら	1	2	3	4	5	6	7
1 カ月に 2 回ぐらい休んだら	1	2	3	4	5	6	7

1カ月に3回ぐらい休んだら	1	2	3	4	5	6	7
1カ月に4回ぐらい休んだら	1	2	3	4	5	6	7
1カ月に5回ぐらい休んだら	1	2	3	4	5	6	7

Q4-B　もし職場の仲間が3カ月に1回ぐらいの割合で欠勤するとしたら、あなた自身はそれを歓迎するでしょうか。それともいやがるでしょうか。(各列の数字を○で囲んで下さい。)

あなたの職場の仲間が ↓　あなたは →	大いに歓迎する	一応歓迎する	まあまあよかろうと思う	いいとも悪いとも思わない	どちらかといえば困ると思う	あまりおもしろくないと思う	実にけしからんと思う
3カ月に1回ぐらい休んだら	1	2	3	4	5	6	7
2カ月に1回ぐらい休んだら	1	2	3	4	5	6	7
1カ月に1回ぐらい休んだら	1	2	3	4	5	6	7
1カ月に2回ぐらい休んだら	1	2	3	4	5	6	7
1カ月に3回ぐらい休んだら	1	2	3	4	5	6	7
1カ月に4回ぐらい休んだら	1	2	3	4	5	6	7
1カ月に5回ぐらい休んだら	1	2	3	4	5	6	7

また、遅刻に関する集団規範と私的見解は、それぞれ次のQ4-CおよびQ4-Dによって測定された。

Q4-C　あなたが次のように出勤した場合、職場の仲間たちはどう思うと思いますか。(各列の数字を○で囲んで下さい。)

もしあなたが ↓　職場の仲間は →	大いに歓迎してくれるだろう	一応歓迎してくれるだろう	まあまあよかろうと思ってくれるだろう	いいとも悪いとも思わないだろう	どちらかといえば困ると思うだろう	あまりおもしろくないと思うだろう	実にけしからんと思うだろう
30分ぐらい前に出勤したら	1	2	3	4	5	6	7

20分ぐらい前に出勤したら	1	2	3	4	5	6	7
10分ぐらい前に出勤したら	1	2	3	4	5	6	7
定時に出勤したら	1	2	3	4	5	6	7
5分ぐらい遅刻したら	1	2	3	4	5	6	7
10分ぐらい遅刻したら	1	2	3	4	5	6	7
20分ぐらい遅刻したら	1	2	3	4	5	6	7
30分ぐらい遅刻したら	1	2	3	4	5	6	7

Q4-D　職場の仲間が次のように出勤した場合、あなた自身はどう思いますか。（各列の数字を〇で囲んで下さい。）

あなたの職場の仲間が ↓　　あなたは →	大いに歓迎する	一応歓迎する	まあまあよかろうと思う	いいとも悪いとも思わない	どちらかといえば困ると思う	あまりおもしろくないと思う	実にけしからんと思う
30分ぐらい前に出勤したら	1	2	3	4	5	6	7
20分ぐらい前に出勤したら	1	2	3	4	5	6	7
10分ぐらい前に出勤したら	1	2	3	4	5	6	7
定時に出勤したら	1	2	3	4	5	6	7
5分ぐらい遅刻したら	1	2	3	4	5	6	7
10分ぐらい遅刻したら	1	2	3	4	5	6	7
20分ぐらい遅刻したら	1	2	3	4	5	6	7
30分ぐらい遅刻したら	1	2	3	4	5	6	7

これらの質問項目に対する回答をもとに、許容範囲、強度、是－否認差、結晶度、曖昧度、私的見解の一致度、規範の虚構性、過厳視･過寛視など、集団規範の構造特性ないし属性が定義された（第2章参照）。

本研究では、消防本部内の管制、警防防災、機械、調査、予防、査察、人事厚生、企画、庶務と、本部外に練習場をもち本部の指示によって現場に向かう救急救助隊、音楽隊、そしてＡからＫまでの符号を付した9署2分署

(この中には、出張所をもつ１署と１分署が含まれているが、データの提示に当たっては、署名が特定されるのを避けるため、すべて署と表示してある）の庶務・経理、予防、査察、警防（この中を救急、運転担当、その他の警防に 3 分割した）のデータが分析に用いられた。なお、これらの業務のうち、本部の管制と署・分署の警防は 24 時間隔日勤務であり、他は日勤である。

本研究で用いるその他の変数については、関連した分析結果を述べる際に、詳しく説明するであろう。

結果と考察

結果は、欠勤に関する規範と遅刻に関する規範とに分け、順次提示していくこととする。

1. 欠勤に関する規範

1）**担当業務別にみた欠勤の規範**　図 4-1 は、質問Ａに対する回答（7 段階評定）を担当業務別に平均して得た値に基づいて、欠勤に関する規範をリターン・ポテンシャル曲線の形で示している。図上では 1，2，3，4，5，6，7 の評定値をそれぞれ＋ 3，＋ 2，＋ 1，0，－ 1，－ 2，－ 3 に変換してある。また担当業務の区分に際しては、本部の人事厚生・企画・庶務を一括し、調査・予防・査察をも一括した。また、署・分署においても庶務・経理と予防・査察をそれぞれ一括した。これらの業務では単独で扱うにはあまりにも担当者の人数が少ないと考えられたことと、また一括された業務は相互に比較的共通な特性をもっていると判断されたからである。

図の左側には本部・隊の各担当業務における職場規範がそのまま描かれ、右側には署・分署の 5 分類された各業務における欠勤規範が 11 署・分署の中央値をつないで描かれている。

一見して、本部・隊では欠勤規範に担当業務による顕著な差異が認められるのに対して、署・分署内の担当業務別ではそれに僅かな差異しか認められないのが印象的である。もちろん、これには後者が中央値で描かれているという事情が大きく影響している点は見逃せないが、署・分署では防火・防災・

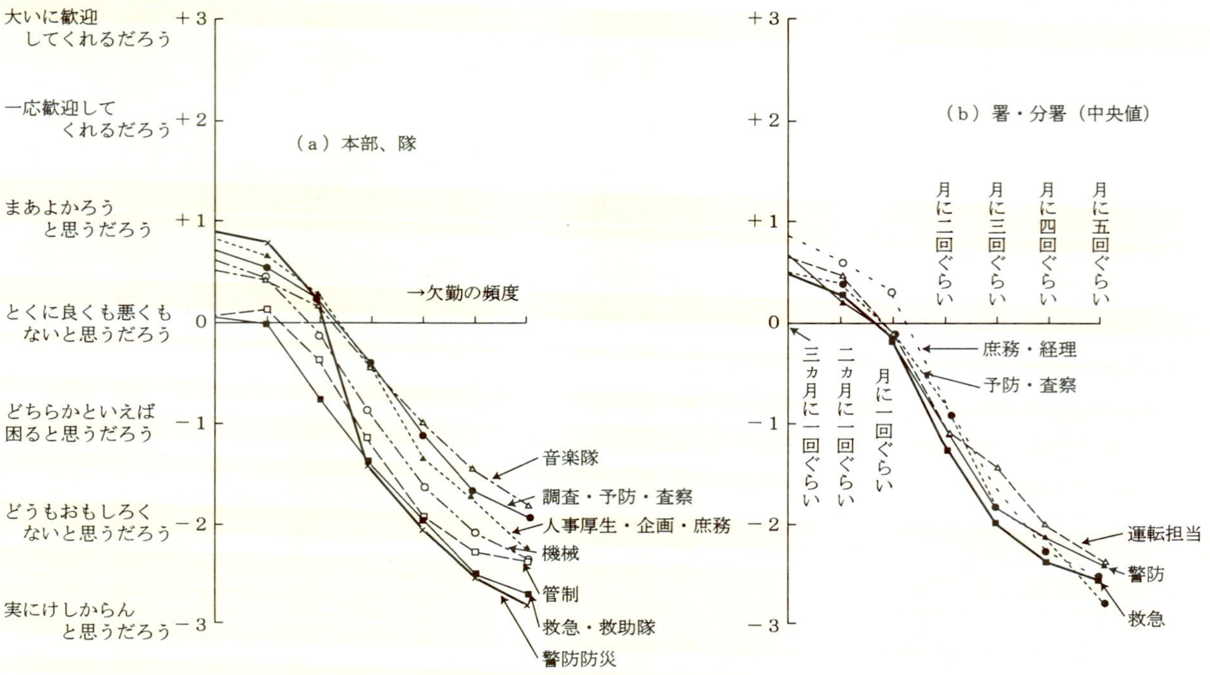

図 4-1　担当業務と欠勤に関する職場規範

救急の最前線として所長を頂点とする階級的命令系統によって統轄され、変異や逸脱を最小限に抑制しようとする強い圧力が存在することが関係しているものと思われる。

まず、本部・隊（図 4-1a）について見ると、許容範囲という観点から、月に 1 回程度の欠勤が是認される音楽隊、調査・予防・査察、人事厚生・企画・庶務、警防防災と、この程度の欠勤が否認される救急救助隊、管制、機械とが区別されよう。またリターン・ポテンシャル曲線全体の傾向からみても、調査・予防・査察、人事厚生・企画・庶務、音楽隊（これらを仮に「第 1 群の職場」と呼んでおく）が寛やかな欠勤規範をもっているのと対照的に、救急救助隊と管制（「第 2 群の職場」）ではきわめて厳しい規範をもっており、機械がこの中間の厳しさの規範を、そして警防は月 1 回程度より少ない欠勤に対しては人事厚生・企画・庶務なみの大きな是認を、しかし月に 2 回以上の欠勤に対しては救急救助隊なみの厳しい否認を与える（強度の大きい）規範をもっているのが注目される。[注1]

「第 1 群の職場」と「第 2 群の職場」との間にみられる欠勤規範の差異はどのように説明されるであろうか。佐々木（1994a：第 3 章）は報道関係企業を対象とした調査研究において職場集団の従事する職務を「緊急性」の高低と「(職務遂行における成員間の）代替可能性」の有無という 2 つの次元で特徴づけ、欠勤規範の型と対応づけて説明している。本研究の場合にも一応、「第 1 群の職場」は緊急性が比較的低く代替可能性の小さい職務に、また「第 2 群の職場」は緊急性が高く代替可能性の大きい職務に従事していると特徴づけることができるように思われる。そして後者の職場において是認部分が少なくて否認部分が圧倒的に多い（是－否認差が大きく負である）厳しい規範、すなわち先の報道関係企業の研究で「C 型」と呼ばれた欠勤規範と同型のものが見られるのである。ちなみに、本調査の前年度（昭和 46 年度）中の火災発生件数は 965、救急出動件数は 15,617 件にのぼっており、これらに関する通報や連絡が管制を通っていったものとみられる。また救急救助隊の出動件数は同年度中に 887 件をかぞえている。

前者すなわち「第 1 群の職場」で見られる欠勤規範は、少ない欠勤（月 1 回程度かそれ以下）に対して比較的大きな是認を与えている点は、報道関係企業の場合の「A 型」と似ているが、頻繁な欠勤に対してそれほど大きな否認が与えられていない点で［A 型」と若干異なっている。この差異を説明する具体的証拠を提示することは難しいが、1 つの解釈としては「代替可能性」の程度に差があったのではないか、ということが考えられる。すなわち、消防本部の「第 1 群の職場」では、相対的に小さいとみられる「代替可能性」が報道関係企業の人事課や企画課ほどには小さくなかった、つまり月に 4 回、5 回という高頻度の欠勤を「A 型」ほどに厳しく否認しなくとも何とか対応していける何らかの事情や能力が存在するものと思われる。

むしろ、報道関係企業の「A 型」に最も近い型の欠勤規範が見いだされたのは本部の警防防災であった。この職場が「第 1 群の職場」以上に成員間の職務特化が進んでいるかどうかについては詳かでないが、成員数がこれらの職場より少ないという事実が、代替可能性を幾分低下させる要因として働いているかも知れない。

消防本部・隊の職場では、かつて報道関係企業の職場で見いだされたような典型的な「B 型」の欠勤規範は見いだされなかった。

次に、署・分署のデータ（図 4-1b）を検討しよう。月 1 回程度の欠勤が是認されるのは庶務・経理、とくに是認されるわけではないが否認もされない（許容範囲内）のは予防・査察、そしてわずかとはいえ否認に傾いているのが救急、運転担当および警防の 3 業務である。庶務・経理と予防・査察は日勤、後者の 3 業務は 24 時間隔日勤務である。このような勤務形態がどこまで欠勤規範の差異に反映しているかは明かでないが、上で本部・隊についてみた業務特性と欠勤規範の関係が、差の幅を縮小してここでも再現していると見ることができる。庶務・経理が許容範囲内の欠勤に対して相対的に大きな是認を、そして高頻度の欠勤に対して他のどの職場よりも強い否認を与えているのは、典型的な［A 型」を示している。

2）**リーダーシップ・タイプと欠勤の規範**　報道関係企業における先の研究（佐々木, 1994a：第 3 章）では、職場の管理・監督者のいわゆる P・M 式リーダーシップ・タイプ（三隅, 1966）と欠勤の規範との間に興味深い関係が見いだされた。本研究の対象である消防業務に従事する職場においても同様の関係が見られるであろうか。

分析の対象としては、職務内容が比較的等質であることと、比較的多数の構成員をもっている職場であることとの理由から、署・分署の「警防」計 11 集団を選んだ。ここで「警防」とは、厳密には、警防係のうち救急と運転担当を除いた吏員たちのことを指しており、各署・分署では２班構成によって隔日交代勤務をしている。したがって、集団規範を問題にする場合には、より厳密には班単位で分析すべきであるが、調査票に班を識別する質問を加えることができなかったため、ここでは各署・分署とも２班を合わせて単位職場とした。

これらの職場ごとに、上司の P 得点（課題遂行機能）は、①仕事の進みぐあいについて報告を求める、②あたらしい解決の仕方を示す、③仕事のやり方を教えてくれる、④仕事ぶりのまずさを責める、⑤規則に従うようやかましく言う、⑥計画・手順がまずくて時間が無駄になる（逆スケール）、の６項目についての部下による５段階評定値の合計の平均として、また M 得点（集団維持機能）は、①職場の気まずい雰囲気をほぐす、②部下の個人的問題を助ける、③部下を支持する、④重要な変更は前もって知らせる、⑤部下の意見と合わなくても自分の意見を押し通す（逆スケール）、⑥仕事のことで気軽に話し合える、の６項目についての同じく部下による５段階評定値の合計の平均として算出された。したがって、P, M ともに得点可能範囲は６～30 となる。

このようにして算出された 11 職場の P 得点、M 得点それぞれについて平均を求め、個々の職場リーダーについてその P 得点と M 得点がともに平均を超える場合を PM 型、P 得点が平均を超え M 得点が平均以下の場合を P 型、P 得点が平均以下で M 得点が平均を超える場合を M 型、そして P, M 得点ともに平均以下である場合を pm 型と分類した。その結果、PM 型が５職場、P 型、M 型、pm 型がいずれも２職場ずつとなった。この分類に基づいて、型別すなわちリーダーシップ・タイプ別に欠勤に関する規範と私的見解の測定値を整理したのが表 4-2 である。いずれもタイプごとの中央値によって代表

表 4-2　リーダーシップ・タイプ別にみた欠勤の規範［中央値］、私的見解［中央値］、および虚構性

	PM			P			M			pm		
	規範 A	私見 B	|A − B|	規範 A	私見 B	|A − B|	規範 A	私見 B	|A − B|	規範 A	私見 B	|A − B|
3 月に 1 回	3.44	2.88	0.56	3.37	3.06	0.31	3.55	2.93	0.62	3.67	3.14	0.53
2 月に 1 回	3.59	3.21	0.38	3.59	3.22	0.37	3.78	3.08	0.70	3.86	3.28	0.58
1 月に 1 回	4.12	3.64	0.48	4.19	3.52	0.67	4.36	3.36	1.00	4.72	3.50	1.22
1 月に 2 回	5.18	4.52	0.66	4.89	4.25	0.64	4.86	4.30	0.56	5.48	4.22	1.26
1 月に 3 回	5.83	5.21	0.62	5.56	4.83	0.73	5.59	5.02	0.57	6.03	4.78	1.25
1 月に 4 回	6.33	5.82	0.51	5.94	5.31	0.63	6.03	5.38	0.65	6.20	5.28	0.92
1 月に 5 回	6.45	6.15	0.30	6.09	5.62	0.47	6.22	5.56	0.66	6.25	5.50	0.75
虚構性Σ|A − B|			3.51			3.82			4.76			6.51

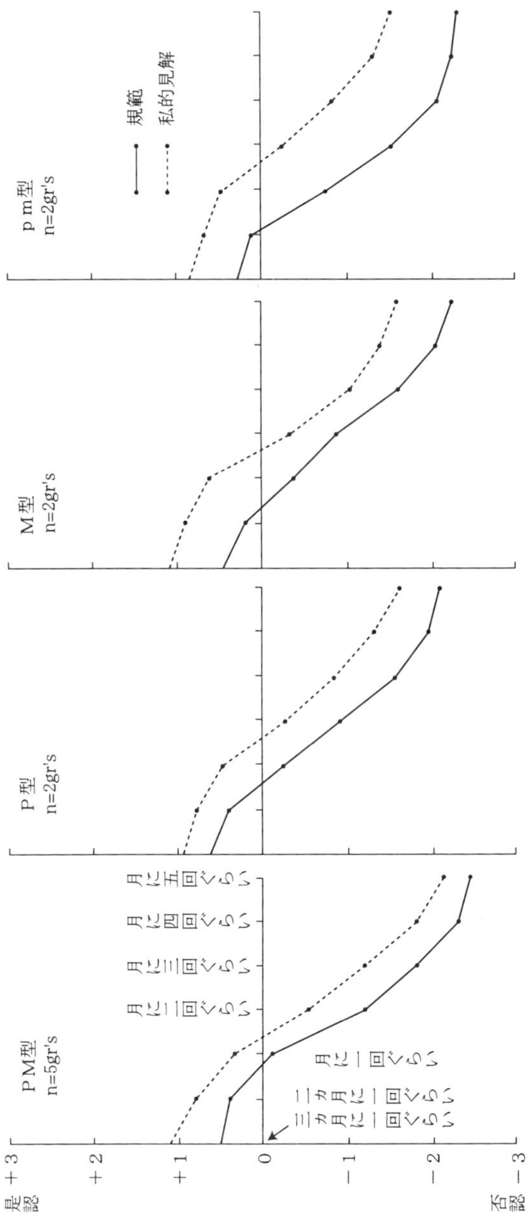

図 4-2　リーダーシップ・タイプ別にみた欠勤に関する職場規範と私的見解（署・分署の警防 11 職場のデータによる））

させてある。なお、表中「虚構性」とあるのは、規範と私的見解との間のズレの量（絶対値）を表し、これが小さいほど規範が成員個々人によって支持され安定していることを意味している。これについてはあらためて考察するであろう。その前に、表 4-2 に基づいて描かれた図 4-2 について検討しておこう。

まず、規範（実線）についてみると、月に 1 回程度の欠勤に対して最も厳しい否認を与えているのは pm 型、次いで M 型、P 型と順次寛やかになり、最も否認の少ないのが PM 型である。しかし、月に 4 回 5 回という高頻度の欠勤に対する否認については、逆に PM 型が最も厳しい。とはいえ、タイプ間の差は、先の報道関係企業の調査でみられた差ほど顕著ではなく、むしろ警防という業務の性質上、直接の上司のリーダーシップ以上に、署長や幹部を通して全署的に画一的な統制がより強力に働いているように思われる。第 1 線監督層のリーダーシップはむしろ部下たちの私的見解に影響を及ぼしているようである。pm 型や M 型のような P 機能の弱いリーダーシップのもとで寛やかな私的見解が、他方 PM 型で相対的に厳しい私的見解が、そして P 機能のみ強い P 型ではそれに反発してかえって寛やかな私的見解がもたれている点は、報道関係企業の場合ほどには顕著でないものの、共通した傾向が読みとれる。

そしてこのことは、結果として規範の虚構性に興味深い差異を生み出している。表 4-2 最下行の虚構性（計）の大小について比較すると、PM 型＜P 型＜M 型＜pm 型の関係がみられ、P 機能，M 機能ともに虚構性を低下させる効果を示している。その効果は P 機能の方が M 機能より大きい。つまり、規範は全署的に似通っているが、第 1 線監督層がより多く M 機能を果たすことによって部下たちの私的見解を全署的な規範の方に近づけ、P 機能を果たすことによってさらに強力に近づけることになっている、したがって両機能がともに強い PM 型において虚構性が最小になる、といった事情が読み取れるのである。

3）**勢力構造と欠勤に関する私的見解**　リーダーシップ・タイプと関連して勢力構造の問題がある。図 4-3 は、表 4-3 に基づいて、階級別にみた欠勤に

表 4-3 階級別にみた、欠勤に関する私的見解［平均（標準偏差）］

	指令補 n=158	士長 n=370	副士長 n=141	消防士 n=205
3 月に 1 回	2.97 (1.09)	2.90 (1.09)	3.00 (.90)	3.08 (1.22)
2 月に 1 回	3.09 (1.03)	3.04 (1.00)	3.18 (.81)	3.20 (1.17)
1 月に 1 回	3.55 (1.10)	3.42 (1.11)	3.46 (.96)	3.47 (1.14)
1 月に 2 回	4.37 (1.08)	4.33 (1.20)	4.26 (1.14)	4.02 (1.32)
1 月に 3 回	5.24 (1.05)	5.02 (1.27)	4.98 (1.14)	4.68 (1.42)
1 月に 4 回	5.88 (1.05)	5.59 (1.33)	5.46 (1.19)	5.14 (1.42)
1 月に 5 回	6.17 (1.03)	5.81 (1.38)	5.77 (1.34)	5.39 (1.48)

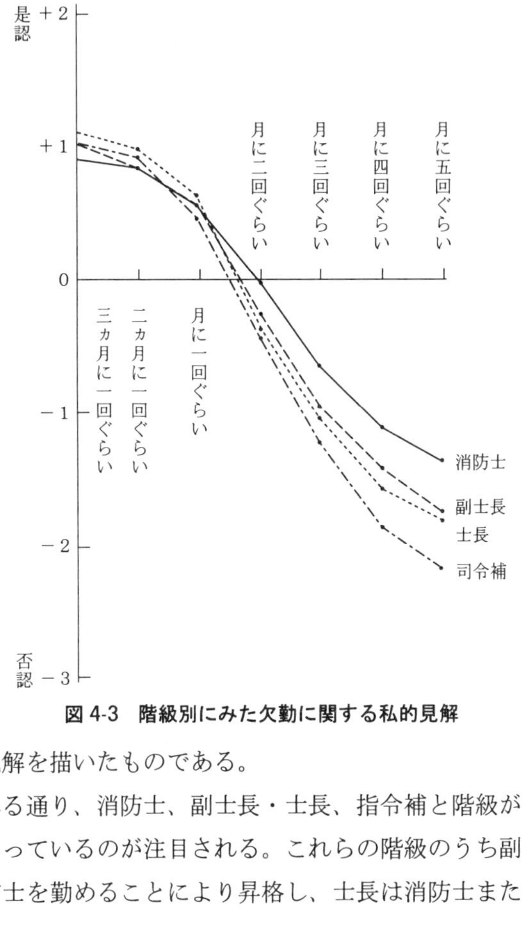

図 4-3 階級別にみた欠勤に関する私的見解

関する私的見解を描いたものである。

この図にみる通り、消防士、副士長・士長、指令補と階級が上がるほど厳しい見解をもっているのが注目される。これらの階級のうち副士長は一定の年限以上消防士を勤めることにより昇格し、士長は消防士または副士長が所定の昇格試験を受験し、これに合格することによって昇格する。古い時代には、士長が第1線監督層としてかなり大きな権限を持っていたようであるが、本調査の時点では第1線監督層は指令補に移っている。これには組織の拡大と、装備の高度化が理由として挙げられている。指令補は多くが大学卒で、仕事の上では「主任」と呼ばれ、また警防係では消防車1台の乗り組み員の指揮をとる「隊長」でもある。このような階層構造をもつ組織においては、上位者ほど秩序維持に対する大きな責任を負わされるものと思われる。

いま図4-3に見られるような関係があるものとすれば、被監督層に対して相対的に大きな勢力（social power）をもつ監督層ほどその厳しい見解を職場規範や被監督層の私的見解に反映させることができるであろう、と予想される。この予想をテストするために、次のような分析を試みた。まず、典型的な状況を確保するために署・分署の警防担当者（救急と運転担当を除く）のデータに限定し、かつ出張所を抱える1署・1分署を除いたうえで、調査票の別の質問（Q57）「あなたがしている仕事のことについて、次の人たちは、どれくらいの発言権ないし影響力をもっていますか」と訊いて、所属長、副署長、係長・主査・教頭、主任（指令補）、士長、副士長、消防士の7階層について「5. 非常に大きな影響力がある」から「1. 少しも影響力がない」までの5段階で評定させた（回答者は主任すなわち指令補以下）回答のうち、士長以下消防士までの3階層がもつとされる影響力の平均と主任（指令補）が持つとされる影響力の差、すなわちこの調査の回答者たちの目に映った限りでの、第1線監督者の被監督層に対する影響力の（相対的）大きさを、署別に算出した。この値の大きさの大小によって勢力小群（5署）と勢力大群（4署）とを区分した。表4-4は、これら勢力小群と勢力大群のそれぞれについて欠勤に関する規範と私的見解（いずれも各群の中央値）を示し、さらに規範と私的見解のズレとその総量すなわち「規範の虚構性」をも示している。この表をグラフ化したのが図4-4である。

予想に反して、両群間には規範の差異はほとんど見られなかった。驚くほどの一致というべきであろう。両群間の差異はむしろ私的見解に見られ、勢力大群では勢力小群よりも厳しい私的見解が見られた。これは予想された方

表 4-4　勢力差小群と大群における
欠勤に関する規範［中央値］、私的見解［中央値］、及び虚構性

	勢力差小群			勢力差大群		
	規範 A	私見 B	|A − B|	規範 A	私見 B	|A − B|
3月に1回	3.40	2.88	0.52	3.43	3.08	0.35
2月に1回	3.48	3.32	0.16	3.78	3.22	0.56
1月に1回	4.22	3.44	0.78	4.17	3.54	0.63
1月に2回	5.04	4.22	0.82	5.03	4.37	0.66
1月に3回	5.74	4.88	0.86	5.75	5.21	0.54
1月に4回	6.15	5.32	0.83	6.21	5.56	0.65
1月に5回	6.30	5.69	0.61	6.35	5.83	0.52
虚構性Σ|A − B|			4.58			3.91

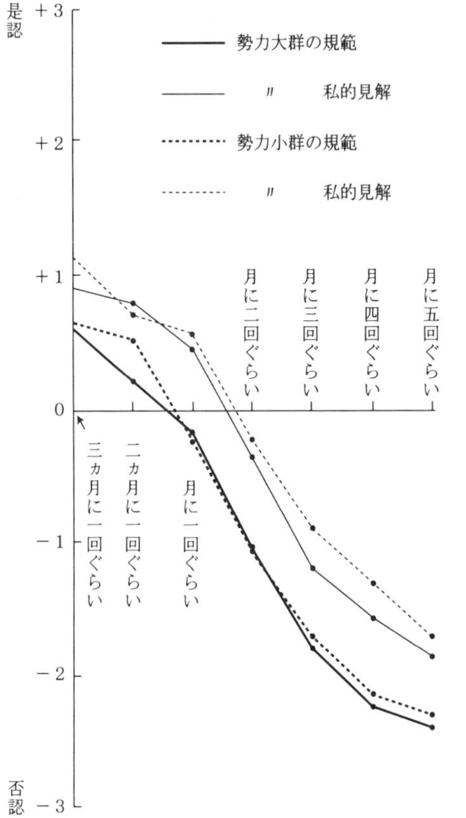

図 4-4　勢力小群と大群における欠勤に関する規範と私的見解

向である。その結果、「虚構性」も勢力大群で小さく、勢力小群で大きくなっている。ここで前節までの分析結果が想起されよう。署・分署では階層的統制がよく徹底していて、欠勤に関する職場規範は担当業務間でもごくわずかな差異しか示さず、警防業務に限定して監督層のリーダーシップ・タイプの異なる署（分署）間で比較した時にもほとんど差異が認められなかった。監督層のリーダーシップ・タイプは職場構成員の私的見解に影響を及ぼし、結果として虚構性に差異をもたらしていた。勢力構造を手がかりとした本節の分析結果もこれらと軌を一にしている。

2. 遅刻に関する規範

1）**担当業務別にみた遅刻の規範**　図 4-5 は、図 4-1 と同様の方法で、担当業務別に遅刻の規範を描いたものである。まず、本部・隊（図 4-5a）についてみると、定刻の出勤を是認するのは機械のみである。管制、音楽隊、警防防災では明瞭に定刻の出勤を否認しており、人事・厚生・企画・庶務や調査・予防・査察でもわずかではあるが否認している。救急救助隊が定刻の出勤に人事厚生なみの否認しか与えていない点はいささか期待と相違するが、5 分以上の遅刻に対しては管制や音楽隊に並ぶ厳しい否認を与えている。とくに 10 分以上の遅刻についていえば、人事厚生・企画・庶務と調査・予防・査察がともに最も寛やかな、警防防災が最も厳しい規範を持ち、そして管制、機械、救急救助隊、音楽隊がその中間の厳しさをもつ遅刻規範をもっている。警防防災がなぜとびぬけて厳しい規範をもつにいたったかを説明する適切な根拠は見あたらないが、人事厚生・企画・庶務と調査・予防・査察が他の職場より寛やかな遅刻規範をもつことについては、職務の性質の違いによって相当程度説明できるように思われる。他の職場の業務が基本的には緊急な対応に備えて待機するという性質のものであるのに対し、これらの職場の業務は基本的にはスケジュールを立てて進めていける、あまり緊急な対応を必要としない性質のものであると言える。

次に署・分署のデータ（図 4-5b）についてみると、救急が 5 分、10 分、20 分の遅れに対していくぶん厳しい否認を与えているのが認められる程度で、担当業務間にほとんど差異をみとめることができない。本部・隊に比べて、

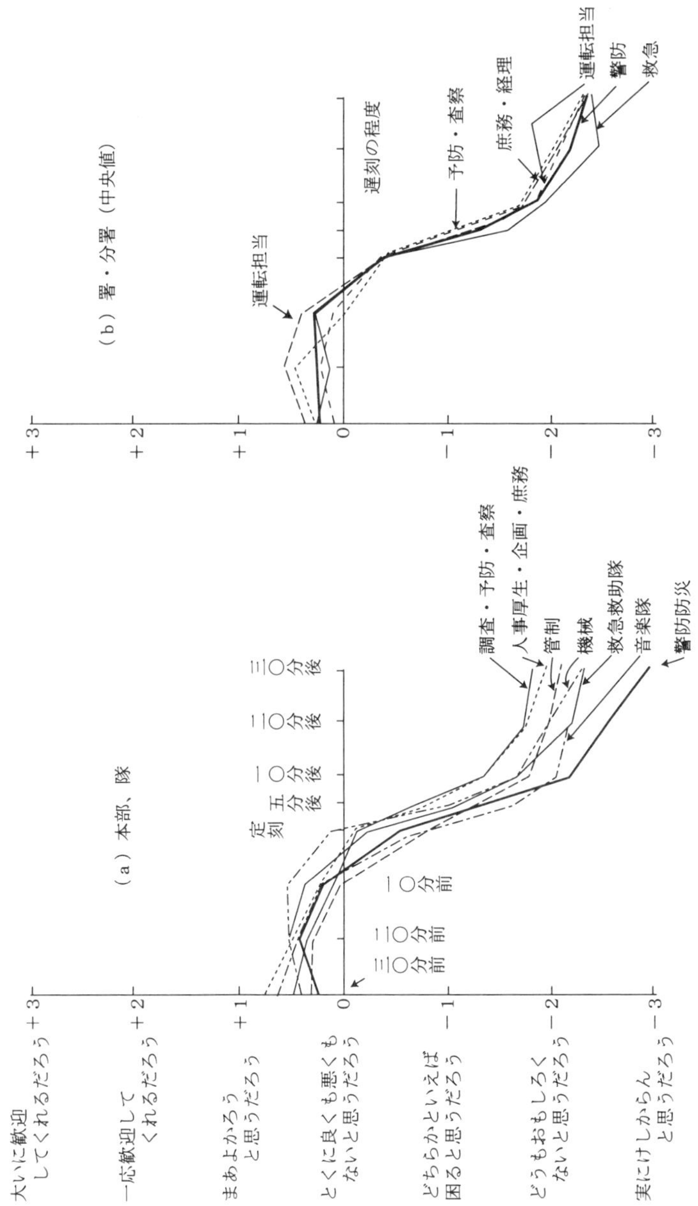

図 4-5　担当業務と遅刻に関する職場規範

署・分署で業務間差が小さくなっている理由については、上で欠勤の規範について述べたと同様の理由、すなわち、この図が担当業務ごとに11署・分署の中央値を用いた曲線で描かれているという統計処理上の理由と、署・分署では所長を頂点に階級的統制が徹底しやすいという社会集団の性質にかかわる理由とである。後者の理由については、後に署・分署の勢力構造との関連で改めて検討することになろう。

2）**リーダーシップ・タイプと遅刻の規範**　ここでも上で述べた理由によって署・分署の警防（救急と運転担当を除く）の12職場について上司（事実上、第1線監督層）のリーダーシップ・タイプ別に遅刻に関する規範と私的見解の代表値（中央値による）を表4-5に整理した。

この表に基づいて規範（実線）と私的見解（点線）をリターン・ポテンシャル曲線ふうに描いたのが図4-6である。

ここでもまた規範の曲線は、「20分前」のところにわずかばかりの上下が見られるものの、基本的にはきわめて近似している。特に「定刻」以後遅刻部分については酷似している。このリーダーシップ・タイプを超えた規範の類似性は、先に欠勤の規範について考察した場合と同様、全署的な画一的統制力の強さにその原因がもとめられよう。私的見解についてはどうであろうか。個々の曲線の形について細かい差異を記述することは必ずしも容易でないが、虚構性（規範からのズレの総量）についてみると、欠勤の規範の場合と同様、PM型＜P型＜M型＜pm型という関係がみとめられ、P機能，M機能ともに虚構性を低下させる効果を示している。つまり、規範は全署的に似通っているが、第1線監督層がより多くM機能を果たすことによって部下たちの私的見解を全署的な規範の方に近づけ、P機能を果たすことによってさらに近づけることになっている、したがって両機能がともに強いPM型において虚構性が最小になる、といった上で欠勤の規範について見たのと全く同様の事情が読み取れるのである。

3）**勢力構造と遅刻に関する私的見解**　欠勤の規範について試みたと同様に、遅刻に関する私的見解の階級別比較をおこなったのが表4-6であり、これをグラフ化したのが図4-7である。

表 4-5　リーダーシップ・タイプ別にみた遅刻の規範［中央値］、私的見解［中央値］、および虚構性

	PM			P			M			pm		
	規範 A	私見 B	|A − B|	規範 A	私見 B	|A − B|	規範 A	私見 B	|A − B|	規範 A	私見 B	|A − B|
30 分前	3.65	3.38	0.27	3.81	3.55	0.26	3.77	3.53	0.24	3.75	3.28	0.47
20 分前	3.59	3.32	0.27	3.72	3.46	0.26	3.80	3.61	0.19	3.62	3.50	0.12
10 分前	3.69	3.55	0.14	3.66	3.41	0.25	3.71	3.61	0.10	3.75	3.84	0.09
定刻	4.34	4.09	0.25	4.48	4.02	0.46	4.40	4.20	0.20	4.53	4.22	0.31
5 分後	5.21	5.00	0.21	5.48	4.99	0.49	5.25	4.87	0.38	5.64	5.09	0.55
10 分後	5.79	5.38	0.41	5.72	5.37	0.35	5.67	5.34	0.33	5.98	5.56	0.42
20 分後	6.09	5.79	0.30	6.04	5.75	0.29	5.97	5.67	0.30	6.28	5.78	0.50
30 分後	6.29	5.94	3.51	6.18	5.92	3.82	6.21	5.83	4.76	6.36	5.92	6.51
虚構性 Σ|A − B|			5.36			6.18			6.50			8.97

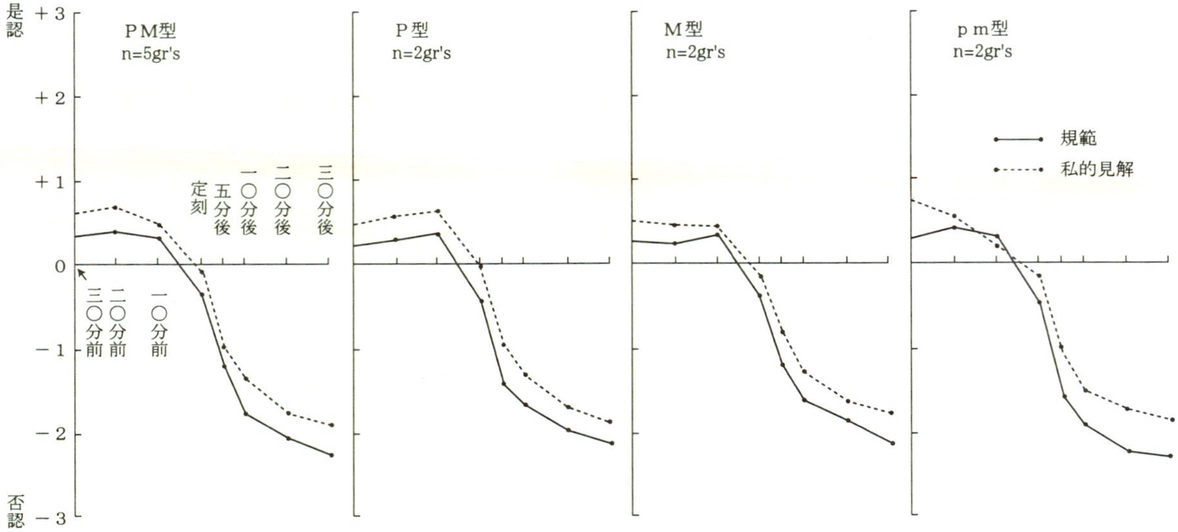

図 4-6　リーダーシップ・タイプ別にみた遅刻に関する職場規範と私的見解（署・分署の警防 11 職場のデータによる）

表 4-6 階級別にみた、遅刻に関する私的見解［平均（標準偏差)］

	指令補 n=158	士長 n=370	副士長 n=141	消防士 n=205
30 分前	3.26（1.07)	3.35（1.14)	3.21（1.18)	3.45（1.02)
20 分前	3.31（ .96)	3.36（ .99)	3.19（1.02)	3.57（ .85)
10 分前	3.51（ .82)	3.57（ .75)	3.30（ .83)	3.68（ .67)
定刻	4.16（1.01)	4.11（1.00)	3.96（1.14)	4.05（ .84)
5 分後	5.18（1.07)	5.03（1.08)	4.87（1.10)	4.78（1.04)
10 分後	5.64（1.07)	5.48（1.11)	5.38（1.12)	5.03（1.06)
20 分後	6.04（1.01)	5.84（1.12)	5.70（1.09)	5.37（1.18)
30 分後	6.29（ .94)	6.04（1.17)	5.93（1.15)	5.52（1.17)

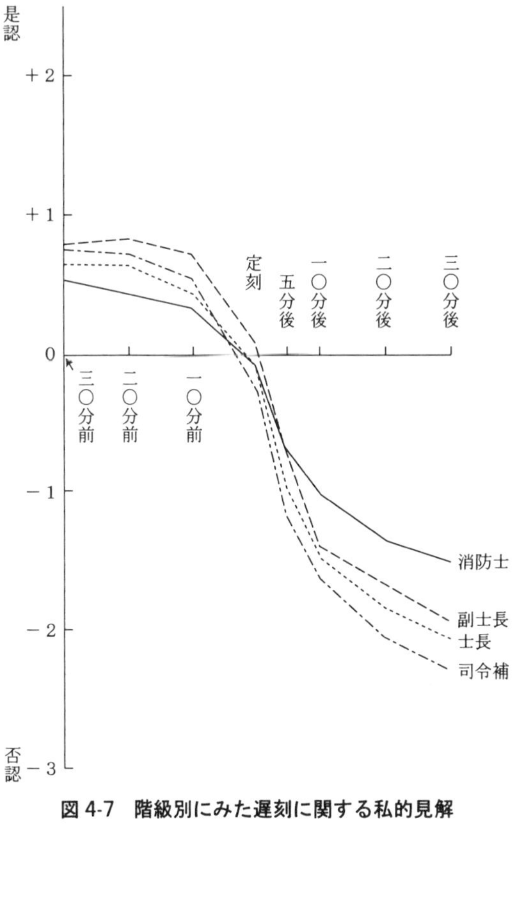

図 4-7　階級別にみた遅刻に関する私的見解

表 4-7　勢力差小群と大群における
遅刻に関する規範［中央値］、私的見解［中央値］、及び虚構性

	勢力差小群			勢力差大群		
	規範 A	私見 B	|A − B|	規範 A	私見 B	|A − B|
30 分前	3.78	3.33	0.45	3.74	3.41	0.33
20 分前	3.67	3.36	0.31	3.75	3.56	0.19
10 分前	3.68	3.53	0.15	3.71	3.61	0.10
定刻	4.56	4.08	0.48	4.43	4.16	0.27
5 分後	5.50	5.00	0.50	5.25	4.94	0.31
10 分後	5.89	5.38	0.51	5.67	5.38	0.29
20 分後	6.19	5.78	0.41	5.97	5.67	0.30
30 分後	6.33	5.90	0.43	6.21	5.72	0.49
虚構性Σ|A − B|			3.24			2.28

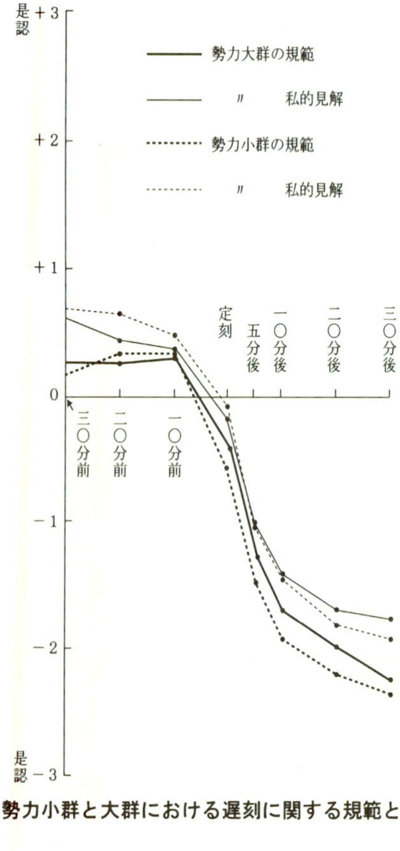

図 4-8　勢力小群と大群における遅刻に関する規範と私的見解

遅刻についても、先に見た欠勤についてと同様、階級の上昇とともにその私的見解が厳しくなっている。このような階級と私的見解との関係は、第１線監督層の勢力大群と小群との間で規範や被監督層の私的見解に対し、予想されるような効果を及ぼしているであろうか。

表 4-7 と図 4-8 はこれをみたものである。

遅刻に関する職場規範は勢力小群においてかえって幾分厳しいかに見える。これを説明する論拠や論理はいまのところ見当たらない。他方で私的見解がほぼ同水準の厳しさを示すため、結果として規範の虚構性は勢力大群で小さく、勢力小群で相対的に大きい。虚構性の大小関係のみについて言えば、先に欠勤の規範の場合と同様であるが、同じ説明は妥当しない。ここでは、分析結果を提示するだけに止めたい。

要　　約

都市の消防組織体という職場における欠勤と遅刻に関するインフォーマルな規範について、業務（ないし職務）の特性、第１線監督層のリーダーシップ・タイプ、監督層の被監督層に対する勢力の大小などの要因がどのような効果ないし影響をもつものかを検討してきた。しかし、この分析に用いられたデータにおいては、比較すべき条件のよくコントロールされた単位集団の数は統計的検定に耐えられるほど多くないこと、他方、調査票の回収率は全体で 96.7%ときわめて高く、ほとんど悉皆調査と言えるほどであったことから、本研究は一つの事例研究と位置づけられ、推計学的な検定は適用されなかった。

本部の業務および救急救助隊や音楽隊などの間には、業務の特性によるとみられる規範の差異が認められた。たとえば、救急救助隊や管制のような敏速な対応を求められる事件の発生に常時備えていなければならぬ職場では、人事厚生・企画・庶務や調査・予防・査察などのようなかなりな程度自らのスケジュールを立てて仕事を進めていける職場に比べ、欠勤に対しても遅刻に対しても相対的に厳しい規範が形成されていた。このような差異は前者が隔日の24時間交代勤務であるのに対して、後者が朝から夕方までのいわゆる日勤であることとも関係していよう。また、音楽隊のように遅刻に関しては厳しいが欠勤に関しては寛やかな規範をもっている集団もある。

他方、署・分署においては、救急で厳しく、庶務・経理で寛やかというわずかな差異が欠勤・遅刻の両面で一貫して窺えるものの、本部・隊にくらべると業務（ないし職務）間の差異は著しく小さい。

第1線監督層のリーダーシップ・タイプの影響は、高頻度の欠勤がPM型のリーダーシップのもとで、他のタイプのリーダーシップでよりも、いくぶん強く否認される傾向が見られた点で、先の報道関係企業体での調査結果とのわずかな一致を示したものの、全体的にはむしろ職場を超えた類似性の方が目立っていた。リーダーシップ・タイプの影響は被監督層の私的見解の方に表われていた。欠勤についても遅刻についてもともに、pm型で最も寛やかな、そしてM型、P型と順次厳しくなってPM型で最も厳しい見解がもたれていた。したがって、規範と私的見解とのズレの総量すなわち規範の虚構性も、この順序で小さくなっていた。つまり、リーダー層の果たすP機能もM機能もともに私的見解を厳しくする方向に作用し、両機能兼備のPM型で最も大きな影響をもたらしていたと解される。

第1線監督層が被監督層に対してもつ勢力（仕事に対して持つ「発言権ないし影響力」の大きさ）が、これらの規範に対してどのような効果をもつかについて検討した結果は、このような勢力が欠勤に関する被監督層の私的見解をより厳しくする方向に作用していることを示唆していた。この場合にも、規範には差異がみられず、私的見解のみにこのような差異がみられたため、結果として勢力大群で勢力小群より小さな虚構性がみられた。

遅刻の規範に対する勢力の効果については、ごくわずかながら規範の厳しさを緩める方向への効果がみられた。一方、私的見解にはほとんど差異が見られなかったため、結果として、欠勤の場合同様、勢力大群で虚構性が小さくなっていた。しかし、この虚構性における見かけ上の類似効果のもつ意味は同じではない。これまでのところ有意味な解釈は得られていない。

注記：

＊本研究の資料はわれわれの研究室が市の委嘱を受けて行った調査から得られた。市の担当部局の方々や回答者の皆様から多大なご協力を頂いたことに深く感謝申し上げる。

注1　ここでの規範間の差異については、とくに統計的検定を行っていない。集団規範は、個人の回答から合成した変数であるとはいえ、基本的には集団に固有の変数であり、集団単位でみれば個人の回答は（調査票の回収率 96.7%にみるごとく）ほとんど悉皆調査となっていて、標本調査ではない。この部分の分析に関する限り、消防局本部・隊における事例研究とみなすべきであろう。

第5章 課題遂行方式が生産水準規範に及ぼす効果の実験的研究

問　題

作業集団は現実に達成すべき生産水準に関して固有のインフォーマル規範を形成していて、これが集団成員たちの生産活動を規制していることを明らかにしたのはRoethlisberger & Dickson（1939）であった。彼らは米国ウエスタン・エレクトリック社のホーソン工場の配電盤捲線作業室における参加観察によって、この種の職場規範を見出した。そこでは、生産の増大を刺激するような賃金の支払い方法が採られていたにもかかわらず、作業集団の生産高は作業員の最大能力をかなり下回る一定の水準に安定していた。この水準は作業員たちから「一日の公正な仕事量（a fair day's work）」と考えられていたもので、これ以上に働く作業員は「単価破り（rate buster）」、「スピード王（speed king）」などと呼ばれて揶揄され、反対にこの水準を下まわるような低生産者は「いかさま師（chiseler）」の名で非難された。この種の規範は、個人がその能力を最大限に発揮するのを妨げ、生産を制限するという意味で、「生産制限規範（production-restricting norm）」と呼びならわされている。Coch & French（1948）もまた、ハーウッド社のパジャマ縫製工場に働く女工たちの間（特に配置換えされた女工たちのグループ内）でこの種の規範を見出している。

生産抑制的にせよ生産促進的にせよ、一般に作業集団が日常的に達成すべき生産水準に関して何らかの集団規範を発展させることは広く観察される現象である。たとえば、Likert（1961）は産業組織体における集団力学的諸研究を要約した著書の中で、Seashore（1954）やGeorgopoulos（1957）などの研究に言及し、集団の力が集団標準や規範のような形をとって産業組織体の行動に影響を及ぼすことを指摘している。このような規範を、われわれは没価値的に、「生産水準に関する集団規範」あるいは単に「生産水準規範」と呼ぶことにする（第２章参照）。

本研究は、課題遂行方式（個別作業方式か協同作業方式か）の相違が集団の生産水準規範の構造特性にどのような差異を生ぜしめるかを、実験室実験によって検討したものである。

方　法

被験者　被験者は福岡市内の小学校４年生１学級33名（うち男子17名、女子16名）で、これを４人集団（男女同数）７班と５人集団（男子３名女子２名）１班の計８班に無作為に割り当て、この８班を４班づつに二分し、それぞれを個別作業の条件と協同作業の条件に振りあてた。[注1]

手続き　被験者は班単位に作業台（普通教室の机２脚または３脚をくっつけて並べたもの）を囲んで着席し、色紙から直径1cmの円盤を切り抜き、指定された順序と色の配列に従って厚紙の台紙に糊づけ貼付する作業に従事した。作業時間は毎日放課後15分ずつ５日間、実施の時期は昭和39年10月27日～31日であった。

独立変数の操作　個別作業の条件では、各班員にそれぞれ鋏１丁、チューブ入り糊１本、台紙１枚および色紙１組が与えられ、色紙の選別から円盤の切り抜き、糊づけ、貼付までの全工程が各自に課された。15分間の作業終了後班員は実験者立会いのもとに班単位で作業量（台紙に貼付された円盤の数）の合計を算出した。各班員は算出された自班の合計作業量を各自の台紙の下端に設けられた記入欄に記入した。この過程を通じて各被験者は自班の他の班員一人一人の作業量と自班の合計作業量とをフィードバックされた。[注2]

協同作業の条件では、班ごとに鋏２丁、糊２本、台紙１枚および色紙１組（ただし、班員の数に比例して増量してある）が与えられ、班員は色紙の選別、円盤の切り抜き、糊づけ、貼付を自発的に分担して作業を進めるよう求められた。ただし、厳密な意味での流れ作業ではなく、成員個々人の作業の進度に応じて相互に助け合うことが許されていた。15 分間の作業終了後、班員は実験者立会いのもとに自分の班の作業量を数えて、台紙の端の記入欄に記入した。この過程を通じて各班員は自班の作業量をフィードバックされた。

測定　第 1 回の作業開始に先立って質問紙調査を行い、各班の凝集度、作業に対する好みを測定した（実験前調査 : 質問項目は表 5-1，2，3 を参照）。各回の作業終了後には班別の作業量を記録し、そして最後の第 5 回作業終了後、実験前調査に対応させて変化を見るための質問項目と生産水準規範測定のための質問項目（Q5-A、Q5-B）を加えた質問紙調査を行った（実験後調査）。

Q5-A　あなたは班全体としていくつ貼ればよいと思いますか。

（　　　　　）貼ればよいと思う

Q5-B　あなたがもし 100 貼ればよいと言ったとしたら、あなたの班の他の人たちはどれくらい賛成（または反対）するでしょうか。また 110，120,．．．，200 貼ればよいと言ったとしたら、どうでしょうか。他の人たちの考えを想像して答えて下さい。

もしあなたが↓　班の人たちは→	非常に強く反対するだろう	かなり強く反対するだろう	どちらかといえば反対するだろう	何とも思わないだろう	どちらかといえば賛成してくれるだろう	かなり強く賛成してくれるだろう	大いに賛成してくれるだろう
100貼ればよいと言ったら	－3	－2	－1	0	5	6	7
110貼ればよいと言ったら	－3	－2	－1	0	5	6	7
120貼ればよいと言ったら	－3	－2	－1	0	5	6	7
	……（中略）……						
200貼ればよいと言ったら	－3	－2	－1	0	5	6	7

なお、質問紙調査の際には、被験者の年齢を考慮して、実験者がくわしく質問の意味と回答の方法を説明した。

結　果

集団の作業量　個別作業の条件ならびに協同作業の条件における各班の各回作業量の推移は、図 5-1 に示すごとくであった。個別作業条件におかれた 4 班（G1，G3，G5，G7）の班当り各回平均作業量は 131.8 個、協同作業の条件下におかれた 4 班（G2，G4，G6，G8）のそれは 121.2 個であった。両条件下におけるこの差は統計的に有意ではなかった。すなわち、本実験で設定された 2 種の作業方式は、集団の作業量そのものに差異をもたらしていないことが確認された。

集団の凝集度　各班の実験前後に測定された凝集度は表 5-1 に示すごとくであった。各班は「仲良くなりたい」、「今の班の人と一緒にいたい」、「ソシ

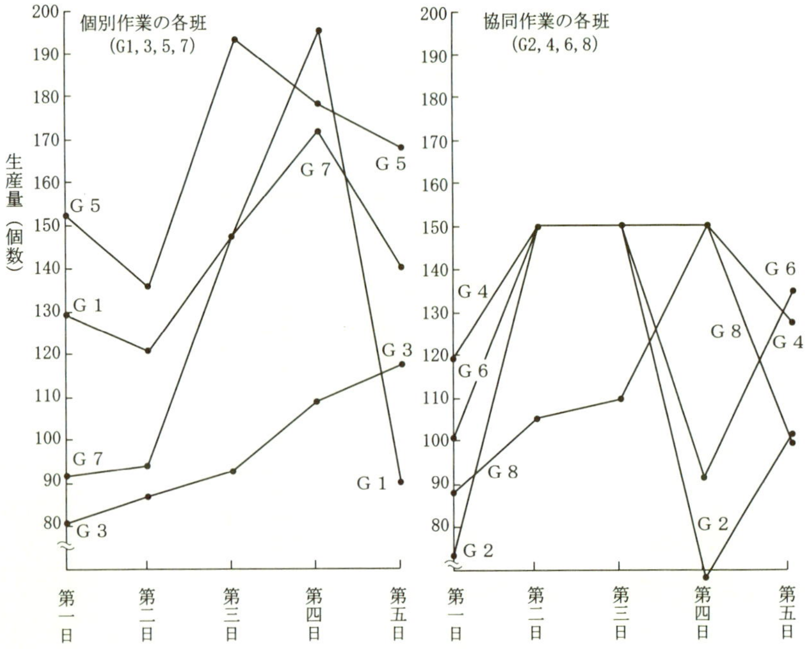

図 5-1　個別作業および協同作業の各班における生産量の推移

表 5-1　個別作業および協同作業の各班における凝集度

作業方式	班	仲良くなりたい*	今の班の人と一緒にいたい**		ソシオメトリーによる指数***		総合順位
		後	前	後	前	後	後
個別作業	G1	2.44	1.75	1.67	.053	.083	3.5
	G3	2.00	1.75	1.25	.100	.100	5.5
	G5	2.27	2.25	5.00	.150	.111	2.0
	G7	2.22	2.25	1.00	.106	.053	7.0
協同作業	G2	1.33	2.00	2.25	.000	.053	5.5
	G4	2.61	5.00	2.00	.200	.040	3.5
	G6	3.33	4.33	3.33	.067	.134	1.0
	G8	2.00	2.50	1.75	.000	.000	8.0

*あなたは今の班の人とどれくらい仲よくなりたいと思いますか
もっと仲よくなりたい (5点)　もう少し仲よくなりたい (4点)　とくにどうしようとも思わない (3点)　あまり仲よくなりたいと思わない (2点)　少しも仲よくなりたいと思わない (1点)

**このような作業では：他の班にぜひ変えてもらいたい (1点)　いまの班の人よりは他の班の人と一緒がよい (2点)　どうでもよい (3点)　今の班のままでよい (4点)　今の班のままぜひ続けたい (5点)

***この指数は次の式によって算出した

$$指数=\frac{Cin}{Cin+Cout}$$

ただし　Cin：班内からの選択数
Cout：班外からの選択数

表 5-2　個別作業および協同作業の各班における作業への動機づけ

作業方式	班	作業の面白さ*		他の班に負けたくない**	
		前	後	前	後
個別作業	G1	1.75	4.67	2.00	2.67
	G3	1.00	4.25	1.50	2.00
	G5	1.25	3.50	1.50	2.50
	G7	1.25	3.50	1.50	1.50
協同作業	G2	2.25	4.00	2.25	3.57
	G4	1.00	4.80	1.00	2.20
	G6	3.00	3.33	1.00	2.33
	G8	2.00	3.50	1.00	1.25

*この作業は：とても面白い (5点)　かなり面白い (4点)　面白いほうだ (3点)　あまり面白くない (2点)　ちっとも面白くない (1点)

**この作業であなたは：他の班には絶対に負けたくない (5点)　他の班にはあまり負けたくない (4点)　他の班には勝っても負けてもどうでもよい (3点)　他の班に負けてもかまわない (2点)　他の班に負けた方が気持ちがいい (1点)

オメトリーによる指数」などの各指標でそれぞれ多様な変化や差異を示しているが、本研究の目的から特に重要だと思われるのは、生産水準規範の測定時における個別・協同両作業条件間の差異であろう。いま各指標ごとに実験後の測定値に関して8班の順位づけを行い、これら3指標について得られた順位を班ごとに算術平均した結果を、凝集度における各班の総合順位として示せば、表5-1の右端の如くである。この総合指標によって見る限り、個別作業および協同作業の両条件間で集団の凝集度にシステマティックな差異はとみめられない。

作業への動機づけ　表5-2は「作業の面白さ」および「他の班に負けたくないという気持ちの強さ」について質問した結果を示したものである。作業に対する班員の動機づけを反映すると思われるこれらの指標においても、個別作業と協同作業の両条件間に有意な差はみとめられない。因みに、凝集度について上でみたと同じ手続きに従って総合順位を算出した結果は、個別作業条件の4班でそれぞれ2.0，4.5，4.5，6.5、協同作業条件の4班でそれぞれ2.5，3.0，5.5，7.0であった。

作業への動機づけの特殊な側面として、「作業方式に対する好み」を聞いた結果は表5-3に示される通りであった。一般に、作業開始前には協同作業が好まれ、実験終了後は実際に経験しなかった方の作業方式が相対的により好まれるようになっている。

生産水準規範　さて、このような集団において生産水準規範はどのような形で見出されるであろうか。Q5-Bにたいする班員の回答に基づいて、リターン・ポテンシャル曲線を描いたのが図5-2である。

図から明かなように、個別作業の各班と協同作業の各班とでは、曲線の形にかなり顕著な差異が認められる。この差異を最大リターン点、許容範囲、強度、是ー否認比、結晶度など、規範の構造特性を示す指標として数量化して示せば表5-4の通りであった。

最大リターン点つまり班員が最も高い是認を与える生産行動は、個別作業の4班においてはともに200個以上[注3]の生産であるのに対し、協同作業の4班中1班（G6）を除いて他はすべて190個以下の生産である。許容範囲すな

表 5-3　個別作業および協同作業の各班における作業方式への好み

		あなたはこの作業を：[前]						[後]					
作業方式	班	ぜひ協同作業でやりたい	協同作業の方がいい	どちらでもかまわない	個別作業の方がいい	ぜひ個別作業でやりたい	無答	ぜひ協同作業でやりたい	協同作業の方がいい	どちらでもかまわない	個別作業の方がいい	ぜひ個別作業でやりたい	無答
個別作業	G1	4	—	—	—	—	—	3	—	—	—	—	1
	G3	1	—	—	—	3	—	3	—	1	—	—	—
	G5	2	—	2	—	—	—	—	—	—	—	4	—
	G7	2	1	1	—	—	—	2	1	1	—	—	—
協同作業	G2	—	1	1	1	1	—	—	—	2	2	—	—
	G4	5	—	—	—	—	—	—	—	3	—	2	—
	G6	2	—	—	1	—	1	1	—	1	—	1	1
	G8	3	1	—	—	—	—	1	—	2	1	—	—

注：表中の－は回答数０を表す．

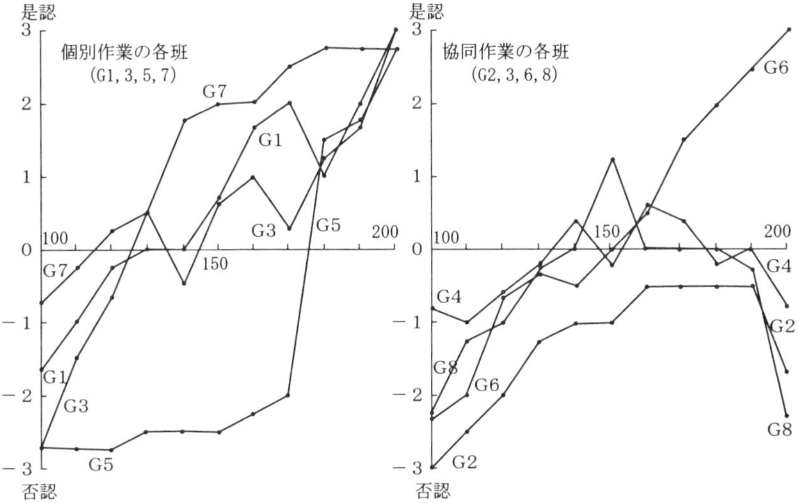

図 5-2　個別作業および協同作業の各班における生産水準規範
（最終日の作業終了後に測定されたリターン・ポテンシャル曲線）

表 5-4　個別作業および協同作業の各班における R. P. 曲線の構造特性

作業方式	班	最大リターン点	許容範囲	強　度	是－否認比	結晶度*
個別作業	G1	200 以上	130 － 200 以上	(13.24)	(1.76)	1.17
	G3	200 以上	130，160-200 以上	(13.71)	(0.86)	0.78
	G5	200 以上	180 － 200 以上	(26.00)	(0.80)	1.51
	G7	200 以上	120 － 200 以上	(18.75)	(2.56)	1.48
協同作業	G2	160 － 190	なし	(14.42)	(0.00)	3.91
	G4	160	140，160-170，190	(5.15)	(0.87)	2.09
	G6	200 以上	160 － 200 以上	(15.33)	(1.62)	1.74
	G8	150	140 － 180	(8.50)	(1.03)	2.09

＊値が小さいほど結晶度の高いことを表す.

わち否認を受けない作業量の範囲についてみると、一般に個別作業の各班において協同作業のどの班におけるよりも幅広いことがうかがえる。すなわち、個別作業の 4 班中 3 班は、協同作業のどの班よりも、低い下限を示しており（G1 と G3 は 130 個、G7 は 120 個）、さらに残る 1 班（G5）をも含めてその上限はすべて 200 個を超える点に位置することが暗示されているのに対し、協同作業の各班では、G6 が下限を 160 個生産におき上限を 200 個以上の生産におくのみで、G4 が断続的に 140-190 個、G8 が 140-180 個で、さらに G2 にいたっては許容範囲ゼロを示している。われわれが用いた測定用具は許容範囲の真の上限を把捉するには不十分なものであったが、にもかかわらず、上述の差異は作業方式の相違が生産水準規範の構造特性にもたらした効果として注目される。

強度に関しては、この際とくに両作業条件間の差異を論ずることは適切でない。この指標は、行動次元（図 5-2 の横軸）をどこまで取るかによって影響されるからである。この問題についてはすでに別の箇所（佐々木 1963：第 2 章）で詳しく論じておいた。表 5-4 にはまた行動次元を 100-200 個の生産という範囲において算出した値を（　）内に示しておいたが、とくに実験条件と関連づけて解釈できるような値とはみなされない。

是－否認比もその算出の基礎において先の強度と共通する部分があるので、厳密に言えば強度に対するのと同様の批判を免れないが、行動次元に取り上げた範囲内に結論を限定するならば、条件間比較を行ってみることが許されよう。この値が 1.00 より大きいことは、所与の行動次元の範囲内で、そこに存在する規範が集団成員の任意の行動に対して否認よりもむしろ是認を与える確率が高いという意味において、支持的（supportive）であることを示しており、1.00より小さいことは、上で述べた裏の意味において、脅威的（threatening）であることを示している[注4]。表5-4に示された値から、個別作業の条件の方が、協同作業の条件におけるよりも、いくぶん支持的な規範の存在をうかがわせるが[注5]、この結論を一般化することには慎重でなければならない。

結晶度は班員の認知する規範の一致度を表わしている。表5-4に示された値は、行動次元上の各測定点について算出された班平均のまわりの分散（σ^2）の平均として算出されているから、この値が小さいほど班員間の一致が高いこと、つまりその班の規範がより高度に結晶していることを示している。もちろん、この場合にも、100-200個生産という行動次元の範囲内でという限定は免れないが、表中の値に関して言えば、両作業条件間にかなり顕著な差異がみられる。すなわち、結晶度は個別作業において協同作業におけるよりも高いことが示されている（条件間の差はU検定によって10%水準で有意）。

考　察

小学校４年生の４人ないし５人集団８班をその凝集度ならびに作業への動機づけにおいて偏りなく２分し、それぞれ個別作業および協同作業の条件において毎日15分ずつ５日間作業を行わせ、最終日の作業終了後に各班の生産水準規範を測定した本実験の結果によれば、図5-2および表5-4に要約されるような、最大リターン点、許容範囲および結晶度にかなり顕著な条件間差異が認められた。すなわち、個別作業の条件下において、協同作業の条件下におけるよりも、作業量の多いところに最大リターン点が位置し、許容範囲はより広く、結晶度はより高かった。実際に達成した生産高には両条件間に実質的な差異がなかったことを考え合せると、規範の構造特性にみられたこれらの差異は、結局、集団の課題遂行方式の差異によるものと解されるべきであろう。

Homans（1950）によれば、集団規範は集団がその外的体系（outer system）

に適合するような形に発展させる内的体系（inner system）の一部であると考えられている。本実験の諸結果は、従って、課題遂行方式という外的体系を異にする集団において如何なる（内的体系としての）規範が形成されるか、という観点から考察することが出来る。

一般に、或る作業が大学から小学生の被験者たちに依頼されたとき、その作業が特に不愉快なものでない限り、被験者たちはきわめて高い同調を示すものである。本実験の被験者たちも、質問紙への回答では「あまり競争を気にしない」と言いながら、毎回生産高を数えるときには非常な関心を示した。彼らは明らかに高い生産を達成することに動機づけられていた。この高生産を達成しようという被験者つまり班員たちの願望は、小学校 4 年生という彼等の発達的段階を考慮するならば、かなり非現実的な目標設定とそれへの固執をもたらしたであろうと思われる。事実、本実験において（8 つの班が 5 日間を通じて）実際に達成できた最高の生産高は 195 個であった。にもかかわらず 8 集団中 5 集団において 200 個を超える高い水準の目標（最大リターン点）が設定されていたのである。この傾向はとくに個別作業の条件におかれた集団において顕著であった。それはこの作業方式が二重の意味でその傾向を助長する（あるいは少なくとも、妨げない）特徴をもっていたからであると考えられる。一つは各成員の未知の能力と努力に信頼して、現実を直視することから逃れる可能性を相対的に多く残しているということ、二つには生産の過程において成員は相互に独立であり得るから、必ずしも現実的な目標を設定して相互の生産活動を調整する必要がないということである。この点に関して協同作業方式はこれと逆の事情にあるといえよう。この条件下におかれた班の成員たちは、班全体の進捗状況を見ながら各自の分担する活動を調整し、遅れている成員の作業を支援する必要があった。なぜなら、自分の分担する部分だけ突出しても高生産には繋がらないからである。協同作業のもつこのような拘束ないし相互依存性を繰り返し認識させられることによって、現実に達成可能な生産水準を規範とせざるを得ない。このような事情は、最大リターン点および許容範囲にみられた両条件間の差異をよく説明するように思われる。

結晶度にみられた差異はどう説明されるであろうか。理論的には、協同作業によって要請される集団成員間の相互依存性ゆえに、この条件下において、個別作業の条件下におけるよりも、速やかに規範が結晶するであろうことが予想される。しかし、われわれの実験結果は逆の関係を示しているのである。この点に関しては、先に別の論文（佐々木, 1963: 第２章）で報告した予備的研究の結果が想起される。すなわち、中学２年生女子５名からなる２つの集団にそれぞれ個別作業方式と流れ作業方式に従ってパンチカードの孔数え作業を10日間（1日1回30分ずつ）行なわせ、5日目と10日目の作業終了後に生産水準規範の結晶度を測定したところ、次のような結果が得られたのである。

	5日目	10日目
個別作業の班	3.13	3.39
流れ作業の班	5.93	2.98

5日目の作業終了後には、今回の実験結果と同様、流れ作業の班におけるよりむしろ個別作業の班において相対的に高い結晶度が得られたのであるが、10日目の作業終了後には流れ作業の班がその規範の結晶度を著しく高め、実質的には殆ど変化の見られなかった個別作業の班の結晶度を凌いでいたのである。換言すれば、この種の規範は、個別作業の条件下で比較的早期に一定水準の結晶度に達して停止するのに対し、流れ作業ないし協同作業の条件下では、相対的に長い時間をかけて徐々に結晶度を高め、最終的には個別作業の条件下におけるよりも高い水準に達するものと思われる。おそらく、5日目というこの時期には、さきに考察したような成員間の相互依存性ならびに非現実水準への逃避の可能性との関係から、協同作業の集団においては成員間に現実派と非現実派との分離が生じていたであろうのに対し、個別作業の集団では全成員が非現実派として見解の一致をみていたのであろうと解される。今回の実験は、課題遂行方式と生産水準規範との関係について考えられるこのような仮説の前半を支持する資料を提供しているが、仮説の後半の検証は今後の研究に待たねばならない。

最後に、G5とG6のポテンシャル・リターン曲線の示す特異性（図5-2参照）について考察しておきたい。前者は170個以下の生産を強く否認することによって、また後者は170個以上の生産を顕著に是認することによって、それぞれ同じ条件下におかれた他の班に比して著しく高い生産水準規範を保持していることを示唆している。このような特異性は、これら両班の凝集度の高さと関係しているのではないかと思われる。表5-1は、これらの班がその凝集度において、8班中それぞれ第2位及び第1位を占めていたことを示している。G5はとくに「今の班の人と一緒にいたい」と言う指標において、また G6は「ソシオメトリーによる指数」において、実験前から後にかけて著しく凝集度を高めている点が注目される。G5はさらに，実験終了後同じ条件下の他の班が示した一般的傾向とは逆に、（班員が一致して）個別作業方式への愛好を示した（表5-3参照)。これらの事実は、集団の凝集性と、そこに形成される生産水準規範との間に一定の関係が存在するであろうことを想像させる。この点も将来の研究に向かっての仮説となるであろう。

要　　約

1．「生産制限規範」の名で知られている生産水準に関する集団規範を、より一般化した形で実験室的に創り出し、この規範の構造特性と集団の課題遂行方式との関係を明らかにしようと試みた。

2．小学校4年生を被験者とする4人ないし5人集団8班をランダムに2分し、それぞれ個別作業の条件および協同作業の条件下で、色紙から円盤を切り抜き、定められた順序に従って台紙に貼付する作業を毎日15分ずつ5日間行わせ、最終日の作業終了後質問紙法を用いて各集団の凝集性、作業への動機づけおよび生産水準規範を測定した。

3．測定の結果、個別・協同両作業条件間に、集団の凝集性および作業への動機づけの点で差異のなったことが確認され、さらに作業実績（生産高）にも有意な差のないことが確かめられた。

4．生産水準に関する集団の規範は、リターン・ポテンシャル・モデルを用いて測定され、その構造特性が数量化された。一般に個別作業の条件下では、協同作業の条件下に比し、相対的に高水準に位置する最大リターン点、幅広い許容範囲､高い結晶度をもった規範の形成されていることが観察された。

５．これらの結果は、それぞれの課題遂行方式から要請される成員間の相互依存性の大小および現実認識の不可避性の高低とに関連づけて解釈された。

注記：

＊本実験の実施に当たっては、当時の福岡市立箱崎小学校教諭佐伯政雄氏ならびに九州大学教育学部学生小川邦彦、山口芳樹両氏から大きなご援助を賜った。記して謝意を表する。

注 1　その結果 5 人集団は協同作業の条件に振り当てられた。後出の図 5-1 の注を参照せよ。

注 2　個別作業の条件のみならず協同作業の条件においても、この作業量の算出には全ての被験者から非常に大きな関心が寄せられた。

注 3　本実験では 200 個生産までしか測定しなかったので、本来の意味における最大リターン点の所在は不明である。ここでは便宜的に「200 以上」と記しておく。

注 4　G2 のようなケースでは是－否認比よりも是－否認差の方が指標としてすぐれている（第 2 章を参照せよ）。

注 5　行動次元上の測定点をさらに高生産の方向へ増やして測定しておれば､おそらくこの差はもっと顕著になっていたであろう。

第6章　―リーダーシップ・タイプが集団規範の形成に及ぼす効果の実験的研究―

問　題

集団の生産性がリーダーシップのタイプによって規定されることについては、多くの研究がこれを実証している。とくに最近の実験社会心理学的研究は、リーダーシップを課題遂行機能と集団維持機能の複合体としてとらえ、この観点からリーダーシップ・タイプを分類している。三隅（1966）は前者の機能をP機能、後者をM機能と呼んで、両者の組合せから4通りのタイプを類型化している。すなわちP機能M機能ともに強いものをPM型、P機能のみ強くてM機能の弱いものをP型、反対にM機能のみ強くてP機能の弱いものをM型、またP機能M機能ともに弱いものをpm型と名づけた。これらのリーダーシップ・タイプが集団の生産性に及ぼす効果は、実験的研究と現場研究の両面から検討されている。

三隅・白樫（1963）は郵政研修所の研修生を被験者とする3人集団に単純作業（パンチカードの孔を数えて分類する作業）を行なわせ、これに各種のタイプの監督者をつけて指導したところ、生産性はPM型の監督者のもとで最大、次いでP型、M型の順であったと報告している。

さらに、三隅・関（1968）は、達成動機（n-achievement）の高い成員のみで構成された集団と、この動機の低い成員のみで構成された集団とに、上記4通りのリーダーシップ・タイプを演ずる監督者をつけて単純作業を指導させ、集団の生産性にあらわれる差異を比較検討している。その結果集団の生産量は、高達成動機群ではPM型＞P型＞M型＞pm型の順であったのに対して、低達成動機群ではP型＞PM型＞pm型＞M型の順であったという。

佐藤（1968）は知覚－運動学習におけるレミニッセンスと指導者のタイプ

との関係を検討した実験によって、休止前のパフォーマンスはP型＞M型＞PM型＞pm型の順になり、休止後のそれはPM型＞P型＞M型＞pm型の順になったことを、さらに三隅・佐藤（1968）は知覚－運動学習におけるレミニッセンスと指導者のタイプとの関係をみた別の実験で、パフォーマンスが休止前後ともにPM型＞P型＞M型＞pm型の順であったことを報告している。因みに、レミニッセンスは両実験ともPM型指導のもとでのみみとめられた。これら二つの実験は、集団の生産性というよりはむしろ個人の成績を問題にしたものであり、また休止前の成績順位にもおそらく課題差に起因すると思われる若干の不一致がみられるが、いずれにしても指導者のP・Mタイプが生産性に影響を及ぼすものであることを立証している。

他方、三隅・田崎（1965）は炭鉱の現場集団について、三隅・河津・武田（1967）と三隅・武田・関（1967）はいずれも相互銀行の支店集団について、高生産群にはPM型のリーダーが多く、低生産群にはpm型のリーダーが多いことを明らかにしている。三隅（1966）はまたベアリング製造工場の従業員集団についても同様な研究結果を報告している。これらのさまざまの現場研究にみられる第1線監督者のリーダーシップ・タイプと生産性との関係は、基本的には、PM型＞P型＞M型＞pm型の順になる、というものであった。

P・M タイプを用いたリーダーシップ研究は、同時にリーダーシップ・タイプが集団成員のモラールや凝集性、コミュニケーション、その他の集団過程に及ぼす効果をも検討している。佐藤（1968）、三隅・佐藤（1968）および三隅・佐藤・吉田（1970）は知覚－運動学習におけるレミニッセンスに及ぼす効果を，また三隅・河津（1970）はプレティスモグラフを用いて心理生理学的レベルにおける影響を検討しており、さらに三隅・武田・橋口（1969）は病院における医師と看護婦から成る医療集団について医師のP・Mタイプと社会的勢力の関係[注1]を、狩野（1970）は集団のコミュニケーション・ネットワークが条件変数としてリーダーシップ・タイプと集団の生産性の関係に及ぼす効果を、またさらに河津（1967，1970）はリーダーシップ・タイプが集団の生産性を規定する際にM機能が果たす「触媒効果」を、それぞれ検討している。

さて、作業集団の生産性はまた集団規範によっても影響されることが明らかにされている。古くは有名なホーソン研究（Roethlisberger & Dickson,1939）において配電盤捲線工たちの間にいわゆる生産制限規範の存在することが明らかにされ、また Coch & French（1948）は、パジャマ縫製工場で配置転換を受けた女工たちの集団にこの種の規範が強力に作用していたことを見い出している。Schachter 他（1951）の実験とその後の追試（Berkowitz,1954；前田・小嶋・野間,1960；前田・小嶋・中島,1962；Maeda,1968）は、集団の生産性と凝集性との関係が集団規範によって規定されることを確証している。すなわち、集団に生産を増大させようとする規範が存在する場合には、凝集性は生産性と正の相関を示すが、逆向きの規範が存在する場合には、この相関は負になるのである。これと実質的に同じ関係が重機造製工場の従業員集団についても明らかにされている（Seashore,1954）。また佐々木（1995a:第 11 章）は大学の吹奏楽部の演奏能力が練習への参加に関する集団規範の厳しさと相関することを見出している。

このように集団の生産性がリーダーシップと同時に集団規範によっても規定されるとすれば、リーダーシップと集団規範との関係は如何なるものであろうか。これには前者が後者に影響を及ぼす側面と、後者が前者に影響する側面とが考えられる。本研究はとくに先の側面、すなわちリーダーシップが集団規範に及ぼす効果を問題にしようとするものである。すでに佐々木（1994a：第 3 章）は、職場集団における欠勤に関する規範が監督者の P・M タイプによって相異することを見出している。一般に PM 型の監督者の率いる職場集団では少ない欠勤に対して大きな是認が与えられ、一定の頻度（月に 2 回）を超える欠勤には、他のタイプの監督者に率いられる職場よりも、厳しい否認が与えられていたのに対し、P 型の監督者のもとでは、少ない欠勤に対する是認が少なく、多い欠勤に対して厳しい否認が与えられていた。また M 型および pm 型のもとでは多い欠勤（月に 3 回以上）に対してもあまり大きな否認の与えられない寛容な規範がみられた。さらにこの研究では、種々の頻度の欠勤に対する会社側の期待（会社側が与えるであろう是認または否認に関する従業員の側の認知）および従業員自身の私的見解（どれほどの是認または否認を与えるのが適当であるかについての私的な意見）とが同時に測定され、規範の虚構性その他の構造特性についても検討されているが、集団の生産性に関する資料が入手できなかったため、監督者のリーダーシップ・タイプが集団の規範への影響を介して集団の生産性にどのような効果を及ぼすのかという問題には答えていない。また方法的にも、このような一度限りの現場調査では、リーダーシップと規範過程との相関関係は明らかにし得ても、両変数間の因果関係を明かにすることはできない。

われわれは、実験的方法を用いてもっと直接的に、生産水準に関する集団規範の形成がリーダーシップのP・Mタイプによって如何に影響されるかを検討することとした。検証しようとする一般的仮説は、次のように定式化されよう。

仮説：作業集団における監督者のリーダーシップは、そのタイプに特徴的な生産水準規範を発展させ、少くとも部分的には、この規範形成を介して集団の生産性に影響を及ぼすであろう。

方　法

被験者及び一般的手続き：大阪市立春日出中学校2年生160名（男子80名、女子80名）を被験者とし、同性のみで構成する5人集団を男子16集団、女子16集団、計32集団編成した。集団編成に際しては、あらかじめ2年生全員320名に①near-sociometryと、②リーダーシップに関するguess-who testを実施し、①で相互に選択も排斥もなく、②に基づくリーダーシップ得点（1位、2位、3位の被選択に対して順に3点、2点、1点を配点した時の総計点）が10点以下の（すなわち、クラスのなかであまりリーダーシップがあるとみられていない）同一学級の者たちを組み合わせて、できるだけ集団間等質性が確保されるように編成した。しかし、結果的には被験者の人数の都合で、一方選択1個を含む集団が2つこの中に含まれることになった。

実験は、1969年10月22日～25日及び10月29日～11月1日の計8日間にわたり、毎日４集団（20名）ずつ、放課後約２時間をかけて行われた。場所は、被験者が在籍する中学校の５教室を借りて、４教室を作業室に、１教室を本部室に割り当てた。

被験者はまず本部室に集められ、実験者より次のような教示を受けた（教示Ｉ）。「皆さん、こんにちわ。私たちは関西学院大学の集団力学研究室で研究している者です。今日は皆さん方に私たちの大学で新しく作った幼稚園児用の知能検査に使う図形を作るのを手伝っていただきたいのです。あなた方は５人１組で１人の大学生のリーダーの指導で作業していただきます。作業は全体で１時間半ほどで終ります。私たちはこの作業を通じて中学生の集団の動き方も研究したいと思っておりますので、作業を５分毎に区切って行なったり、アンケートに答えていただいたりします。リーダーやアンケートを配る人の指示によく従って下さい。あなた方の作った図形はそのまま幼稚園に配りますので、気をつけてていねいに作って下さい。よろしくお願いします。」

続いて実験者は被験者の班分けを発表し、各班を担当する監督者（教示Ｉでは「大学生のリーダー」と呼ばれている）を紹介した。そして、監督者は担当の班の成員５名をあらかじめ指定された作業室に誘導した。教示Ｉが行われている間に、観察者（被験者には教示Ｉの中で「アンケートを配る人」として知らされている）は、あらかじめ指定された作業室に監督者の机１つ、被験者の机５つ、観察者の机１つを図 6-1 の如く配置し、監督者の机上には記録用紙１枚と、出来上った製品をセットにして入れるための小袋を多数用意した。被験者のそれぞれの机上には鋏１丁と切り抜き図形の印刷されたケント紙[注1]5 枚及び座席番号標が用意された（この座席番号 1，2,... 5は被験者の名前に代るものとして、質問紙調査の記名などに用いられた）。そして観察者の机上には観察用紙と質問紙を用意した。

被験者は集団ごとに監督者に導かれて所定の作業室に（1 室に１集団ずつ）入ると、監督者から任意の座席に坐るように指示され、次の教示を受けた（教示Ⅱ）。

「それではこれから皆さんに作業をしてもらいますが、始めに作業のやり方を説明します。まず色画用紙に印刷してある図形を切り抜いて下さい。図形

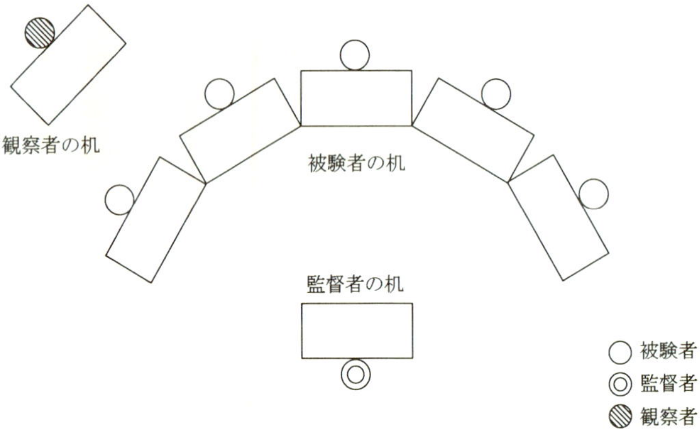

図 6-1　作業室の机の配置

は 5 種類あり、それぞれ色が異なっています。先ほど説明のあった知能検査にはこの 5 種類が 1 枚ずつ必要ですので、5 種 1 組で 1 セットと数えます。作業は 1 回 5 分間の作業を 15 回ほどしていただく予定です。そして 1 回ごとに、その 5 分間に何セットできたかを数えます。セット単位で数えるのですから、正方形以外は 10 枚なのに正方形だけが 15 枚できても班としての出来高は 10 セットで正方形の 5 枚は無駄ということになります。この作業では、このような余りが出た場合それを次の回の分にまわすような事はしないことになっていますので、このような無駄が出ないように班で協力しながら作って下さい。また、これはさっき話にあったように幼稚園で使いますので、ていねいに作って下さい。何かわからない事がありますか。では、練習を 1 回してみます。私が『始めて下さい』と言ったら作業をはじめて下さい。そして『やめて下さい』といったらすぐに切るのを止めて下さい。この作業は競争ではありませんので、ていねに、無駄が出ないように進めて下さい。なお、図形は 1 枚ずつ切り抜くようにして下さい。」

そして、監督者の合図で 5 分間の練習試行が行われた。この間監督者は P 機能も M 機能もいっさい果たさないようにした。練習試行終了後、監督者は「正方形は何枚できましたか」「長方形は何枚できましたか」「等脚台形は何枚できましたか」「不等脚台形は何枚できましたか」「菱形は何枚できましたか」

と質問し、被験者の回答した数を記録用紙に記入した。そして、「グループとしてはｎセットできて、正方形はｐ枚、長方形はｑ枚、等脚台形はｒ枚、不等脚卿台形はｓ枚、菱形はｔ枚が無駄になりました」と、結果のフイードバックを行なった。この生産量と生産端数のフイードバックは集団の1試行あたりの生産水準及び各人の切抜き数の違いを各被験者に明確に認知させることをねらったものである。監督者はこれらの手続きを終えた後、各被験者から製品（切抜いた図形）を集め、1セット毎に小袋に入れ、生産端数は机の端に積み重ねて置いた。これも、図形をいくらたくさん切っても、セットとして揃っていなければ、集団の生産量には数えてもらえないことを被験者に実感させるためであった。

一方、観察者は、試行中の監督者のＰ機能的行動とＭ機能的行動（以下、それぞれＰ的行動、Ｍ的行動と略称する）の観察を行ない、観察用紙に記録した（ただし、練習試行中はＰ的行動もＭ的行動も皆無）。そしてこの試行終了後、監督者によるフィードバックが終った時点で、質問紙調査を行なった（測定時Ⅰ）。その際質問紙の配布、説明、回収には観察者が当たった。

次いで、監督者は「では、これから本番に入ります。始めて下さい」と言い、第1試行を開始した。第1試行以後は監督者はあらかじめ決められたタイプ別のリーダーシップ行動をとった。試行はすべて練習試行と同様の手続きで行なわれた。ただし、セットにして小袋に入れる監督者の作業は、第1試行で生産されたものは第2試行中に、また第2試行で生産されたものは第3試行中に行うというように、次の試行中に監督をしながら作業するようにした。そして第12試行が終了した時、実験者は各作業室に行き、「先程、5分間の作業を15回ほどして1時間半ほどで終りますと言いましたが、すでに約束の1時間半が過ぎてしまいましたし、一応、本日の目標量も達成できましたので、ここまでにします。」と言って作業を打ち切った。これは被験者の終末努力の影響を除くためである。質問紙調査は第5試行終了後（測定時Ⅱ）、第10試行終了後（測定Ⅲ）および第12試行終了後（測定時Ⅳ）に、いずれも監督者が作業室を出て本部室で待機中に行われた。これは監督者の存在が質問紙への回答に影響を及ぼすのを防ぐためである。

独立変数とその操作：監督者のリーダーシップ・タイプ（P・Mタイプ）を独立変数とし、PM型、P型、M型、Pm型の4類型を用いた。

〔**P型**〕監督者は作業期間中、課題遂行機能を果たす言動（P的行動）のみを行う。実際に監督者が発した主な言葉は次のようなものであった。**作業を急がせるもの**：「もっと早く作って下さい」「遅いですよ」「急いで下さい」「時間がありませんよ」「遊ばないで仕事をして下さい」「どんどん作って下さい」「もっと作れると思うんだがな」「よそ見をしていてはたくさんできませんよ」など。**作業をていねいにさせるもの**：「もっとていねいに切って下さい」「もう少していねいに切れないかな」「幼稚園の子供たちが使うんだからきれいに切って下さいね」「もう少していねいにしないと製品には数えられられませんよ」など。**他の集団と比較するもの**：「他のグループより遅れていますよ」「このグループが一番遅いな」「よそのグループはもっとたくさん作っているよ」「よそのグループはもっとうまくやっているよ」など。**生産量などを記録しながら話すもの**：「なんだこれだけしかできていないのか」「もっとたくさん作ってほしいな」「セットにならない無駄が多いよ」「前の回より少なくなっているよ、もっとがんばって下さい」「次の回はもっとたくさん作れるようにがんばって下さい」「意外と少ないな、もっと作れるはずだよ」など。

〔**M型**〕監督者は作業期間中、集団維持機能を果たす言動（M的行動）のみを行う。実際に発せられた主な言葉は次のようなものであった。**被験者を激励するもの**：「楽しく愉快にやりましょう」「もう少し仲良く進めましょう」「だんだんおもしろくなってきたでしょう」「みんなで楽しみながら仕事をして下さいね」「みんな、なかなか上手にするな」「男の子も意外に器用なんだね」「よくできてるよ」「ばつぐんの出来だね」「みんなみたいにうまくできれば文句はないな」など。**被験者に同情するもの**：「指が痛くありませんか」「もう少しだから辛抱して下さい」「疲れたでしょうがもう少しお願いします」「あとちょっとですから、がまんしてね」など。**生産量などを記録しながら話すもの**：「仲良く同じ位作っているね」「みんな楽しそうに作っているからよかった」「さすがはぼくらのグループだ、よくできてる」「みんなもうベテランだね」「競争とは違いますから、仲良くやって下さいね」など。また、時には冗談を言ったりして集団の緊張をほぐし、楽しい雰囲気を作るようにした。

〔**PM型**〕作業期間中監督者は、時宜をみて課題遂行機能を果たすP的行動をとったり、集団維持機能を果たすM的行動をとったりして、バランスよく両機能を果たすように配慮した。

〔**pm型**〕この型の監督者は、一般的手続きの中で決められた教示やフィードバックを行なったり、被験者からの質問に答えたりする以外には、P的行動もM的行動もいっさい行わなかった。この型はある意味で、統制群としての役割を果たすものと期待された。

監督者の事前訓練:監督者となるべき集団力学専攻の男子大学生11名に対し、事前に平均8時間にわたる解説とロール・プレイングによる訓練を施し、上記4型のリーダーシップ・タイプの演出に十分習熟させた後、前半の4日間を担当する4名と後半の4日間を担当する4名とを各人の授業時間割りの都合に応じて選び出した。さらに監督者の個人的特性による影響を統制するために、同一監督者は4日間で4つのタイプを一巡するように毎日異なったリーダーシップ・タイプを割り当てられた[注2]。

独立変数の操作の妥当性をチェックするための工夫：本実験の独立変数である監督者のリーダーシップ・タイプが上述の方法で実験者の意図通りに創出されていたかどうかについては、観察者が観察用紙に記録した監督者のP的行動とM的行動の頻数と測定Ⅳの質問紙調査から得られた監督者のリーダーシップに関する被験者の認知とによって検討されるべく準備された。この目的に用いられた質問項目は以下のとおり、P機能とM機能それぞれ6項目ずつ、いずれも5点尺度であった。したがって、これらを得点化するとP得点、M得点とも6〜30点の間に分布可能であった。P機能;①あなたの班のリーダーは作業の能率をあげることを（5. いつもやかましく言う〜1. ほとんどやかましく言わない）②あなたの班のリーダーは仕事に対する熱心さについて（5. 大変気にしている〜1. ほとんど気にしていない）③あなたの班のリーダーは仕事をていねいにするように（5. 大変強く要求する〜1. ほとんど要求しない）④あなたの班のリーダーは仕事のやり方に対して（5. 大変よく指示する〜1. ほとんど指示しない）⑤あなたの班のリーダーはできるだけ早く作るように（5. 大変強く要求する～ 1. ほとんど要求しない）⑥あなたの班のリーダーは毎回の出来高について（5. 大変よく口にする～ 1. ほとんど口にしない）M 機能；①あなたの班のリーダーは楽しく作業できるように（5. 大変よく気を配っている～ 1. ほとんど気を配っていない）②あなたの班のリーダーはあなた方の希望や意見や提案を（5. 大変よくきいてくれる～ 1. ほとんどきいてくれない）③あなた方は、あなたの班のリーダーと仕事のことについて（5. 大変気軽に話ができる～ 1. ほとんど話ができない）④あなたの班のリーダーはあなた方の気持を考えずに一方的に仕事の指示を出す事が（5. ほとんどない～ 1. 大変ある）⑤あなたの班のリーダーは仕事以外の話に（5. 大変よくのってくれる～ 1. ほとんどのってくれない）⑥あなたの班のリーダーは、一般的にあなたの言ったりしたりすることを（5. 大変よく支持してくれる～ 1. ほとんど支持してくれない）。これらの方法で得られた妥当性については、結果の項で詳述されるであろう。

従属変数とその測定：生産量、協調度、集団凝集性、作業に対する動機づけ、生産水準規範（集団規範と略称することがある）、生産水準に関する私的見解（私的見解と略す）、作業依頼者すなわち大学の先生からの生産水準期待に関する被験者の認知（作業依頼者からの期待と略す）、監督者の生産水準期待に対する集団の受容（監督者の提案の受容と略す）を従属変数とした。測定方法は以下の通りである。

生産量は、監督者が各試行毎に生産されたセット数を記録用紙に記入した。

協調度は、生産量と生産端数（セットにならず無駄になった製品数）との比を協調度指数として算出することにより測定された。成員相互によく連絡がとれておれば、このような端数は少なくなるはずである。

凝集性は、質問紙によって測定時Ⅰ、Ⅱ、Ⅲの 3 度測定された。凝集性に関する質問項目は次の 3 項目で、各々 5 点尺度を構成し、凝集性得点は 3 ～ 15 点の間に分布可能であった。①あなたは今の班の人たちと続けて作業したいと思いますか（5. ぜひ今の班のまま続けたい～ 1. ぜひ他の班にかえてほしい）②あなたは今の班の人たちとどのくらい仲良くなりたいと思いますか（5. 大いに仲良くなりたい～ 1. 少しも仲良くなりたいとは思わない）③またこの

ような機会があったら今の班の人と一緒にしたいと思いますか（5. ぜひ一緒にしたい～ 1. もう一緒にはしたくない）

動機づけは、凝集性と同様に、測定時Ⅰ、Ⅱ、Ⅲの3度質問紙によって測定された。質問項目は以下の3項目で、各々5点尺度を構成し、したがって動機づけ得点は3～15点の間に分布可能であった。①あなたはこの作業をおもしろいと思いますか（5. 大変おもしろい～ 1. ちっともおもしろくない）②あなたはこの作業を重要な仕事だと思いますか（5. 大変重要だと思う～ 1. ちっとも重要でないと思う）③あなたはあなたの班が他の班よりたくさん作った方がよいと思いますか（5. ぜひたくさん作りたい～ 1. 少ない方がおもしろい）

集団規範の測定は、質問項目（Q6-A）を用いて行い、リターン・ポテンシャル曲線とその構造特性を示す①最大リターン点、②許容範囲、③強度[注3]、④結晶度、⑤規範の虚構性などの指標を算出した。なお、これらの他に**私的見解**（Q6-B）、認知された作業依頼者からの期待（Q6-C）、監督者の提案に対する受容（Q6-D）をも測定した。

これらの質問項目のうち、集団規範（Q6-A）は測定時Ⅰ，Ⅱ，Ⅲにおいて、私的見解（Q6-B）と作業依頼者からの期待（Q6-C）は測定時Ⅱ，Ⅲにおいて反復して、また監督者の提案に対する受容（Q6-D）は測定時Ⅳにおいてのみ回答が求められた。

Q6-A　あなたが、もし「5分間に5セット作ろう」と言ったら、あなたの班の人たちは賛成するでしょうか、それとも反対するでしょうか。また、10，15，20，... 50セット作ろうと言ったらどうでしょうか。他の人の考えを想像して答えて下さい。

もしあなたが ↓　班の人たちは→	非常に賛成するだろう	かなり賛成するだろう	少しは賛成するだろう	何とも思わないだろう	少しは反対するだろう	かなり反対するだろう	非常に反対するだろう
5セット作ろうと言ったら	7	6	5	4	3	2	1
10セット作ろうと言ったら	7	6	5	4	3	2	1

15セット作ろうと言ったら	7	6	5	4	3	2	1
20セット作ろうと言ったら	7	6	5	4	3	2	1
25セット作ろうと言ったら	7	6	5	4	3	2	1
30セット作ろうと言ったら	7	6	5	4	3	2	1
35セット作ろうと言ったら	7	6	5	4	3	2	1
40セット作ろうと言ったら	7	6	5	4	3	2	1
45セット作ろうと言ったら	7	6	5	4	3	2	1
50セット作ろうと言ったら	7	6	5	4	3	2	1

Q6-B　あなたの班の人たちが、もし「5分間で5セット作ろう」と言ったら、あなたは賛成するでしょうか、それとも反対するでしょうか。また、10，15，20，... 50セット作ろうと言ったらどうでしょうか。あなた自身の考えを答えて下さい。

あなたの班の人たちが ↓ あなた自身は→	非常に賛成するだろう	かなり賛成するだろう	少しは賛成するだろう	何とも思わないだろう	少しは反対するだろう	かなり反対するだろう	非常に反対するだろう
5セット作ろうと言ったら	7	6	5	4	3	2	1
10セット作ろうと言ったら	7	6	5	4	3	2	1
15セット作ろうと言ったら	7	6	5	4	3	2	1
20セット作ろうと言ったら	7	6	5	4	3	2	1
25セット作ろうと言ったら	7	6	5	4	3	2	1
30セット作ろうと言ったら	7	6	5	4	3	2	1
35セット作ろうと言ったら	7	6	5	4	3	2	1
40セット作ろうと言ったら	7	6	5	4	3	2	1
45セット作ろうと言ったら	7	6	5	4	3	2	1
50セット作ろうと言ったら	7	6	5	4	3	2	1

Q6-C　あなたが、もし「5分間に5セット作ろう」と言ったら、この作業を頼んだ大学の先生は賛成するでしょうか、それとも反対するでしょうか。先生の考えを想像して答

えて下さい。

あなたが↓ 大学の先生は→	非常に賛成するだろう	かなり賛成するだろう	少しは賛成するだろう	何とも思わないだろう	少しは反対するだろう	かなり反対するだろう	非常に反対するだろう
5セット作ろうと言ったら	7	6	5	4	3	2	1
10セット作ろうと言ったら	7	6	5	4	3	2	1
15セット作ろうと言ったら	7	6	5	4	3	2	1
20セット作ろうと言ったら	7	6	5	4	3	2	1
25セット作ろうと言ったら	7	6	5	4	3	2	1
30セット作ろうと言ったら	7	6	5	4	3	2	1
35セット作ろうと言ったら	7	6	5	4	3	2	1
40セット作ろうと言ったら	7	6	5	4	3	2	1
45セット作ろうと言ったら	7	6	5	4	3	2	1
50セット作ろうと言ったら	7	6	5	4	3	2	1

Q6-D　あなたの班のリーダーが、もし「5分間に5セット作ろう」と言ったらあなたの班の人たちは賛成するでしょうか、それとも反対するでしょうか。班の人たちの考えを想像して答えて下さい。

あなたの班のリーダーが↓ 班の人たちは→	非常に賛成するだろう	かなり賛成するだろう	少しは賛成するだろう	何とも思わないだろう	少しは反対するだろう	かなり反対するだろう	非常に反対するだろう
5セット作ろうと言ったら	7	6	5	4	3	2	1
10セット作ろうと言ったら	7	6	5	4	3	2	1
15セット作ろうと言ったら	7	6	5	4	3	2	1
20セット作ろうと言ったら	7	6	5	4	3	2	1
25セット作ろうと言ったら	7	6	5	4	3	2	1
30セット作ろうと言ったら	7	6	5	4	3	2	1

35セット作ろうと言ったら	7	6	5	4	3	2	1
40セット作ろうと言ったら	7	6	5	4	3	2	1
45セット作ろうと言ったら	7	6	5	4	3	2	1
50セット作ろうと言ったら	7	6	5	4	3	2	1

結　果

1. 独立変数の操作の妥当性

本実験における独立変数は、監督者の P・M 4 タイプである。実験が意図した通りの4類型が実際に創り出されていたかどうか、すなわち独立変数の操作の妥当性をまず検討しておきたい。

1）**観察者による監督者の行動記録**：観察者が観察記録した4種の型の監督者たちのP的行動およびM的行動の頻数（1集団当たりの平均）は表6-1のとおりであった。

これによれば、PM型の監督者はP的行動を約60回とM的行動を約47回、P型の監督者はP的行動を約110回とM的行動を約3回、M型の監督者はP的行動を1.5回とM的行動を約106回、そしてpm型の監督者はP的行動0.4回とM的行動0.9回行っていた。すなわち、PM型では行動総数約110回のうちP的行動60回に対しM的行動約50回と両種の行動が比較的バランスよく行われていたのに対し、P型では行動総数約110回のうちP的行動が圧倒的多数を占めており、M型では反対に行動総数約110回のうち圧倒的多数がM的行動であった。pm型ではP的行動もM的行動もゼロに等しく、監督者はほとんど無口で通したことが読み取れる。このことは監督者たちが全体として実験の計画に沿って、うまくP·M 4タイプを演じ分けていたことを示し

表6-1　観察された監督者のP· M的行動頻数（1集団当たり平均）

	PM型	P型	M型	pm型
P的行動	60.3	110.5	1.5	0.4
M的行動	46.8	3.4	105.9	0.9
合計	107.1	113.9	107.4	1.3

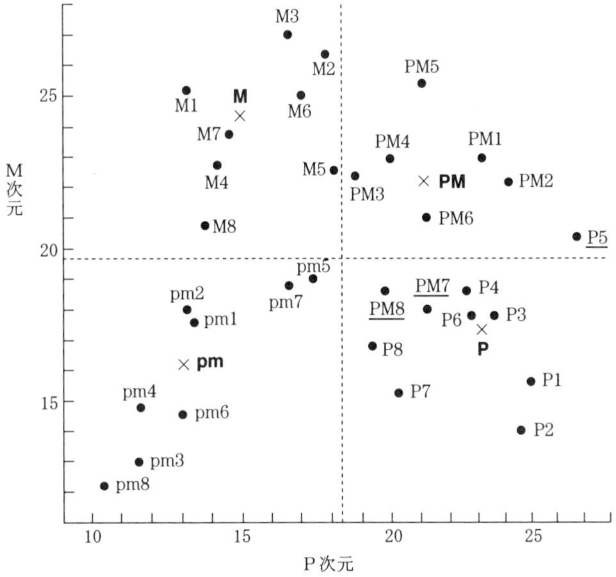

×は実験操作によるタイプ分けに従った時の各タイプの中央値
＿を引いた集団は実験操作と被験者の認知とに食い違いが生じたケース

図 6-2　監督者の行動様式に関する被験者の認知

ている。

2）**被験者による監督者のタイプの認知**：被験者の認知した監督者のP・M得点が図 6-2 に示されている。これによるとM型と pm 型はすべて実験者の意図した通りのタイプに認知されていたが、PM 型を意図した2集団がP型に、P型を意図した1集団が PM 型に認知されていた。

監督者の実際の行動と被験者によるそれの認知との食い違いについては、後に改めて問題にするであろう。ここではひとまず実験者の操作に基づくタイプ分けに従って算出された、各タイプのP・M得点とタイプ間の差の検定結果とをみておこう。表 6-2 に見られる通り、P得点は PM 型とP型で、M型と pm 型より、有意に高く、M得点は PM 型とM型で、P型と pm 型より、有意に高いことが確認された（いずれも p＜. 01）。

以上、観察者による監督者の行動記録および被験者による監督タイプの認知とを総合して、本実験における独立変数（監督者のP・Mタイプ）の操作

表 6-2　操作によるタイプ分けに従ったときの各タイプの P・M 得点の中央値とその検定

タイプ	P 得点				M 得点			
	PM 型	P 型	M 型	pm 型	PM 型	P 型	M 型	pm 型
中央値	21.2	23.2	15.0	13.1	22.3	17.3	24.4	16.2
U-検定	PM ＞ M	**			PM ＞ P	**		
	PM ＞ pm	**			PM ＞ pm	**		
	P ＞ M	**			M ＞ P	**		
	P ＞ pm	**			M ＞ pm	**		
	M ＞ pm	*						

注：**p ＜.01　*p ＜.05

は充分成功していたものとみてよいであろう。

2. 生産量の推移

各集団が試行ごとに生産したセット数を、リーダーシップ・タイプ別に仕分けして、そこに含まれる 8 集団の中央値で代表させ、これを移動平均法でスムージングしてグラフ化したのが図 6-3 である。リーダーシップ・タイプの操作が行われていなかった練習試行において生産量が揃っていたのは、第 1 試行以後のリーダーシップ効果をみる上で幸運であった。このグラフによって第 1 試行以後の生産量の推移をみると、はじめ最大の生産量を示していた P 型が、第 4 試行で PM 型に取って代わられ、以後第 10 試行まで両タイプ間の差はますます開いていった点がまず注目される。また M 型は第 2 試行で pm 型に追い越され、それ以降 4 タイプ中最低の生産水準で推移している。これらの結果は従来の P・M タイプと生産性に関する実験研究の結果とはよく一致しているが、企業の生産現場での調査結果とは必ずしも一致していない。本来 pm 型は P、M いずれの機能をも積極的に果たそうとしない“放任型”の監督者であって、部下にとってはあまり気にならない存在であったはずである。そして現場の調査研究では実際そのような存在として捉えられているのに、実験研究では「目の前に座って黙って作業を見守る“無言の圧力”をもった気になる存在となっていた可能性が高い。実験的操作としては、このタイプの監督者に作業と関係のない雑誌か本を黙読させておくなどの工夫が必要であったかも知れない。

なお、図 6-3 の下には練習試行、実験初期（第 1 試行～第 5 試行の平均）

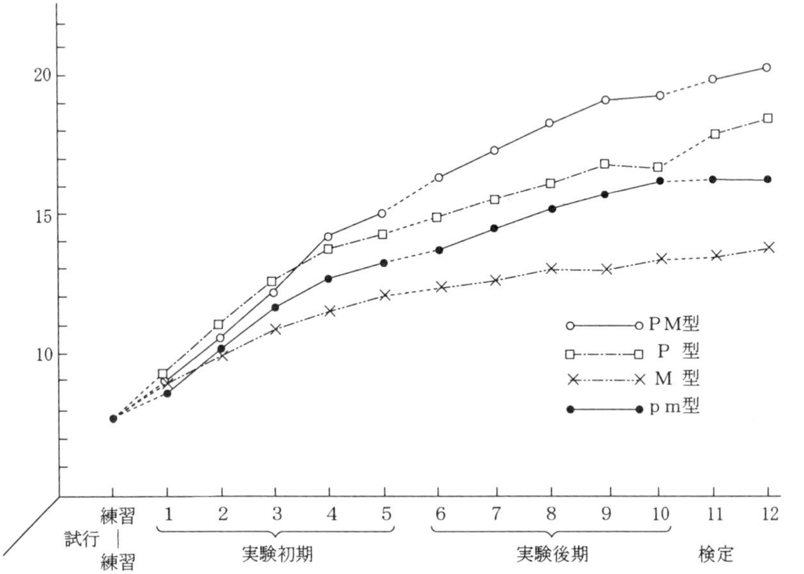

	練習		実験初期		実験後期		検定
PM型	7.5		12.0	**	17.9	**	U-test
P 型	7.0	N.S.	12.7	*	15.6	*	**P<.01
M 型	7.0		10.5		12.4	*	*P<.05
pm型	7.0		11.1		15.2		

グラフは移動平均法によってスムージングしてある
グラフの下の数値は初期・後期別に算出した生産量の中央値

図 6-3　監督者のP・Mタイプ別にみた生産量の推移

および実験後期（第6試行～第10試行の平均）に3区分した生産量がリーダーシップ・タイプ別に記されており、タイプ間の差の検定結果（U-検定による）も示されている。練習試行ではすでに上で指摘した通り、いずれのタイプ間にも有意差がみられなかったが、実験初期にはPM型とP型がM型よりも有意に高い生産をあげ、実験後期にはPM型、P型、pm型がM型よりも、またPM型は、pm型よりも有意に高い生産をあげた。この時期の生産量はPM型が最大で、P型、pm型、M型の順に少なくなっている。

3. 協調度

協調度は協調度指数（生産端数／生産量）で示され、この指数の値が小さいほど行動次元での協調度が高いことを表わしている。結果は図6-4のとお

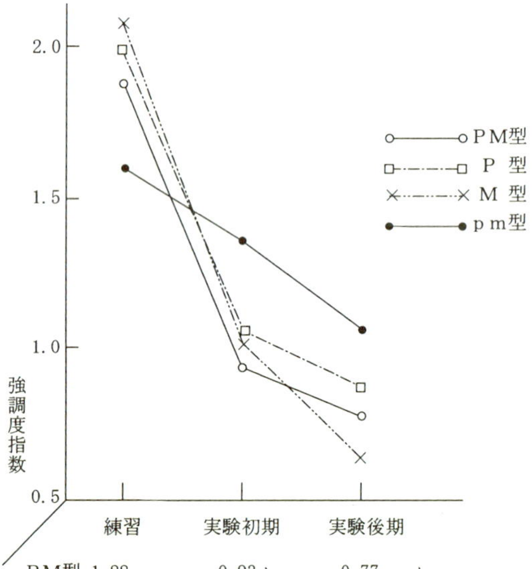

	練習		実験初期		実験後期	
PM型	1.88	N.S.	0.93	*	0.77	*
P 型	2.00		1.06		0.87	
M 型	2.08		1.01		0.63	}*
pm型	1.60		1.35		1.06	

検定：U-test　*P＜.05

協調度指数＝生産端数／生産セット数　　指数は小さいほど強調度は高い
グラフの下の数値は初期・後期別の指数中央値

図 6-4　監督者のＰ・Ｍタイプ別にみた成員間協調度

りであった。

pm 型は練習試行から実験初期へと有意に協調度を高めたが、実験初期と実験後期の間には有意な差を示さなかった。一方、M 型、PM 型、P 型では実験初期から実験後期へと有意な上昇を示した。リーダーシップ・タイプ間の比較では、実験初期においてすでに PM 型は pm 型より有意に高く、実験後期では M 型と PM 型が pm 型より有意に高い協調度を示した。実験後期の協調度は M 型が最大で PM 型、P 型、pm 型の順に低下していた。

4. 集団の凝集性

集団の凝集性に関する結果は表 6-3 に示されている。測定時 I ですでに P 型の凝集性が pm 型より有意に高く、測定 II では PM 型、M 型、P 型がいずれも pm 型より有意に高かった。測定時 III には PM 型、M 型の凝集性が pm 型

表6-3　監督者のP・Mタイプと集団の凝集性（中央値）

タイプ	測定時Ⅰ		測定時Ⅱ			測定時Ⅲ			測定時Ⅰ-Ⅲの比較
PM型	11.1		11.8		┐	12.1		┐	Ⅰ＜Ⅲ＊
P型	11.5 ┐		11.4	┐	＊	11.6		(＊)	n. s.
M型	11.0	＊	11.7 ┐＊	＊		12.1	┐(＊)		Ⅰ＜Ⅲ＊
pm型	10.4 ┘		10.3 ┘	┘	┘	10.7	┘	┘	n. s.

注：＊＊p＜.01　＊p＜.05　（＊）p＜.10　U-検定による

より高い傾向がみられたが、測定時Ⅰで見られたP型とpm型との間の差異はなくなっていた。また、測定時Ⅰと測定時Ⅲとの凝集性の差をみると、PM型とM型において、凝集性の有意な上昇がみられたが、P型とpm型では変化がみられなかった。

5. 作業に対する動機づけ

結果は表6-4に示されている。測定時Ⅰですでに M型の動機づけがpm型より高い傾向が見られ、測定時Ⅱでは M型、PM型、P型の動機づけがいずれもpm型より有意に高かった。測定時Ⅲにおいては、M型の動機づけがpm型より有意に高く、PM型の動機づけがpm型より高い傾向がみられた。また、測定時Ⅰと測定時Ⅲとの動機づけの差をみると、PM型とM型において有意な上昇がみられたが、P型とpm型では上昇の傾向がみられたにとどまった。

6. 生産水準規範、私的見解、作業依頼者の期待など

1）**生産水準に関する集団規範**は、測定時Ⅰ，Ⅱ，Ⅲで測定された。図6-5は4種のリーダーシップ・タイプのもとで得られた（8集団の中央値で描いた）リターン・ポテンシャル曲線を測定時ごとに示したものであり、これらの曲線から導かれた生産水準規範の構造特性が表6-5に示されている。まず

表6-4　監督者のP・Mタイプと作業に対する動機付け

タイプ	測定時Ⅰ		測定時Ⅱ			測定時Ⅲ			測定時Ⅰ-Ⅲの比較
PM型	10.5		10.9		┐	10.6		┐	Ⅰ＜Ⅲ＊
P型	9.7		10.2	┐	＊	10.1		(＊)	n. s.（＊）
M型	9.9 ┐	＊	10.9 ┐＊	＊＊		11.1	┐＊		Ⅰ＜Ⅲ＊
pm型	9.0 ┘		9.4 ┘	┘	┘	9.8	┘	┘	n. s.（＊）

注：＊＊p＜.01　＊p＜.05　（＊）p＜.10　U-検定による

曲線から見ていくと、測定時Ⅰ（図 6-5a）では期待された通り、タイプ間にいっさい有意差は認められなかった。測定時Ⅱ（図 6-5b）では生産量 15 セットに対する是認が、PM 型において M 型におけるより有意に低かった。測定時Ⅲ（図 6-5c）では生産量 5、10、15 セットに対する是認が、PM 型において pm 型におけるより有意に低く、生産量 15 セットに対する PM 型の是認は M 型より有意に低くなっていた。つまり、PM 型では 15 セット以下のような低い生産に対する是認を低下させる動きが測定時Ⅱから現れ始め測定時Ⅲでいっそう明瞭なものとなっているのである。

このような変化に最大リターン点の変化（表 6-5）を重ね合わせてみると、タイプ間の差異がいっそうはっきりする。測定時Ⅰでは PM 型、P 型、M 型がそろって 10.0 セットに、pm 型だけが 7.5 セットに最大リターン点を置いていた。PM 型と pm 型との間の差は p ＜. 10 水準で有意であったが、練習試行ではまだタイプを操作していないから、この差はリーダーシップ・タイプによって生じたものとは考えられない。測定時Ⅱでは pm 型が M 型と同じ水準（15.0 セット）にまで最大リターン点を上げ、P 型が相対的に最下位（12.5 セット）に、そして PM 型が最上位（18.8 セット）に移行しているが、これらのタイプ間差は統計的有意水準には達していない。測定時Ⅲになってようやく、PM 型の最大リターン点（25.5 セト）の高さが、pm 型、M 型のそれら（それぞれ 16.3 セットと 20.0 セット）との間に有意差を見せるようになっていた。

生産水準規範における最大リターン点のリーダーシップ・タイプ間差異が測定時Ⅲにおいて明瞭に現れてきたことと関連して、これらの最大リターン点とそれらが測定される直前の第 10 試行における集団生産量との関係をみておきたい。両者の関係は、集団が現実の生産量からどれだけ離れたところに理想の生産量を設定しているかを示すものであって、この関係はリーダーシップ・タイプによって少なからず影響されるであろうと思われるからである。表 6-6 にはこの問題を幅広く検討するため、第 10 試行の生産量と集団規範の最大リターン点のみならず、私的見解、依頼者の期待（に対する被験者の認知)、監督者の受容における「最大リターン点」[注4] をも併記してある。

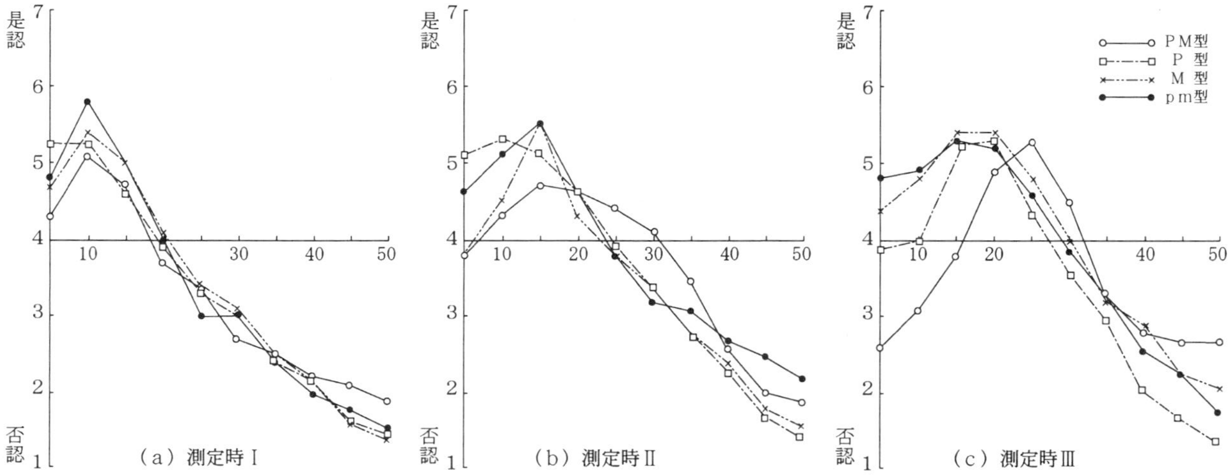

図6-5　監督者のP・Mタイプ別にみた生産水準規範 [中央値]

表6-5　集団規範のRP曲線の構造特性（中央値）

構造特性	最大リターン点			許容範囲			結晶度			強度		
測定時	Ⅰ	Ⅱ	Ⅲ	Ⅰ	Ⅱ	Ⅲ	Ⅰ	Ⅱ	Ⅲ	Ⅰ	Ⅱ	Ⅲ
PM型	10.0	18.8	25.5	10.0	17.5	15.0	2.04	2.62	2.86	12.6	12.0	10.4
P型	10.0	12.5	20.0	15.0	15.0	17.5	1.18	1.42	1.90	12.9	11.4	12.7
M型	10.0	15.0	20.0	17.5	12.5	15.0	1.20	1.70	1.73	13.9	12.7	13.0
pm型	7.5	15.0	16.3	10.0	17.5	20.0	1.61	1.61	1.88	14.2	11.7	10.6
型間の比較	PM>pm (*)	n. s.	PM>pm** PM>M*	n. s.	n. s.	n. s.	n. s.	n. s.	PM>M (*) PM>pm (*)	n. s.	n. s.	n. s.

注：** p ＜.01　* p ＜.05　(*) p ＜.10　U-検定による

表 6-6　第 10 試行の生産量と測定時Ⅲにおける各種「最大リターン点」との差（中央値）

リーダーシップタイプ	第 10 試行の生産量 (p)	最大リターン点			
		集団規範 (A)	私的見解 (B)	依頼者の期待 (C)	監督者の受容 (D)
PM 型	19.1	25.0	22.5	35.0	25.0
P 型	16.5	20.0	20.0	27.5	20.0
M 型	13.3	20.0	18.8	20.0	16.3
pm 型	16.2	16.2	20.0	21.3	18.8
差の検定		A − P	B − P	C − P	D − P
PM 型		5.9**	3.4*	16.9**	5.9*
P 型		3.5	3.5	11.0*	3.5
M 型		6.7*	5.5*	6.7*	3.0
pm 型		0.0	3.8	5.1*	2.6

注：**p <.01　*p <.05　(*) p <.10　U-検定による

まず第 10 試行の生産量は、PM 型が 19.1 セットと最も多く、次いで P 型 16.5 セット、pm 型 16.2 セットと続き、M 型の 13.3 セットが最低であった。これらの生産量を起点にして PM 型ではさらに 5.9 セット上の 25.0 セットに最大リターン点が置かれており、P 型では 3.5 セット上の 20.0 セットに、M 型では 6.7 セット上の 20.0 セットに、そして pm 型では生産実績と同じ 16.2 セットに置かれていた。これらのうち生産実績より有意に高い生産水準に最大リターン点を置いていたのは PM 型と M 型であった。さらに私的見解の「最大リターン点」も生産実績より有意に高い水準にあったのは PM 型と M 型であったし、監督者の受容の「最大リターン点」（すなわち、監督者が要求するであろう生産水準のうち、集団が最も快く受け容れるセット数）が自らの生産実績を有意に上回っていたのは PM 型のみであった。因みに、依頼者の期待の「最大リターン点」はすべての型においてその生産実績を上回っていたが、PM 型では規範の最大リターン点の 10 セット上、P 型では 7.5 セット上、M 型では規範と同水準に、そして pm 型では 1.3 セット上に認知されていた。

以上の事実を踏まえて、測定時Ⅲ（図 6-5c）に見られた各タイプのリターン・ポテンシャル曲線の特徴を略述すると次のようになる。PM 型では生産実績より低い水準の生産、すなわち 15 セット以下の生産は否認され、4 タイプ中最も高い水準に最大リターン点を置いており、またそれ以上の高生産に対しても他の型ほど強い否認を与えていない。P 型では、実績より低い生産に対していくぶん否定的ではあるが最大リターン点は実績と有意に異ならない水準に置き、これを超える高水準の生産を強く否認していた。M 型と pm 型では近似した曲線を示しているが、生産実績においてM型がいくぶん劣るため近似した最大リターン点がM型にとっては実績を有意に上回ることになり、pm 型では実績と同水準となっている。これらの2型では 15 ～ 5 セットという低い生産に対しても是認を与え続けている点で PM 型と顕著な対照を見せている。

結局、これら4タイプの中で最も顕著な対照を見せているのは PM 型と P 型とであろう。PM 型で形成された生産水準規範は、実績より低い水準の生産を強く否認し、4タイプ中最も高い水準に最大リターン点を置いていて、さらにそれ以上の高生産に対しても最も受容的であることなどから、これを「生産促進的な規範」と呼ぶことができよう。これに対し、P 型で形成された規範は、実績より低い生産に対する否認はさほど強くなく、最大リターン点を実績に近い水準に置き、これを超える高水準の生産に強い否認を与えていた。これは「生産抑制的な規範」と特徴づけることができよう。

ここで再び集団規範の構造特性を示した表 6-5 に戻って、リーダーシップ・タイプ間の差異をみると、測定時Ⅲの結晶度に 10 %水準の傾向差が認められている。PM 型では pm 型、M 型に比べて規範の結晶度が低い傾向にある。後者の2型では相対的に低い生産を志向する規範がこの時期すでに高い結晶度を達成していたのに対し、前者では（依頼者の期待の「最大リターン点」を規範のそれよりはるかに高い水準に認知していることなどからみて）規範はまだ動く余地を残しているかのようであり、そのため結晶化が進まないでいるものと解される。

2）**私的見解**は測定時Ⅱ とⅢで測定された。図 6-6 は、集団規範と同様の方法で描かれた私的見解のリターン・ポテンシャル曲線である。それらの構造特性は表 6-7 に示されている。測定時Ⅱ（図 6-6a）では、タイプ間に有意な差はみられなかった。

測定時Ⅲ（図 6-6b）では、5 セット生産に対する是認が、PM 型で pm 型よ

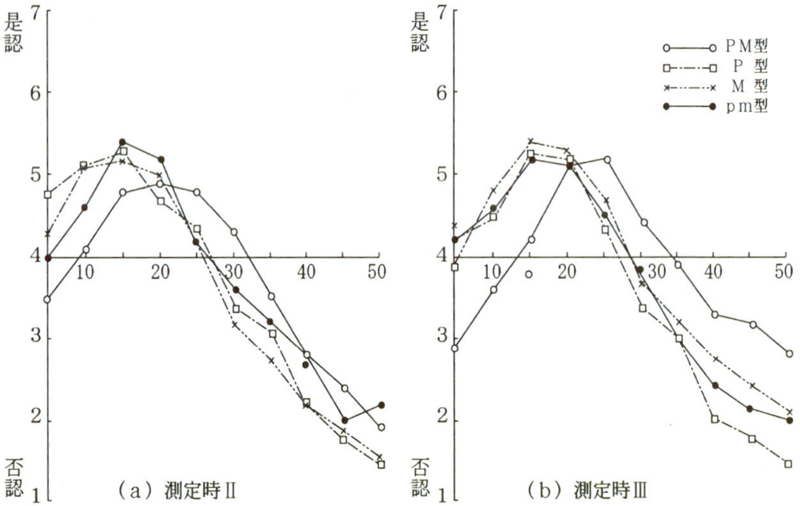

図 6-6　監督者の P・M タイプ別にみた生産水準に関する私的見解［中央値］

表 6-7　私的見解の RP 曲線の構造特性（中央値）

構造特性	最大リターン点		許容範囲		一致度		強度	
測定時	Ⅱ	Ⅲ	Ⅱ	Ⅲ	Ⅱ	Ⅲ	Ⅱ	Ⅲ
PM 型	20.0	22.5	24.0	25.0	2.14	2.47	12.1	11.2
P 型	13.8	20.0	23.0	24.0	2.11	2.32	12.2	13.5
M 型	13.8	18.8	22.5	27.0	1.46	1.84	13.9	12.6
pm 型	15.0	20.0	30.0	26.0	1.65	2.15	9.8	10.2
型間の比較	PM>M* PM>pm*	n. s.	n. s.	n. s.	PM>M* P>M (*)	n. s.	M>pm (*)	n. s.

注：* p ＜.05　(*) p ＜.10　U-検定による

り有意に低く、10 セット生産に対する是認でも PM 型は P 型、pm 型より有意に低く、さらに 15 セット生産に対する是認でも PM 型は M 型、pm 型より有意に低かった。構造特性（表 6-7）をみると、測定時Ⅱの「最大リターン点」が、PM 型では M 型、pm 型より有意に高い生産水準にあり、一致度は、PM 型と P 型がいずれも M 型より有意に低かった。しかし、測定時Ⅲでは、全ての構造特性にタイプ間有意差は認められなくなっていた。

ここで測定時Ⅲ（図 6-6b）における私的見解を表す曲線の形を略述すると、P 型、M 型、pm 型はほとんど同じ形を示していて、「最大リターン点」が 15

～ 20 セットの間にあり、少ない生産量にはほとんど否認を示さないが、30 セットを越える生産に対しては強い否認を示している。他方、PM 型は 20 ～ 25 セットの間に「最大リターン点」を持ち、10 セット以下の低い生産に否認を示す一方で、35 セット以上の高生産には他のタイプほど強い否認を示していない。私的見解においても、PM 型は他の 3 タイプとは異なる特徴を見せているのである。

なお、PM 型と M 型の「最大リターン点」がそれぞれの生産実績より有意に高かったことはすでに上で述べた（表 6-6 参照）。

3）**作業依頼者からの期待**（に関する認知）も測定時Ⅱと Ⅲで測定された。これも図 6-7 に示すように、集団規範と同様の手続きで、リターン・ポテンシャル曲線ふうに描かれており、その構造特性は同様にして算出されたものが表 6-8 に示されている。まず曲線についてみると、測定時Ⅱ（図 6-7a）では、5 セット生産と 10 セット生産に対する依頼者の是認（ただし、被験者の認知による）は、PM 型で M 型、pm 型より、また P 型で M 型よりそれぞれ有意に低かった。15 セット生産に対しては P 型で M 型、pm 型より、また PM 型で M 型より有意に低かった。また 20 セット生産に対して、P 型は M 型より有意に低い是認を認知していた。さらに高水準の 30 セット生産に対して PM 型は M 型、pm 型より有意に高い是認を、35 セット生産に対して、PM 型は M 型、pm 型より、また P 型は M 型より有意に高い是認を、40 セット生産に対して、PM 型と P 型は M 型や pm 型より有意に高い是認を、そして 45 セット生産および 50 セット生産では、PM 型が M 型、pm 型より、また P 型が M 型より有意に高い是認を認知していた。これらのことを総合してグラフを読むと、P 的行動の含まれる PM 型と P 型、これが含まれない M 型と pm 型とに大別され、相対的に前者は作業依頼者によって低い生産が否認され、高い生産が是認されていると認知しており、後者は相対的に低い生産でも是認され、高生産がさほど歓迎されているわけではないと認知している。その際 PM 型が前者の極に、M 型が後者の極に、そして P 型と pm 型がそれぞれいくぶん中間寄りに位置しているのが注目される。

測定時Ⅲ（図 6-7b）に進むと、中間に位置する P 型と pm 型がいっそう接

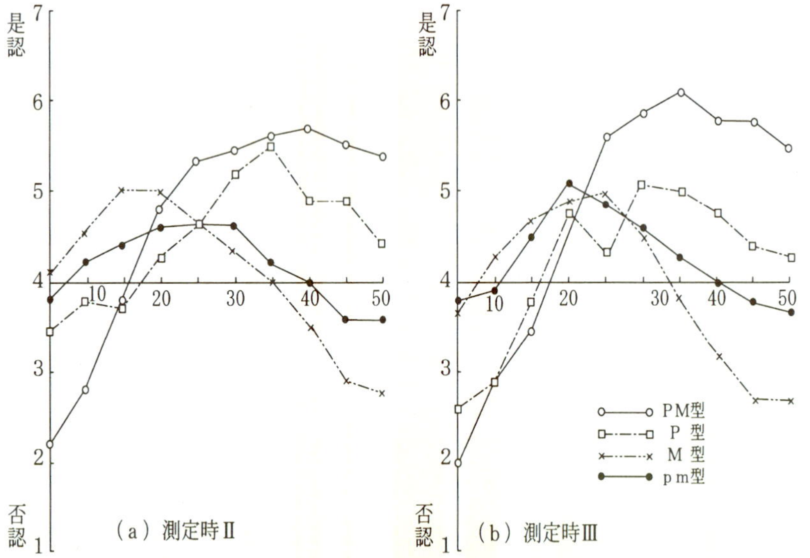

図 6-7　監督者のＰ・Ｍタイプ別にみた作業依頼者の期待に関する認知［中央値］

近し、PM 型と M 型との両極性がますます顕著になっている。統計的有意差について言えば、5 セット生産に対する作業依頼者の是認は、PM 型で M 型、pm 型より低く、10 セット生産と 15 セット生産に対しては PM 型と P 型で M 型、pm 型よりも低く認知されていた。一方高い方の生産に対する是認では、25 セット生産に対して PM 型が P 型、pm 型より高く、30 セット生産と 35 セット生産に対して、PM 型が M 型、pm 型より高く、40 セット生産と 45 セット生産に対して PM 型が M 型より高く、そして 50 セット生産に対して PM 型と P 型が M 型より高く認知されていた。

この構造特性についてみると（表 6-8)、測定時Ⅱでは PM 型と P 型が M 型より有意に高い生産水準に「最大リターン点」を認知しており、測定時Ⅲでは PM 型が M 型、pm 型より有意に高い「最大リターン点」を認知していた。測定時Ⅲで認知された依頼者側の「最大リターン点」が全てのリーダーシップ･タイプのもとで自集団の第 10 試行における生産実績より有意に高いところに位置していたことは、すでに表 6-6 について上で述べた通りである（表

表 6-8 作業依頼者の期待の RP 曲線の構造特性 [中央値]

構造特性	最大リターン点		許容範囲		一致度		強度	
測定時	Ⅱ	Ⅲ	Ⅱ	Ⅲ	Ⅱ	Ⅲ	Ⅱ	Ⅲ
PM 型	42.5	35.0	36.5	34.5	1.66	1.88	14.3	15.0
P 型	36.3	27.5	32.5	30.5	2.80	2.18	7.7	9.3
M 型	17.5	20.0	31.0	31.0	2.00	2.21	8.3	9.2
pm 型	20.0	21.3	33.0	32.0	2.76	3.36	5.0	7.1
型間の比較	PM>M* P>M*	PM>M** PM>pm* P>M (*)	n. s.	PM>M(*)	P>M (*)	pm>PM(*)	PM>M** PM>pm** P>pm (*) M>pm**	PM>P* PM>pm**

注：**p <.01 *p <.05 (*) p <.10 U-検定による

6-6)。われわれが用いた測定用具では行動次元（グラフの横軸）の上限が 50 セット生産であったため、PM 型と P 型のリターン・ポテシャル曲線が横軸と交わる点を確定できなかった。したがって、本来の意味での許容範囲や一致度、強度を算定することはできなくなったが、測定された範囲内という制限付きで敢えて表 6-8 に示された結果を読めば、PM 型は（他の型より）強度が大きく高水準の生産に向かって許容範囲の広い依頼者からの期待を認知しており、その認知の成員間一致度も高いことが読み取れるであろう。

4）**監督者の提案に対する受容**は、測定時Ⅳでのみ測定された。図 6-8 は監督者の提案に対する受容をリターン・ポテンシャル曲線ふうに描いたものであり、その構造特性が表 6-9 に示されている。図をみて直ちに気付くことは、PM 型の特殊性であろう。この型では監督者からの高水準の生産提案（10 セット生産から 35 セット生産まで）を是認している。これに対して、P 型では 30 セット生産以下、M 型と pm 型では 25 セット以下が是認されている。リーダーシップ・タイプ間にみられた有意差を列記すれば、次の通りであった。

監督者からの 5 セット生産提案に対する集団側の是認は、PM 型が P 型、pm 型より低く、10 セット生産の提案に対しては、PM 型が pm 型より低く、15 セット生産の提案に対しては、PM 型が M 型より有意に低かった。また、30 セット生産の提案には、PM 型が M 型、pm 型より、そして P 型が M 型より高い是認を、35 セット生産と 40 セット生産には、PM 型が M 型、pm 型より高い是認を、さらに 45 セット生産と 50 セット生産には、PM 型が他のど

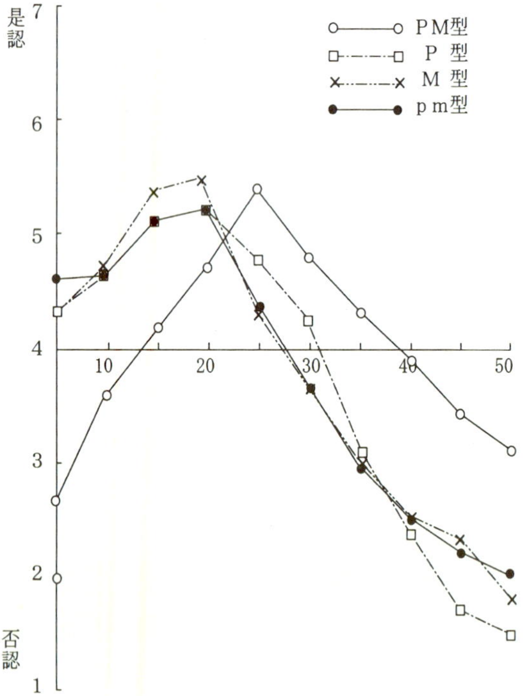

図 6-8　監督者のP・Mタイプ別にみた監督者からの提案に対する受容度 [中央値]

のタイプよりも弱い否認を与えると答えていた。

これらの曲線の構造特性（表 6-9）をみると、PM 型は M 型、pm 型より有意に高い生産水準に「最大リターン点」を置いていたが、一致度は他のどのタイプより有意に低かった。強度にみられた M 型＞ PM 型 の差は、主としてM型が高水準の生産提案を強く否認していることの表れとみてよいであろう。また、PM 型の「最大リターン点」が第 10 試行の生産実績を有意に上回っていたことはすでにみた（表 6-6）。

ここで各タイプの後期における生産実績を考慮に入れながら図 6-8 に示された曲線をみると、P 型、M 型、pm 型の 3 曲線は似通った形を示し、「最大リターン点」を 15 ～ 20 セット生産の間に置き、自らの生産実績より低い監督者からの提案はこれを是認する一方で、30 セットまたは 35 セット生産以

表 6-9　監督者からの提案の受容の RP 曲線の構造特性（中央値）

構造特性 測定時	最大リターン点 Ⅳ	許容範囲 Ⅳ	結晶度 Ⅳ	強度 Ⅳ
PM 型	25.0	28.5	3.02	10.4
P 型	20.0	26.0	1.71	12.7
M 型	16.3	22.5	1.63	13.3
pm 型	18.8	30.5	1.99	9.9
型間の比較	PM>M** PM>pm**	n. s.	PM>P* PM>M** PM>pm**	M>PM**

注：**p <.01　*p <.05　(*) p <.10　U-検定による

表 6-10　測定時Ⅲにおける規範の虚構性

提案される生産量	監督者のタイプ PM 型	P 型	M 型	pm 型
5	−.3	−.3	+.5	+.6
10	−.5	−.5	.0	+.3
15	−.4	−.1	.0	+.1
20	−.2	+.1	+.1	+.1
25	+.1	.0	+.1	+.1
30	+.1	+.2	+.3	+.1
35	−.1	.0	.0	+.3
40	−.5	+.1	+.2	+.2
45	−.5	−.1	−.1	+.2
50	−.6	−.1	.0	−.2
絶対値の和	3.8	1.5	1.3	2.2
型間の比較（U 検定）	PM 型–P 型 * PM 型–M 型 *		M 型–pm 型 (*)	

注：*p <.05　(*) p <.10　U-検定による

上の高水準の提案はこれを強く否認していた。それに対し、PM 型では「最大リターン点」を 25 セット生産に置き、自らの生産実績を下まわる提案は否認し、高生産については 35 セット生産まで是認し、さらに高水準の 40 セット生産の提案に対してもごくわずかな否認しか示していない。

5) **規範の虚構性**は、測定時Ⅲに測定された集団規範と私的見解とのズレとして算出され、表 6-10 に示されている。最下欄の値が示すとおり、虚構性は PM 型が最大で、pm 型、P 型、M 型の順に小さくなっている。統計的有意差は PM 型と P 型との間、PM 型と M 型との間に見出されている。虚構性の小さい集団規範ほど安定していると考えられるから、M 型や pm 型は実績を肯定し、これに近い生産水準に最大リターン点（理想）を置き、過度に高い生産を否認することで、安定した規範を形成しているものと思われる。これに対して、PM 型では、先にみたように（表 6-5）、作業依頼者からの高水準の期待を認知し、監督者からの高水準の生産提案を是認し、私的見解も集団規範の現状を超えて高い水準の生産を志向していた。このような私的見解と集団規範の乖離は、やがて集団規範が私的見解の方向へ動いていく不安定な状態を表しているものと解される。

ところで、以上の結果はすべて実験操作にもとづくリーダーシップ・タイプ分けの上に立って、データ分析を行ったものである。先述したように本研究では 3 集団において監督者タイプの実験操作と被験者によるタイプ認知との間に食い違いが見られた。PM 型に操作した 2 集団が P 型に、P 型に操作した 1 集団が PM 型に認知されたのである。表 6-11 には、実験操作にもとづくタイプ分けをした場合の結果が、被験者の認知にもとづくタイプ分けをした場合にどう変動するかを示したものである。ただし、変動のなかった項目は省略されている。なお、リーダーシップ条件間にみられる差の方向は、いずれの分類にしたがっても逆転することはなかった。この表によれば、全般的にみて、実験操作に基づく分類の方が、被験者の認知に基くそれよりも、いっそう明確な差異を検出していることが読みとれる。ただ作業に対する動機づけに関する諸結果のみは、むしろ認知に基づく再分類によっていっそう明確な条件間差異を見せているのが注目される。

考　察

以上の諸結果は、新規に構成された作業集団が異るタイプの監督者のもとにおかれた時、時間の経過とともに異る生産水準規範を発展させることを明らかにしている。とくに PM 型の監督者のもとでは、相対的に高い生産水準に最大リターン点をもち、低生産に対する強い否認と高生産に対する大きな是認（または少ない否認）によって特徴づけられるような生産促進的な規範

表 6-11　被験者の認知に基づいて監督者のタイプ分けを行った場合に見られる結果の変動（変化の生じたもののみ表示）

変　数	条件間の差の方向	実験操作に基づいてタイプ分けした場合	被験者の認知に基づいてタイプ分けした場合	有意性の増減
生産量				
実験初期	P ＞ M	**	*	−
実験後期	PM ＞ pm	*	n. s.	−
協調度指数				
実験初期	PM ＜ pm	*	(*)	−
	P ＜ pm	n. s.	(*)	+
実験後期	PM ＜ pm	*	n. s.	−
	P ＜ pm	n. s.	*	+
凝集性				
測定時Ⅰ	P ＞ pm	*	(*)	−
測定時Ⅲ	PM ＞ pm	(*)	*	+
動機づけ				
測定時Ⅰ	PM ＞ P	n. s.	(*)	+
測定時Ⅱ	PM ＞ P	n. s.	(*)	+
測定時Ⅲ	PM ＞ pm	(*)	*	+
	PM ＞ P	n. s.	*	+
	M ＞ P	n. s.	(*)	+
集団規範				
測定時Ⅱ				
５セット	PM ＜ M	*	(*)	−
	PM ＜ pm	n. s.	(*)	+
測定時Ⅲ				
５セット	PM ＜ pm	*	n. s.	−
	P ＜ pm	n. s.	*	+
10 セット	PM ＜ pm	*	n. s.	−
15 セット	PM ＜ M	*	n. s.	−
	PM ＜ pm	*	n. s.	−
	P ＜ M	n. s.	(*)	+
	P ＜ pm	n. s.	(*)	+
25 セット	PM ＞ P	(*)	n. s.	−
最大リターン点	PM ＞ pm	**	(*)	−
	PM ＞ M	*	n. s.	−
	P ＞ pm	n. s.	*	+
	P ＞ M	n. s.	(*)	+

（次頁へ続く）

結晶度	PM > M	(*)	n. s.	−
	PM > pm	(*)	n. s.	−
私的見解				
測定時Ⅱ				
最大リターン点	PM > M	*	n. s.	−
	PM > pm	*	n. s.	−
強度	PM > pm	n. s.	*	+
一致度	P > M	(*)	*	+
測定時Ⅲ				
5セット	PM < pm	*	n. s.	−
	PM < P	(*)	n. s.	−
10セット	PM < P	*	n. s.	−
	PM < pm	*	n. s.	−
15セット	PM < M	*	n. s.	−
	PM < pm	*	n. s.	−
	P < M	n. s.	**	+
作業依頼者の期待				
測定時Ⅱ				
5セット	PM < pm	*	n. s.	−
10セット	PM < pm	*	n. s.	−
	P < M	*	**	+
15セット	PM < pm	(*)	n. s.	−
25セット	PM > M	(*)	n. s.	−
30セット	PM > M	*	n. s.	−
	PM > pm	*	n. s.	−
	P > M	n. s.	*	+
	P > pm	n. s.	*	+
35セット	PM > M	**	*	−
	PM > pm	*	n. s.	−
	P > M	*	**	+
	P > pm	(*)	*	+
40セット	PM > M	**	*	−
	PM > pm	**	*	−
	P > pm	**	*	−
	P > M	*	**	+
45セット	PM > M	**	*	−
	PM > pm	**	*	−
	P > M	*	**	+
	P > pm	(*)	*	+
50セット	PM > pm	*	n. s.	−

（次頁へ続く）

	P > pm	n. s.	*	+
強度	PM > M	**	n. s.	−
	PM > pm	**	*	−
	P > pm	(*)	*	+
一致度	P > M	(*)	n. s.	−
	PM < pm	n. s.	(*)	+
測定時Ⅲ				
5セット	PM < M	*	(*)	−
	PM < pm	*	(*)	−
	P < pm	(*)	*	+
	P < M	n. s.	*	+
10セット	PM < pm	*	(*)	−
	P < pm	*	**	+
15セット	PM < pm	*	(*)	−
	P < pm	*	**	+
25セット	PM > P	*	n. s.	−
	PM > pm	*	n. s.	−
30セット	PM > M	*	(*)	−
	PM > pm	*	(*)	−
35セット	PM > M	**	*	−
	PM > pm	**	(*)	−
	PM > P	(*)	n. s.	−
	P > M	(*)	**	+
	P > pm	n. s.	*	+
40セット	PM > M	**	(*)	−
	P > M	n. s.	*	+
	P > pm	n. s.	(*)	+
45セット	PM > M	**	*	−
	P > M	n. s.	**	+
	P > pm	n. s.	*	+
50セット	PM > M	**	*	−
	PM > pm	(*)	n. s.	−
最大リターン点	PM > M	**	(*)	−
	PM > pm	*	n. s.	−
	P > M	(*)	*	+
	P > pm	n. s.	*	+
強度	PM > pm	**	*	−
	PM > P	*	n. s.	−
一致度	PM < pm	(*)	n. s.	−

（次頁へ続く）

監督者の提案に対する受容

測定時Ⅳ

5セット	PM < P	**	n. s.	−
	PM < pm	*	(*)	−
10セット	PM < pm	*	n. s.	−
25セット	PM > pm	(*)	*	+
	P > pm	n. s.	*	+
30セット	PM > M	*	n. s.	−
	P > M	*	n. s.	−
35セット	PM > M	**	(*)	−
	PM > pm	*	**	+
40セット	PM > pm	**	(*)	−
	PM > M	*	n. s.	−
45セット	PM > M	**	(*)	−
	PM > pm	**	(*)	−
	PM > P	*	n. s.	−
50セット	PM > M	**	*	−
	PM > P	*	n. s.	−
	PM > pm	*	(*)	−
最大リターン点	P > M	n. s.	(*)	+
	P > pm	n. s.	(*)	+
	PM > M	**	n. s.	−
強度	PM > P	n. s.	(*)	+
一致度	PM > P	*	(*)	−

注：** $p<.01$　* $p<.05$　(*) $p<.10$　U-検定による

が形成されていた。これに対して、P 型の監督者に率いられる集団では、実績を超えるような高い生産に対して拒否的な規範が、またＭ型および pm 型の監督者をもつ集団では、前記２型の中間的な、低生産に対して許容的で、高生産に対していくぶん拒否的な規範が形成されていた。このような P・M 条件間差異は、生産水準に関する成員たちの私的見解においてもほぼ並行して見られた。さらにまた作業依頼者の期待（企業の職場集団でいえば、「会社側の期待」に相当する）に対する認知にも顕著な差異が生じていた。この期待を最も高い生産水準に認知していたのは PM 型であり、以下 P 型、pm 型、M 型の順に低く認知していた。最後に、監督者が集団に向かってさまざまな水準の生産を提案するという仮想状況での集団の反応にも、PM 型と他の３種の型との間に顕著な差がみとめられた。PM 型は相対的に低水準の生産の提案には拒否的で高水準の提案に受容的であった。

これらの差異は、PM 型における集団規範の結晶度や私的見解の一致度が他の型の集団におけるそれらに比べて、比較的低いことと実際の生産の伸びがまだ停止していないこととを考慮に入れるならば、作業時間をさらに延長して実験を続ければ、いっそう顕著になるであろうことを予想させる。なぜなら、集団規範は私的見解の変動に先導されることを示す証拠（佐々木、1969：第8章）があり、その点から言えば、本実験における PM 型の集団では、私的見解が集団規範よりも一段と高生産指向的であったからである。その上、この型の集団では作業依頼者からの期待もいっそう高い水準に認知され、なおかつ監督者からの高生産への提案が受容されていたことを考え合わせるならば、この予想はいっそう確実なものに思われる。

集団規範に関わる諸過程に見られた、このようなリーダーシップ・タイプ間差は、実際の生産高における差異と並行していた。規範的諸過程と生産性との因果関係は、本実験のデザインによっては、必ずしも自明ではない。従来の研究から推定すれば、生産実績が規範を規定する側面と、規範が生産性を規定する側面との両面があるように思われる。その限りで、われわれの一般的仮説は支持されたといえよう。

本研究の結果に関連して、いくつか指摘しておきたい問題がある。まず「作業依頼者の期待」に対する集団成員（＝被験者）の認知が、監督者のタイプによって影響される点に注目したい。この場合「作業依頼者」は、この作業を依頼してきた大学の研究室ということになっていて、被験者の前には一度も姿を現わしていない。実験開始時の全般的教示において言及されただけのいわば架空の存在であった。そのような存在者の意向に関する認知が、各種のリーダーシップ条件間でこのような差異をみせたのは、ひとえに実験条件（すなわち監督者の指導タイプ）に起因するものと解さざるを得ない。つまり、作業員は集団のリーダーを通して上層部の意向を知るのである。このことは企業組織体における一般従業員の会社や経営層に対する態度が、第1線監督者のあり方如何によって相当程度影響され得るものであることを示唆している。

次に、リーダーシップ・タイプと集団の生産性との関係について、従来なされてきた実験的研究（本実験をも含めて）と現場研究との間にみられる差異が注目される。個々の研究間に多少の変動はあるにせよ、概括的に図式化すれば、既存の機能集団（多くは企業の職場集団）を対象にした現場研究では、PM 型＞ P 型＞ M 型＞ pm 型の順に生産性の低下がみられるのに対し、実験的研究においては、往々にして pm 型と M 型とに逆転がみられる。本実験もまたそうであった。これには種々の理由が考えられよう。現実の機能集団における監督者のリーダーシップは、実験的研究における操作（実験協力者による役割演技）が統制している変数以外の諸変数（会社の報償体系の中で公式に付与されている、監督者の権限や監督方式における細部の差異、たとえば委譲の仕方、集団的手法の活用度など）によって汚染されている可能性がある。また、コミュニケーションの形態や内容も実験室的状況とは異った条件をもち、これが間接的に生産性への効果を変動させているのかも知れない。このような可能性の検証は、いずれにしても今後の研究に待つほかないが、特に本実験における方法論的反省としては、P 的行動も M 的行動もいっさい行わない pm 型監督者は、そのことによって無言の（P 的）圧力を被験者に感じさせていたのではないかと思われる。実験室実験において純粋な pm 型リーダーシップを創り出すためにはこのような「無言の圧力」を排除する必要がある。本文中にも示唆したように、この型の監督者に作業と無関係な本を読ませておくなどの方法が考えられよう。

最後に、監督者のリーダーシップ・タイプを客観的行動に基づいて分類するか、成員の側の認知に基づいて分類するかによって生じる結果の変動をどのように考えたらよいか、という問題が存在する。一般に、心理学の基本原則からいえば、認知された刺激こそ有意味であるとされる。また P・M リーダーシップに関する従来の研究も多くこのことを支持してきた。しかし一方には、少数ながらこれと矛盾する結果も報告されている（たとえば、佐藤, 1970）。われわれの結果も、規範的諸過程や実際の生産性など多くの従属変数において認知よりも実験操作（客観的役割行動）といっそう強く相関していた。その中にあって、作業に対する動機づけのみは、逆に認知とより密接に関連していた点が注目される。これとよく似た関係が三隅・吉田・佐藤（1969）にも見られる。監督行動の操作の差異によってレミニッセンスに変化が生じていたにもかかわらず、被験者の認知はこの事実と若干の食い違いを見せていたのである。これらのことは、質問紙法によって測定される認知以外の客観的行動様式としてのリーダーシップ・タイプにもおそらく成員の前意識的ないしは半意識的過程を経由して成員行動に影響を及ぼす力があるものと解される。また、認知されるリーダーシップ・タイプがリーダーに対する好意度と高い相関を示すという河津の研究結果（1967）からみても、この種の認知が、種々の従属変数に対して選択的に影響を及ぼすであろうことも当然予想される。われわれの実験において、作業に対する動機づけがこの種の認知と密接に関連していた事実は、この線に沿って理解され得るであろう。P・Mタイプの判定にかかわるこの種の問題は、研究史的にみて今後ますます重要な論点をなすものと思われる。

要　約

単純な図形の切り抜き作業に従事する5人集団（被験者は中学2年生）に、PM型、P型、M型およびpm型の4種の監督者（大学生の実験協力者）をつけ、そこに形成される生産水準規範を拡充されたリターン・ポテンシャル・モデルによって測定し、監督者のリーダーシップ・タイプの効果を検討した。同時に、集団の生産量、凝集性、作業に対する動機づけをも測定し、これらに現れる効果をも検討した。主な結果は次のとおりであった。

1）生産量は、多いものから順に、PM型、P型、pm型、M型であった。

2）成員間協調度は、高いものから順に、M型、PM型、P型、pm型であった。

3）凝集性は、高いものから順に、PM型、M型、P型、pm型であった。

4）作業に対する動機づけは、高いものから順に、M型、PM型、P型、pm型であった。

5）集団規範についてみると、PM型では生産実績より有意に高い水準に最大リターン点をもち、低生産を否認し高生産を是認するような規範が形成され、これと対照的にP型では実績の近くに最大リターン点をもち、これ以下の低生産にも是認を与える一方で高生産を否認するような規範が形成されていた。pm型とM型では、これら両極の中間的な形の規範が見られた。
6) 私的見解についてみると、PM型とM型ではそれぞれの生産実績より有意に高い水準に「最大リターン点」が置かれており、とくに、PM型では低生産に強い否認が示されていた。
7) 作業依頼者からの期待に関する認知は、いずれのタイプにおいても自らの生産実績より有意に高い水準に「最大リターン点」を認知していたが、その水準はPM型において最も高く、次いでP型、pm型、M型の順に低くなっていた。また、PM型では低生産は依頼者によって否認され、高生産は大いに是認されるものと認知されていたが、P型では低生産は否認されるものの、高生産は(PM型が認知しているほどには)是認されないと認知されていた。M型では実績を大幅に上回わる高生産はかえって否認されるものと認知されていた。pm型はP型とM型の中間形態を示していた。
8) 監督者からの提案に対する受容についてみると、PM型の「最大リターン点」はM型、pm型のそれらより有意に高い水準にあり、かつ自らの生産実績より有意に高い水準に位置していた。PM型の「結晶度」は他のタイプよりも低かった。PM型では生産を下げようとする監督者からの提案は否認し、生産を上げようとする提案には他のタイプより大きな是認を与えていた。
9) 総合的考察により、PM型は生産促進的な規範を、また、P型は生産抑制的な規範を、そしてpm型とM型はその中間的な形態の規範を、それぞれ形成していたと解釈された。

注記:
＊本研究は山口真人氏との共著である。
この実験にご協力いただいた春日出中学校教諭(当時)の栗山一夫先生を始め2年生全学級の担任の先生方ならびに生徒諸君に深甚の謝意を表したい。また当時佐々木ゼミナールに所属していてこの実験の監督者、観察者その他を引き受けて下さった学生諸君とデータ解析の段階でご援助頂いた本学計算センターの雄山、藤田両氏に感謝申し上げる。

注1　使用した図形は、正方形、長方形、等脚台形、不等脚台形、菱形の5種で、いずれも周辺の全長を16cm(すなわち、鋏を入れる距離が同じ)に揃えた。図形ごとに色の異なるケント紙に同一図形を40個ずつ印刷した。用いられた色は、黄、淡青、淡黄、黄緑、橙の5色であっ

た。

注2　監督者のローテーションは事前の計画に従って行われたが、2週目に2種のタイプを演じ終えた1名がやむを得ない事情で継続できなくなったため、事前の訓練を済ませて待機していた補欠の監督者が後を継いだ。

注3　この指標は行動次元をどの範囲にとるかで変動する。参考までに、本実験で取った範囲の指標値を掲出しておく。

注4　最大リターン点は、本来、集団規範の構造特性の一指標として用いられるものであるが、私的見解その他についても同様の手続きで算定できるので「最大リターン点」と括弧付きで表示しておく。

第Ⅲ部
変容過程

第Ⅲ部　変容過程

第Ⅲ部に含まれる諸研究は集団規範の変容過程に焦点を合わせている。

まず第7章では、全寮制の看護婦養成機関において学生寮の門限に関して学生たちが形成しているインフォーマル規範が調査され、1年生から3年生までの3学年間（各学年1クラス構成）にどのような差異が見られるかが検討された。学園集団への社会化が不十分な新参者としての1年生、寮長以下寮の運営に責任ある役員を輩出する中堅層を形作る2年生、そして学外実習で病院の現場に触れることが多く、国家試験や就職など学園集団からの離脱準備に入る3年生へと学年規範は変化する。

第8章は、上で見られた学年差が、同一クラスの継時的観察によっても確認できるかどうかを検討したものである。結果は大筋において肯定的であり、さらにいくつかの追加的発見が得られた。なかでも興味深いのは、クラスのサイズの大きさと規範変容の速度との関係であった。

第9章は、集団のサイズと規範変容の速度との関係を実験室実験によって明らかにしようとした。ここでもまた生産水準規範が取り上げられた。一般に集団サイズの増大が規範変容を遅延させがちであることの基本的説明原理を、合意形成に要する成員間相互作用の量に求め、リーダーはこの量を節約する機能を果たすであろうことを仮説して、リーダーの在・不在を独立変数に追加した。

第10章は、新設の女子短期大学で始めて発生した定期試験中のカンニング事件に取材して、大学当局が下した停学処分という制裁が、カンニング行為に関するクラスの規範にどのような影響をもたらしたかを見ようとした‘自然実験’である。結果は予想に反するものとなり、方法論的な反省はもとより制裁の機能そのものに関する基礎理論に新たな問題が提起された。

第7章 寮の門限に関する非公式規範の調査研究

問　題

公式集団における成文化された集団規範、たとえば寮の門限などに対する成員たちの態度は、彼らのこの集団における所属期間（在寮年数）と共に変化するであろう。このような公式規範（寮則細則に規定された「帰寮時刻」）に対する態度の変化は、所属期間の異なる下位集団において異なる非公式規範を形づくるものと思われる。本研究は、修学年限3年で各学年1クラス構成の全寮制看護婦養成機関に学ぶ学生たちが学年クラスごとに形成する寮の門限に関するインフォーマルな規範について調査し、新入の1年生クラス、中堅の2年生クラス、そして学外実習が多くなり国家試験・就職の準備へと関心が向かう3年生クラスの間にどのような差異が見られるかを検討しようとするものである。

方　法

調査の対象：調査は、福岡県北部に立地する国立病院附属の看護婦養成機関（高等学校卒業後受験して入り、3年間教育を受ける高等看護学院）に在籍する全学生64名を対象に行われた。1年生から3年生まで各学年1クラスずつの構成で計3クラス、学生はすべて入学と同時に寄宿舎に入り、実習用被服等の貸与を受ける。

寄宿舎は「学生寮」と呼ばれ、寮則ならびに寮則細則に則って運営されている。細則は学生が自主的に定め、学院運営会議にはかり学院長（病院長が兼任）の承認を得て施行されている。寮則によって舎監1名が置かれているが、寮の運営は実質的には学生の自治にゆだねられている。本研究と関連のある帰寮時刻その他に関する規定は細則にみられるが、いまその関連条項を抜粋して示せば次の通りである。

第 20 条　本寮での日課を次の通りとする。

月	点灯時間	静粛時間	帰寮時間 平日	帰寮時間 土日祭	消灯時間
4 月－10 月	5 時	20 － 21 時	21 時	22 時	23 時
11 月－3 月	5 時	20 － 21 時	20 時	21 時	23 時

第 21 条　消灯後必要があれば、作法室を使用することができる。

第 22 条　外出は定められた帰寮時間までとし行先を同室者に告げて行くこと、時間外外出は舎監の許可を得、週番又は寮長に届出ること。[寮長は寮生中より公選（第 4 条第 1 項)]

第 23 条　外泊の際は外泊簿に記入し舎監に提出して許可を受ける。外泊手帳に外泊先で認印を受け帰寮時間を記入し舎監に提出する。

第 24 条　外泊、外出先で止むを得ない理由にて定められた帰寮時間までに帰れない場合は、速に適当な方法で舎監に連絡し許可を受けなければならない。

（中　略）

第 40 条　本細則が守られ、円滑な寮生活が営まれるよう下記の罰則を設ける。

第 1 度　補食室当番

第 2 度　補食室当番＋清掃当番

第 3 度　第 2 度＋補食室当番 1 週間

第 41 条　罰則は寮長の権限によって、それを課する事が出来る。

調査の方法：調査は無記名の質問紙法により講義時間の一部を割いて実施した。調査対象数および調査票回収率の学年別内訳は表 7-1 の通りであった。回収率はきわめて高く、ほとんど全数調査とみなすことができる。調査の実

表 7-1　調査対象および調査票回収率

	1 年生	2 年生	3 年生	合計
在籍者数	21	22	21	64
回収票数	21	21	20	62
回収率（%）	100	95.5	95.3	96.9

施は1964年7月21日で、1年生の入学後約100日を経過した時点であった。

寮の門限に関するクラスの規範と私的見解は、それぞれ次の質問（Q7-AおよびQ7-B）によって測定された。

Q7-A　もしあなたのクラスの人が平日に無断で外出し、次のような時刻に帰って来たとしたら、どの程度の罰を与えるのが適当だと思いますか。

ただし、罰の程度は 第１度　補食室当番
第２度　補食室当番＋清掃当番
第３度　第２度＋補食室当番１週間

とする（寮則細則第40条）。

イ	21時15分	1. 罰しない	2. 第１度	3. 第２度	4. 第３度
ロ	21時30分	1. 罰しない	2. 第１度	3. 第２度	4. 第３度
ハ	21時45分	1. 罰しない	2. 第１度	3. 第２度	4. 第３度
ニ	22時00分	1. 罰しない	2. 第１度	3. 第２度	4. 第３度
ホ	22時30分	1. 罰しない	2. 第１度	3. 第２度	4. 第３度
ヘ	23時00分	1. 罰しない	2. 第１度	3. 第２度	4. 第３度
ト	23時30分	1. 罰しない	2. 第１度	3. 第２度	4. 第３度
チ	24時00分	1. 罰しない	2. 第１度	3. 第２度	4. 第３度
リ	24時過ぎて	1. 罰しない	2. 第１度	3. 第２度	4. 第３度

Q7-B　このことについてあなたのクラスの他の人たちはどう思っているでしょうか。全体的に考えて、もっとも多くの人が答えるだろうと思われるところに上と同じ要領で○印をつけて下さい。

イ	21時15分	1. 罰しない	2. 第１度	3. 第２度	4. 第３度
ロ	21時30分	1. 罰しない	2. 第１度	3. 第２度	4. 第３度
ハ	21時45分	1. 罰しない	2. 第１度	3. 第２度	4. 第３度
ニ	22時00分	1. 罰しない	2. 第１度	3. 第２度	4. 第３度
ホ	22時30分	1. 罰しない	2. 第１度	3. 第２度	4. 第３度
ヘ	23時00分	1. 罰しない	2. 第１度	3. 第２度	4. 第３度

ト	23時30分	1. 罰しない	2. 第1度	3. 第2度	4. 第3度
チ	24時00分	1. 罰しない	2. 第1度	3. 第2度	4. 第3度
リ	24時過ぎて	1. 罰しない	2. 第1度	3. 第2度	4. 第3度

結　果

1. 寮の門限に関するクラス規範と私的見解

Q7-AおよびQ7-Bによって測定された学年クラスごとの私的見解とクラス規範は、表7-2に示す通りであった。ただし、罰の程度は、罰せず…0，第1度…1，第2度…2，第3度…3のごとく数値に変換され、心理的に間隔尺度を構成するとの仮定に立って、下位集団ごとの平均が算出されている。これをリターン・ポテンシャル曲線の形に描いたのが、図7-1である。

先ず、図中破線で表示されている学年別の私的見解についてみると、1年生、2年生、3年生の順に厳しさを増している点が注目される。すなわち、1年生クラスでは9時45分までの帰寮なら罰に値せず、10時以後で第1度の罰、11時以後で第2度の罰、12時以後で第3度の罰に値するとの見解であるが、2年生クラスでは、9時45分以後で第1度の罰、10時30分以後で第2度の罰となり、3年生クラスでは9時15分ですでに第1度の罰、10時以後で第2度の罰と著しく厳しい見解を示している。

次に、図中実線で示されているクラス規範についてみると、1年生はとく

表7-2　帰寮時刻に関する各学年のクラス規範と私的見解

帰寮時刻	1年生		2年生		3年生	
	クラス規範	私的見解	クラス規範	私的見解	クラス規範	私的見解
9:15	0.42	0.29	0.67	0.52	0.90	1.08
30	0.53	0.70	1.00	0.90	1.07	1.44
45	0.68	0.95	1.25	1.19	1.31	1.72
10:00	1.16	1.47	1.95	1.86	1.86	2.06
30	1.68	1.89	2.05	2.10	2.00	2.29
11:00	2.32	2.42	2.40	2.57	2.25	2.50
30	2.63	2.60	2.65	2.67	2.58	2.63
12:00	2.95	2.90	2.85	2.81	2.85	2.88
以後	3.00	3.00	2.85	2.85	2.92	2.87

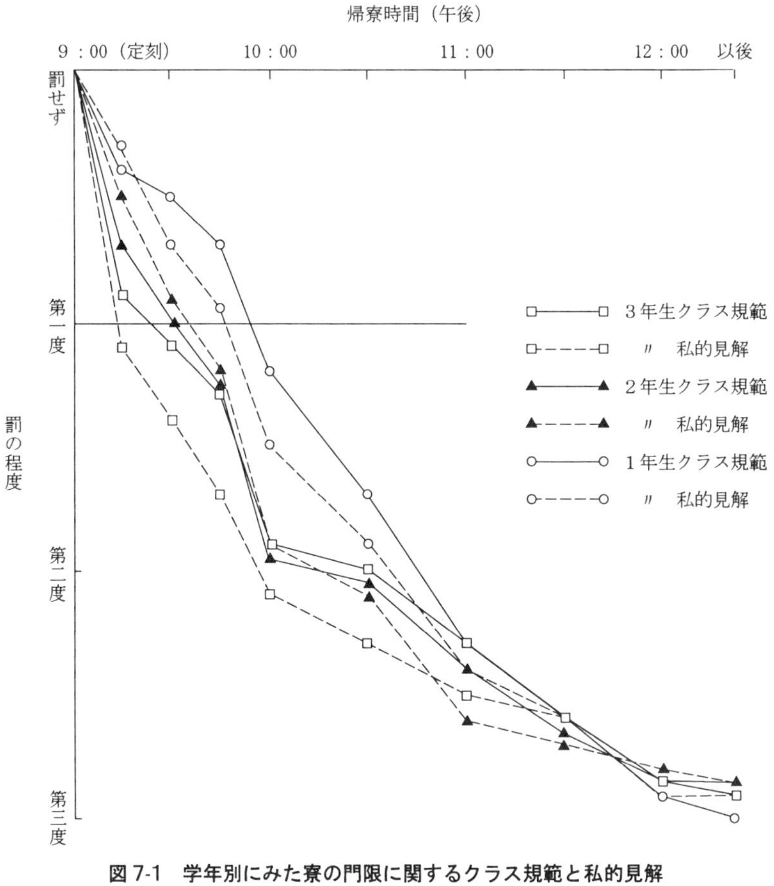

図7-1　学年別にみた寮の門限に関するクラス規範と私的見解

に午後9時15分から10時30分までの間において、2年生および3年生に比べて著しく寛容な規範を示している。グラフに示された指標について見る限り、定刻45分過ぎまでの遅刻は罰に値しないとみなされており、1時間～1時間半の遅刻に対して第1度、そして2時間を超える場合に第2度の罰が適用されるものとみられている。これに対して、2年生と3年生のクラス規範はよく一致していて1年生のクラス規範よりかなり厳しいものとなっている。すなわち、2・3年生で罰せられないのは定刻過ぎ15分までで、30分～1時間の遅刻には第1度の罰、1時間半を超える遅刻には第2度の罰が適用されるものとみなされている。

ここで、学年別にクラス規範と私的見解とのズレ（すなわち、規範の虚構性）を検討しておこう。1 年生と 3 年生では、厳格さのレベルは異るが、いずれもクラス規範よりかなり厳しいところに私的見解を置いている点で共通した傾向が見られる。2 年生は午後 10 時以前と以後とでいくぶん異った関係を示しているが、1 年生や 3 年生に見られるほどの顕著なズレはなく、むしろ全般的にはクラス規範と私的見解とがよく一致している。つまり、1 年生は厳格さのレベルの最も低いところで「自分としてはクラスの者が期待している罰よりもっと厳しい罰を与えるべきだ」と考えており、2 年生は「自分の私的見解とクラスの一般的見解（クラス規範）はほぼ一致している」と感じており、そして 3 年生は 2 年生のクラス規範と同様な厳しさのレベルにクラス規範を認知しながらも、なお「私的にはもっと厳しい罰を適用すべきだ」と考えているのである。

このことを各学年のクラス規範のもつ虚構性として数値化して表したのが表 7-3 である。表中の数字に付した符号＋は過厳視を、－は過寛視を表しており、これらの数字の絶対値の列合計が虚構性の大きさを示している。

どの学年も＋－が入り交じっているが、絶対値が .10 未満のズレを無視すれば、1 年生と 3 年生は過寛視し、2 年生は 15 分ないし 30 分程度のわずかの遅刻で若干の過厳視を表しているが全体としてはズレが少なく、小さい虚構性を示している。

表 7-3　学年別にみたクラス規範の虚構性（クラス規範－私的見解）

帰寮時刻	1 年生	2 年生	3 年生
9 : 15	+ 0.13	+ 0.15	− 0.18
30	− 0.18	+ 0.10	− 0.37
45	− 0.27	+ 0.06	− 0.41
10 : 00	− 0.31	+ 0.09	− 0.20
30	− 0.21	− 0.05	− 0.29
11 : 00	− 0.10	− 0.17	− 0.25
30	+ 0.03	− 0.02	− 0.05
12 : 00	+ 0.05	+ 0.04	− 0.03
以後	0.00	0.00	+ 0.05
虚構性Σ｜d｜	1.28	0.68	1.83

表 7-4　学年別にみたクラス規範と私的見解の構造特性

構造特性	1 年生		2 年生		3 年生	
	クラス規範	私的見解	クラス規範	私的見解	クラス規範	私的見解
許容範囲	9:45 まで	9:45 まで	9:15 まで	9:30 まで	9:15 まで	9:00 まで
強度	15.37	16.22	17.67	17.47	17.74	19.47
結晶度	2.29		1.83		2.52	
一致度		2.48		2.33		3.29
虚構性	1.27		0.68		1.83	

以上のことを要約すれば 1 年生は 3 学年中厳しさの最も低いレベルで比較的虚構性の大きい規範を形成しこれを過寛視しており、2 年生は 1 年生より一段と厳しいレベルに極めて虚構性の小さいクラス規範を発達させているが、3 年生では 2 年生とほぼ同じ厳しさのレベルにクラス規範を維持しつつも、さらに厳しい私的見解をもつことによってこの規範を過寛視しており、結果としてクラス規範の虚構性を大きくしている。

さて、クラス規範および私的見解に関するその他の構造特性を検討してみよう。表 7-4 は学年ごとのクラス規範と私的見解の許容範囲、強度、結晶度(私的見解の場合には一致度)、および虚構性を一覧表にまとめたものである。

規範の示す許容範囲は、1 年生において 9 時 45 分まで、2 年生と 3 年生で共に 9 時 15 分までとなっている。しかしながら、この 2 年生と 3 年生との一致は私的見解においては維持されず、1 年生で 9 時 45 分まで、2 年生で 9 時 30 分まで、3 年生では 9 時までと、学年の上昇につれて範囲は狭くなっている。

規範の強度は 1 年生、2 年生、3 年生の順に大きくなっている。ただしこの場合、2 年生と 3 年生との差はきわめて小さい。一方、私的見解の強度は学年の上昇とともに増大し、2 年生と 3 年生との間にも大きな差が認められる。これらのことは言うまでもなく図 7-1 について上でみたことを量的指標で物語っているに過ぎない。

結晶度に関する指数の示すところによれば、2 年生が最も結晶度の高い規範をもち、次いで 1 年生、3 年生の順に低下している。私的見解の一致度もまた、これと同様の順序を示しているが、この場合には、2 年生と 1 年生との差がそれほど大きくないのに対し、3 年生が著しく大きな分散（不一致）を示していることが注目される。また、クラス規範の結晶度は当然予想されることながら、私的見解の一致度より高い（どちらも等価な尺度値に基づくΣσ^2として比較可能である）。

2. 学院、寮についての意見と「看護婦」のイメージ

次に，質問紙に含まれていた他の質問項目に対する回答を見てみよう。表7-5には3つの質問に対する回答が一括して示されている。まず、「早く学院を卒業して現場で働きたいと思いますか」（Q2）との質問に対する回答は、「早く現場で働きたい」と答えた者は学年の上昇につれて減少し、相対的に「学院に残っていたい」と答える者が増加している。

2つめの質問（Q3）に対する反応、すなわち学院の講義に対する満足度には学年による差がほとんど見られない。

3つめの質問（Q5）、現在のような全寮制がよいか、それとも通学困難な者のみの寮とした方がよいか、という問いに対する回答は、「全寮制がよい」とする者は1年生に約67%、2年生では約10%と減少し、3年生において再び30%へと増加している。「通学が困難な者にだけ寮を提供するのがよい」と答

表7-5　学年別にみた卒業、講義、全寮制に対する態度（%）

	1年生	2年生	3年生
早く学院を卒業して、現場で働きたいと思いますか（Q2）			
1. 早く現場で働きたい	38.1	33.3	25.0
2. 現場で働くかどうかはともかくとして早く卒業したい	38.1	52.5	45.0
3. あまり早く卒業したくない	19.1	9.5	15.0
4. できることならいつまでも学院に残っていたい	4.7	4.7	15.0
計	100.0	100.0	100.0
全般的にみて学院の講義には満足していますか（Q3）			
1. 非常に満足している	0.0	0.0	0.0
2. かなり満足している	14.3	14.3	15.0
3. まあまあというところ	61.9	61.9	65.0
4. どちらかといえば不満である	19.1	23.8	20.0
5. 非常に不満である	4.7	0.0	0.0
計	100.0	100.0	100.0
学院の全寮制についてどう思いますか（Q4）			
1. 全寮制がよい	66.7	9.5	30.0
2. 特に通学を希望する者以外はなるべく寮に入れるのがよい	28.6	66.7	25.0
3. 通学が困難な者にだけ寮を提供するのがよい	4.7	23.8	40.0
計	100.0	100.0	100.0

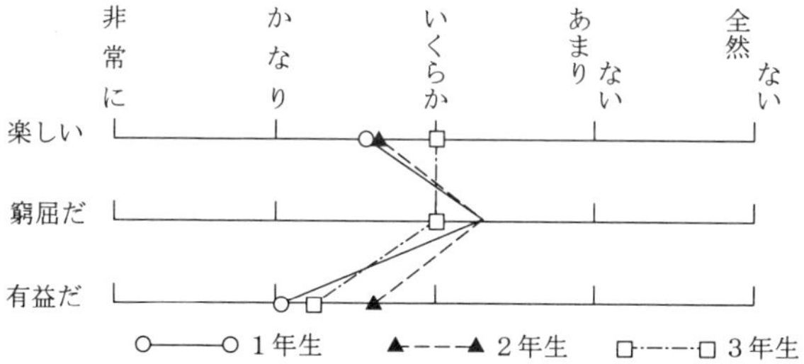

図 7-2　学年別にみた「寮生活」のイメージ

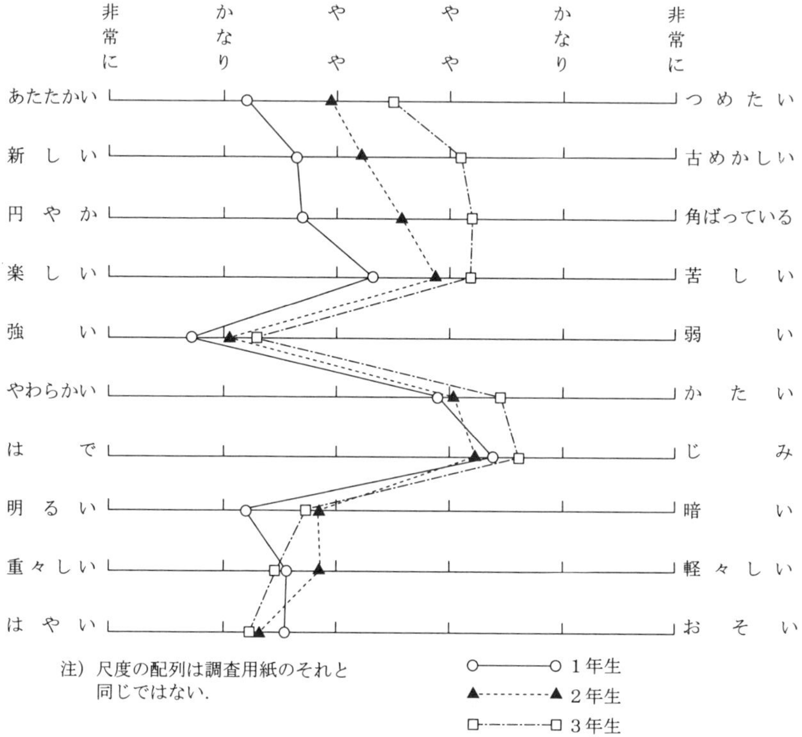

図 7-3　学年別にみた「看護婦」のイメージ

えた者は、1 年生約 5%、2 年生約 24%、3 年生約 40%と学年の上昇につれて増加している。

図 7-2 は寮の生活を「楽しい」「窮くつだ」「有益だ」の 3 つの次元につい

て5段階評定を求めた結果である。すなわち、評定に用いた5段階の回答肢に1～5の重みづけを与え、学年別の平均値を算出して、それを各軸上にプロットしてプロフィール風に線でつないだものである。1年生は相対的に、楽しく、さほど窮くつでなく、しかも有益だと感じている。2年生は、楽しく、さほど窮屈でないという点では1年生と同様であるが、有益さの点で他のどの学年よりも低い評定を与えている。3年生は相対的に、楽しさを低く評定し、窮くつさの程度を高く評定しているが、有益さの点では、2年生よりも高い（しかし、1年生には及ばない）評価を与えている。

図7-3はセマンティック・ディファレンシャルの手法を借りて、「看護婦」のイメージを訊いた結果である。あたたかい－つめたい、新しい－古い、円やか－角ばっている、楽しい－苦しい、などの次元では学年の上昇とともに好意的な極から非好意的な極の方向への変化がみとめられる。また，十分顕著な傾向とは言い難いが、重々しい－軽々しい、はで－じみ、などの次元では1年生から2年生への変化の方向が3年生で反転しているのが注目される。すなわち、2年生は1年生よりも相対的に軽々しい、はでの方向に見ているが、3年生ではかえって1年生以上に重々しく、じみな職業とみるようになっている。

考察と結論

以上の結果は、学年開始後約100日を経過した時点で全学年一斉に実施した質問紙調査の分析から得られたものである。学院の教務主任の印象によれば、入学年次の違いによってクラスの個性ともいうべき一定の傾向がみとめられるという。したがって、入学年次の異る3つの学級（各学年1学級）を同時に調査するという現在の方法（cross-sectionalな比較）では、同一学級を3年間にわたって継時的に追跡調査するという方法（longitudinal な追跡）ほどには、学年の上昇による成員の態度やクラス規範への影響を正確に捕捉することはできないであろう。しかしながら、このような学級の個性については未だ十分客観的な測定がなされておらず、また、それが今回の調査結果に対してとくに特定方向への歪みをもたらすであろうという明確な予測も成り立ちがたい。したがって、この点に関する誤差の解明は後の研究にまつこととし、ここでは一先ず上でみた分析結果をもっぱら学年の上昇という独立変数と関連させて考察することにしたい。

さて、学年の上昇とはどういうことであるか。それはまず、看護学院という集団（同時にそれは寮集団でもある）への所属期間の増大を意味する。今回の調査においては、1年生のそれは3か月余、2年生で1年3か月余、3年生で2年3か月余であった。所属期間の増大は専門知識・技術の増大を結果し、一方で個人の将来に対する（この場合、とくに「看護婦」という職業生活に対する）展望をますます明確ならしめ、現実的ならしめると同時に、他方においては、集団成員としての個人に社会的勢力、特に French & Raven (1959) のいう expert power を賦与することになる。最後の点は、さらに自治寮管理上の責任の増大と相まって、集団内地位の上昇を結果する。集団内地位の上昇は、さらに個人の判断や行動における自律性を高めるであろう。

学年の上昇はまた、集団所属の終期への接近でもある。一般に、教育訓練を目的としたこの種の公式集団では、予め所属の期間が明示されており、成員自身（ただし、学生だけ）もその期限満了の後には集団から離れていくべきことを承知している。というよりは，むしろこの集団離脱〔卒業〕こそ成員の目標なのである。

このように複雑な条件変化を意味する学年の上昇（集団所属期間の増大）は、この次元にそって形成される3つの下位集団（学年）の帰寮時刻に関するインフォーマル規範の構造的特性とどのように関係するであろうか。一般に集団所属期間の増大は,集団規範のより明確な認識と内在化をもたらす(たとえば Siegel & Siegel,1956 および安藤,1960 など)。われわれの資料において、2年生と3年生の規範が,1年生のそれよりも小さい虚構性と高い結晶度を示したことは、この関係を支持しているものと解される。

しかるに、集団所属期間の増大は、無限に一方向への変化を進行させたり、あるいは一定水準での安定を持続させたりするのではなく、むしろ一定の水準に達した後再び虚構性を増し結晶度を低下させるという逆向きの変化を促し始める、という事実をも本研究は明らかにした。このような変化には、寮生活の「有益さ」の評定や全寮制に対する態度、あるいは「看護婦」のイメージに関するいくつかの次元の評価などにおける同様の変化が伴っている。

一度ある水準で安定に達したクラス規範が、再び不安定化の方向に変化し始める、というこの現象はどのように説明されるであろうか。まず第1に、学年の上昇による集団内地位の上昇ということが挙げられる。自治寮管理の責任は3年生において一層増大するであろう。私的見解の学年平均がこの学年において最も厳格であることもその表れと見ることができる。ところがこの最も厳格な私的見解も、その成員間一致度はきわめて低い。この一致度の低下は集団内地位の上昇に伴う各成員の判断における自律性ないし独立性の増大を意味するものと解される。3年生のクラス規範に見られる結晶度の低下は、この私的見解の一致度の低下が影響しているものと考えられる。

第2に、所属終期への接近からくる心理的動揺という要因が考えられる。所属終期〔卒業〕への接近は、個人をして集団離脱後の新しい生活の展望へと眼を向けさせるであろう。「看護婦」のイメージ調査にみられた、つめたい、古めかしい、角張っている、苦しい、よわい、かたい、など多くの次元での非好意的評価への移行や、重々しい、じみ、などの次元に見られた反転は、新しい生活への展望が決してバラ色ではなく、むしろいくぶん暗いものであることを示唆している。そして、「できることならいつまでも学院に残っていたい」あるいは「あまり早く卒業したくない」などの回答が増加している点を考慮すれば、この時期の3年生は、2年生と比べて相対的に心理的安定を欠いているものと思われる。それはまた、寮生活を「より窮くつだ」と感じていながら、それでもやはり「有益な」ものと再評価している点にも読み取れる。このような状況も3年生のクラス規範の不安定化に反映しているものと理解することができるであろう。

本研究は一高等看護学院の全寮生を対象とする事例研究である。この学院を母集団とみなす限りにおいて近似的に全数調査であったため、分析結果に対する推計学的検定は行わなかった。もちろんそのような場合でも、結果の一般性を保証するため、測定の対象となった諸特性の偶然的発現要因を考慮して、一応無限母集団を仮定した推計学的テストを適用する方法もあるが、われわれは今回その方法を採らなかった。われわれが資料を得た調査対象は、そのような推計学的テストに耐えるほど大きなサイズの標本ではなかったし、推計学的テストのもつ形式性によってあまりにも多くの観察が捨象されることを望まなかったからである。このことは当然、見出された結果の一般性を大いに限定することになる。本研究はあくまで一例研究に過ぎない。ここで観察された諸結果ならびにその解釈は、さらに第2、第3の事例研究によって慎重に吟味されなければならない。

本研究は、集団規範の構造特性が集団所属の期間の差異によってどのように規定されるか、という問題に光を当てようとしたものである。所属期間の増大は、単に規範の安定化（虚構性の減少ならびに結晶度の上昇）を一方向的に促進したり、それが一定水準に達したときそれをそのまま維持したりするだけでなく、ある種の集団（一定期間の後にそれからの離脱が予定されているような、一般に教育訓練を目的とする公式集団）においては、所属期間がある長さを超える時点から、逆向きの過程つまり規範の不安定化への過程を進行させるものであることが明らかにされた。

要　　約

1）全寮制を採っている看護婦養成機関の全学生64名（各学年1クラスずつの3学年、計3クラス）を対象に質問紙調査を実施して、寮の門限に関するクラスの非公式な規範および学院生活の諸側面に対する認知や態度を測定した。

2）門限に関するクラス規範と私的見解の学年間比較によれば、クラス規範は学年の上昇とともに厳しいものへと変化していた（強度の増大）。とくに1年生から2年生へとこの変化が顕著であった。規範の虚構性は1年生（過寛視）から2年生へと著しく減少したが、2年生から3年生（過寛視）へ再び若干の増大を示した。規範の結晶度は1年生から2年生へと上昇し、2年生から3年生へと再び低下した。

3) 学年の上昇すなわち集団所属期間の増大がもたらす、クラス規範の安定化とその後の不安定化への傾斜という現象について、他の資料を含めた総合的考察がなされた。とくに 2 年生から 3 年生への不安定化現象については、集団内地位の上昇に伴う判断の独立性、集団所属終期（卒業）への接近に伴う心理的動揺などによる説明が試みられ、一定期間所属の後それからの離脱 (卒業) が予定されているような、一般に教育訓練を目的とする公式集団の特殊性が注目された。

注記：
＊本研究は筆者が「社会心理学」担当の非常勤講師として勤務した看護婦養成機関において行われた。快く研究の機会を提供して下さった教務担当の先生方と調査に協力して下さった学生の皆さんに厚くお礼申し上げる。

第8章 寮の門限に関する非公式規範の変動：継時的研究

問　題

制度的集団に、フォーマルな諸過程とインフォーマルな諸過程とを区別することは、すでに広く行われている[注1]。本研究も集団の規範現象におけるフォーマルな過程とインフォーマルな過程との二重性に着目し、とくに後者に焦点を合せて分析を試みようとするものである。規範現象におけるこの二重性は、学校などのような、一般に何らかの教育訓練を目的とする制度的集団において、特に顕著であり、それがもつ実践的意義も大きい。なぜなら、教育的配慮をもってフォーマルに制定された諸規範（諸「規則」）がどれほどの実効性をもち得るかは、そこに発展してくるインフォーマルな規範過程に大きく依存しているからである。インフォーマルな規範過程は、時として「規則」が意図する教育的効果を著しく減殺したり、場合によっては全く逆の効果を招来することさえある。インフォーマルな規範過程の解明は、実践的にも理論的にも有意味な努力と言えよう。

本研究は、フォーマルな規範過程とインフォーマルなそれとの対応関係を直接問題にしたものではない。方法論的には前者をひとまず与件の一部とみなし、後者が集団ないしは下位集団の他の諸過程、たとえば集団所属期間の増大や準拠集団の推移などに影響されてどのように変動するかを検討することによって、インフォーマルな集団規範の形成過程を明らかにしようとしている。前者に対する後者の関係は、このような分析作業の中で間接的にかつ部分的に考察されることになるであろう。

われわれは先に、全寮制の看護婦養成機関において寮の門限に関するインフォーマルなクラス規範が、集団所属期間の増大（1 年生から 3 年生への学年上昇）によって、学生生活の諸側面に対する認知や態度とともに、どう変化するかを、cross-sectional な方法で検討した（佐々木, 1965：第 7 章）。結果の概要はつぎの通りであった。①1 年生から 2 年生にかけて、クラスのインフォーマル規範は寛やかなものから厳しい（わずかな遅刻をも厳しく罰すべしと要求するような）ものへと変化し、同時に結晶度が高まり、虚構性が著しく減少するなど、規範としていっそう安定したものとなった。②2 年生から 3 年生にかけては、規範の厳しさは 2 年生時の水準に維持されつつも、3 年生時における私的見解の変化に先導されて虚構性が増大し、結晶度が低下するなど、クラス規範はふたたび不安定化に向かう。③このような変化は、学年上昇にともなう集団内地位の上昇、判断の独立性、集団離脱（卒業）を目前に控えた心理的動揺などを示唆する他の資料と関連づけて解釈できた。しかしながら、この研究は上述のとおり、cross-sectional な方法、すなわち 1 時点における 3 学年の横断的比較によるものであるから、一見「学年の上昇による変動」と思われるもののなかに、各集団の「個性」差が混入している可能性がある。

本研究は、このような歪みを縦断的 longitudinal な研究法によって補正しようと意図して着手されたが、研究の進展にともない、研究の目的はいくぶん拡張されるに至った。以下にそれらの目的を明細化しておこう。

研究の目的：教育訓練を目的とする制度的集団（高等看護学院）の学生寮の門限に関するインフォーマルな規範過程が、時間的経過とともに示す変化を追跡する。この追跡調査によって次の諸点を検討する。

1）調査開始の時期が、たまたま学生による寮の自主管理移行の時期と重なっていたので、上記の変化過程の追跡は、この管理方式がインフォーマルな規範過程に及ぼす効果をも明らかにする手掛りを与えるであろう。その効果はどのようなものであろうか。

2）制度的には「学年の上昇」という形で規定される集団所属期間の増大、およびそれに附随する成員の諸変化が、これら学年的下位集団のインフォーマルな規範過程に及ぼす効果を明らかにする。先の横断的研究（第 7 章）で見出された学年上昇による変化が、今回の縦断的研究によっても確認される

表 8-1　調査対象および調査票回収状況

調査		1 年生		2 年生		3 年生	
回	実施年月	在籍数	回収票	在籍数	回収票	在籍数	回収票
Ⅰ	1964.7	21	21	22	21	21	20
Ⅱ	1965.7	27	27	21	20	22	21
Ⅲ	1966.7	22	22	27	26	21	20
Ⅳ	1967.2	−	−	27	27	−	−

であろうか。

3) インフォーマルなクラス規範の変化は、成員たちの私的見解の変化とどのように関係し合っているであろうか。

4) 上記の諸点を、学院生活全般にわたる諸事情の中で理解するため、関連する資料を幅広く収集する。

方　法

調査の対象は、福岡県北部の某国立病院附属高等看護学院に 1964 年度、1965 年度、1966 年度に在学した学生（全員女子）計 113 名である。この学院は、高等学校卒業生またはこれと同等の資格をもつ者の応募者中から、毎年春選抜試験によって 20 名程度（1965 年度のみ 30 名程度）を選んで入学させ、これを 1 クラス（すなわち、1 学年 1 クラス）として 3 年間看護婦となるための教育訓練を施す。学生は学院の課程終了時に国家試験を受け、看護婦の資格を得て卒業する。調査は上記各年度の在学生全員を対象にして約 1 年間隔で 3 回、さらに最終年度の 2 年生のみを対象とした補足的調査を 1 回、合せて 4 回行なった（ただし、初回調査は第 7 章に報告したものと同じである）。各調査時における学生の在籍数は、表 8-1 に示す通りであった。

学生は全員入学と同時に「学生寮」と呼ばれる寄宿舎に入り、卒業までの 3 年間をここで過ごす。寮は、学院当局の制定した寮則と、寮生（学生）が自主的に定め学院長（病院長が兼務）の承認を得て 1964 年 4 月に発効した寮則細則（以下、単に「細則」と略す）とに則って運営されている。寮則によって舎監 1 名（学院の教務員が兼務）が置かれているが、細則の発効以来、寮の管理運営は実質上学生たちの自治にゆだねられている。

本研究の主題をなしている寮の門限すなわち帰寮時刻その他に関する規定は、細則の中にある。原文は第7章で紹介してあるので、ここでは要点のみ記しておく。平日の門限は4月－10月の間午後9時、11月－3月の間午後8時とされ，土曜・日曜・祭日はそれぞれ1時間遅い〔細則20条〕。時間外外出は舎監の許可を得、週番または寮長に届出なければならず〔細則22条〕、外出先での止むを得ない理由によって、定められた時刻までに帰寮できない場合は、速かに適当な方法で舎監に連絡し許可を受けなければならない〔細則24条〕。また、外泊の際は外泊簿に記入し舎監に提出して許可を受け、外泊手帳に外泊先で認印を受けてくる制度〔細則23条〕があったが、1965年度以降この外泊手帳は廃止された。細則の諸規定が守られ、「円滑な寮生活が営まれるよう」3段階の罰が設けられている。第1度：補食室当番、第2度：補食室当番＋清掃当番、第3度：第2度十補食室当番1週間〔細則40条〕とし、罰則は寮長がその権限によって課することができる〔細則41条〕。ただし、寮長は寮生中より公選される〔細則4条1項〕。実際には毎年秋に2年生中より選出され1年間つとめる。3年生の後半は国家試験の受験準備のため忙しくなるからである。

調査は、質問紙法（無記名）により、学院の講義時間の1部を割いて、学年別に実施された。表8-1に示すように、各年度とも7月に全数調査を行ない、最終年度の終わり近く（1967年2月）に2年生だけを対象に補足的調査を行なった。表中に見る如く、2年生および3年生の1部において1名の調査不参加者（調査当日に欠席）を出したが、いずれも一時的疾病その他の不可避的理由によるもので、調査内容に関連した特定の偏向を意味するものではない。因みに、これを調査票の回収率で表わせば最も在籍数の少ないクラス（21名）の場合でも95.3%、22名のクラスで95.5%、最大の27名のクラスの場合96.3%、この他に100%の回収率を得た4クラスを含めて全体の率を算出してみれば、97.4%となる。このことは、この期間の全学院生を母集団と指定する限りにおいて、近似的に全数調査が達成されたみなしてよいこと、したがってその限りにおいては、推計学的検定を要しないことを意味する。もちろん、このような場合にも、結果の一般性を保証するために無限母集団を仮定して推計学的検定を適用する方法もあるが、今回も前回（第７章）通り敢えてその方法を採らなかった。標本としての調査対象集団のサイズ、問題となっている現象の微妙さを考慮するとき、推計学的検定のもつ形式性によってあまりにも多くの観察が捨象されてしまうことを望まなかったからである。結果として、本研究は１つの事例研究たるに止まらざるを得ない。

質問票には、寮の門限に関する回答者自身の私的見解（以後、簡単に「私的見解」と略する）およびクラス成員に共有されていると認知される期待すなわちクラスのインフォーマルな集団規範（以後、簡単に「クラス規範」と略称する）を測定する項目（それぞれ巻末掲載の付録Ⅱの Q18 と Q19：第７章の方法に示した Q7-A と Q7-B と同じ）のほかに、学院の正課および正課外の諸活動、将来に対する希望などに関する質問が含まれていた。初年度（1964年度）の調査に用いられた質問票は、次年度の調査時に大幅に増補されたが、共通の項目は比較の便を考慮して敢えて訂正を加えなかった。初年度使用の質問票は巻末の付録Ⅰに、次年度以降の調査で使用した質問票は付録Ⅱに掲載されている。

以上の資料のほかに、上記の最終回質問紙調査終了後約２年たって、調査対象年度中（1964 年 4 月－ 1967 年 3 月）に発生した寮則細則違反例、時間外外出の件数等を、学院当局ならびに寮生自治会の了承を得て、当時の記録から採取した[注2]。なお、調査結果分析の種々の段階で、学院の教務員その他の方々から数々の情報や示唆を得た。

結　果

分析結果は、規範過程そのものを直接取り扱った部分と、学院生活のその他の諸側面を取り扱った部分とに分けて、順次提示する。

1. 規範過程の分析

1）全般的推移：自主管理移行の効果

「もしあなたのクラスの人が平日に無断で外出し、次のような時刻に帰って来たとしたら、どの程度の罰を与えるのが適当だと思いますか。ただし、罰の程度は、第 1 度：補食室当番、第 2 度：補食室当番＋清掃当番、第 3 度：第 2 度＋補食室当番 1 週間とする（寮則細則第 40 条）」と訊き、午後 9 時 15 分、9 時 30 分、9 時 45 分、10 時、10 時 30 分、11 時、11 時 30 分、12 時、12 時を過ぎて、の各場合について回答を求めたものを各学年ごとに集計し、「罰しない」「第 1 度」「第 2 度」「第 3 度」の順にそれぞれ 1、2、3、4 のウェイトを与えて[注3]平均値を算出した。各場合ごとの平均値をグラフに目盛って線で結ぶと図 8-1 に点線で示されている曲線すなわち私的見解が得られた。また、上の質問のあとをうけて、さらに「このことについてあなたのクラスの他の人たちはどう思っているでしょうか。全体的に考えて、もっとも多くの人が答えるだろうと思われるところを上と同じ要領で答えて下さい。」と求めたが、これにも先と同様の処理を施して、図 8-1 に実線で描かれているリターン・ポテンシャル曲線を得た。これらの曲線は、門限過ぎの帰寮に対してクラスの大多数から期待されている（と回答者たちが認知している）罰の程度の分布すなわちクラス規範を表わしている。[注4]

さて、図 8-1 には左から順に、1964 年 7 月、1965 年 7 月、1966 年 7 月に測定された各学年の「私的見解」（点線）と「クラス規範」（実線）が示されている。まず目につくのは、年を追って学年間の差異が縮まっていることであろう。これは「私的見解」についても「クラス規範」についても当てはまる傾向である。1964 年は寮生による寮の自主管理を推進する寮則細則が発効した年である。調査は、この細則発効（同年 4 月）後約 3 カ月を経過した時点（7 月初旬）を初回とし、以後 1 年間隔で 2 回目と 3 回目を実施したのであるから、この傾向は、少くとも部分的には、寮の自主管理移行の効果を反映しているものと思われる。もちろん、対照群を設けていないから、厳密な意味でその効果を立証することはできないが、理論的にはかなりよく説明のつく現象だと言えよう。すなわち、寮全体が共通の規則の下で 1 つの共同体として自主的に管理運営されるようになると、学年サブグループ間の相互作用が促進され、これがサブグループの規範を一元化するのに寄与したものと解される。

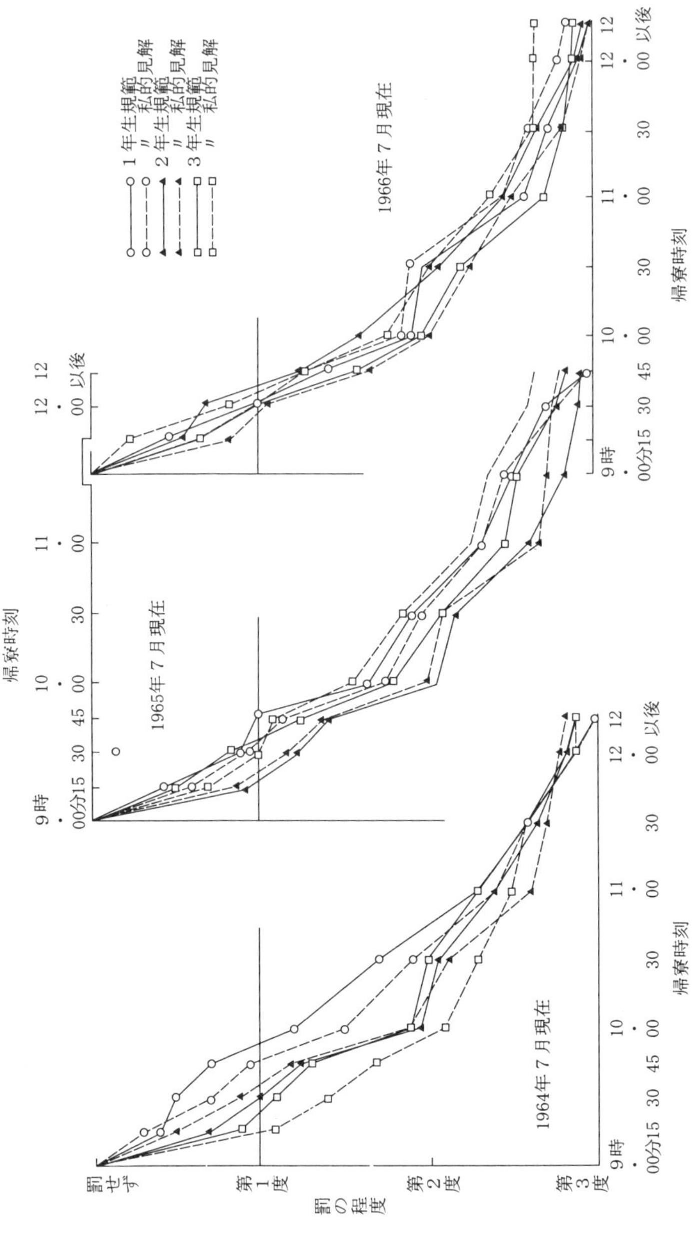

図8-1　3調査時点における各学年のクラス規範と私的見解

2）学年の上昇による規範過程の変動

資料の細部を検討するに先だって、用語の意味を明確にしておこう。クラス規範は、曲線上の任意の点からグラフの横軸に下した垂線が長いほど、したがって図の下方に描かれているほど「厳しい」と言える。なぜなら、それは門限を過ぎた任意の時点における帰寮に対してより大きな罰が期待されていることを意味するからである。逆に図の上方に描かれた曲線ほど「寛やかな」規範を表わしている。いま同一クラスの私的見解とクラス規範とを比較して、両者にズレがあるとすれば、これはクラスの成員たちが総体としてかくあるべしと実際に意志していることと、それに対する成員たちの全般的認知とが喰い違っていることを意味する。私的見解とのズレの大きいクラス規範は虚構度の大きい規範であって、このような規範は、成員からの内面的同調を確保し難いこと、そしていずれ成員間の相互作用を通じて、「多元的無知」（plural ignorance）が解消し、全体的意志の所在が正確に認知されるに至れば、私的見解の方向へ変化する可能性を孕んでいるという点で、「不安定な」基礎の上に立つ規範だと言えよう。規範の虚構性には２種が区別される。規範が私的見解よりも厳しい方向にズレている「過厳視」によるものと、私的見解より寛やかな方向にズレている「過寛視」によるものとである。これを図についてみれば、実線（クラス規範）が点線（私的見解）より下方にズレているのが過厳視で、反対に上方へズレている場合が過寛視である。

さて、学年の上昇にともなって、何らかの規則的な変動がみとめられるであろうか。図 8-1 の左端のグラフは初年度（1964 年 7 月）の調査資料によるもので、すでに前章でみた通り、次の諸点が読み取れる。(1) 1 年生のクラス規範は、相対的に最も寛やかな水準にあって、なお過寛視されている。(2) 2 年生は 1 年生より一段と厳しい水準に、虚構度のきわめて小さい規範をつくり上げている。(3) 3 年生のクラス規範は、2 年生とほぼ同じ水準の厳しさにあるが、顕著な過寛視によってその虚構度は再び大きくなっている。

このような学年変動は、その後の調査資料によっても確認できるであろうか。図 8-1 に示された 1965 年 7 月の調査資料（中央）と 1966 年 7 月の調査資料（右端）ついてみる限り、同型の関係は見出し難い。このような学年集

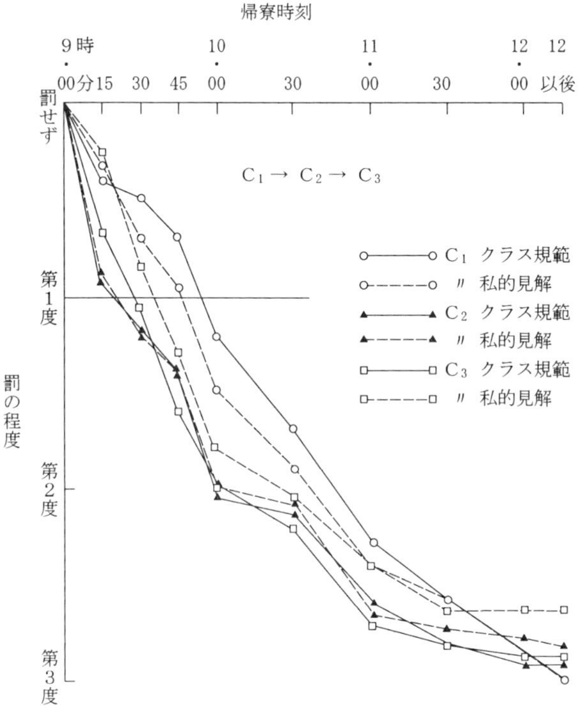

図8-2　Cクラスにおけるクラス規範と私的見解の3年間にわたる経年変化

団の横断的比較には、方法的に次のような難点がある。1つには、学院の教務員たちが長年の経験からよく口にする「クラスの個性」が、学年差を汚染している可能性がある。2つには、クラスの規模の差異（定員20人と30人）が無視されている。

クラスの個性差を消去して学年推移の実質的影響を浮かび上らせる1つの方法は、継時的分析である。初年度の調査時に1年生であったクラスの学生（つまり1964年度入学生）については、その後の2回の調査で、2年生時、3年生時の資料が揃っている。これらの資料を前と同様の手続きによってグラフ化したものが図8-2である。これを先の図8-1の左端のグラフと比較してみると、3年生時の私的見解の位置関係が異なるだけで、他の曲線の相対的位置関係は全く同型であることに驚かされるであろう。前の横断的比較では

3年生で過寛視が見られたのに今回の縦断的追跡では過厳視が生じている。これも3年生における虚構性の増大という点では共通だが、方向が異なっているのである。この点については、学院の教務員の証言なども含めて後に詳しく考察するが、理由はともかく、3年生の私的見解はクラス規範から乖離する傾向があり、それによって規範の虚構性は増大する。この点を考慮して1年生から3年生までの変化を次のようにまとめることができよう。(1) **1年生時相対的に最も寛やかな水準にあってなお過寛視されていたクラス規範は、2年生になると一段と厳しい水準へ移行し、同時に虚構度を著しく減少させる。**(2) **このような安定した2年生時の規範は、3年生になると厳しさの水準はそのまま維持しながらも、私的見解の乖離によってその虚構度を再び増大させる。**

しかし、これとても1964年度入学生という1つのクラスが辿った推移にすぎない。さらに他の資料を用いて、この推移の一般性が検討されなければならない。4回の調査によって入手した資料の構造を図示すると、図8-3の如くである。すなわち、AからEまで入学年度の異る5つのクラスが含まれていて、1年生から2年生への変化については、先に図8-2でみた $C_1 \to C_2$ のほかに $D_1 \to D_2$ が、また2年生から3年生への変化については、$C_2 \to C_3$ のほかに $B_2 \to B_3$ がある。これらの資料を用いて、上でみた規範過程の学年的推移の一般性を検討してみよう。

まず図8-4の左図 (a) は、Bクラスの2年生から3年生への変化（$B_2 \to B_3$）をみたものである。比較を容易にするため、$C_2 \to C_3$ の変化（図8-4の右図 (b)）を並べて示しておいた。9時15分と9時30分の3年生時私的見解にわ

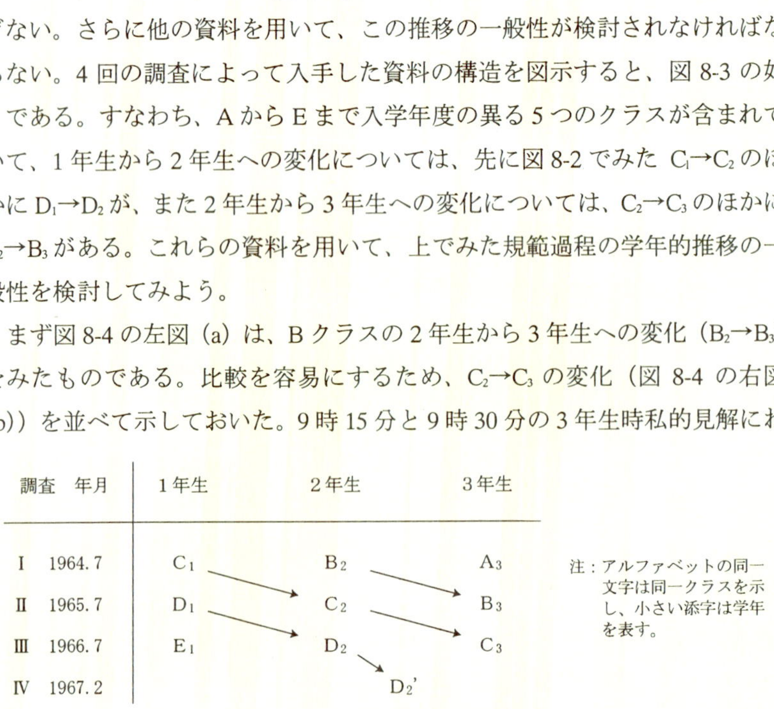

図8-3　入手した調査資料の構造

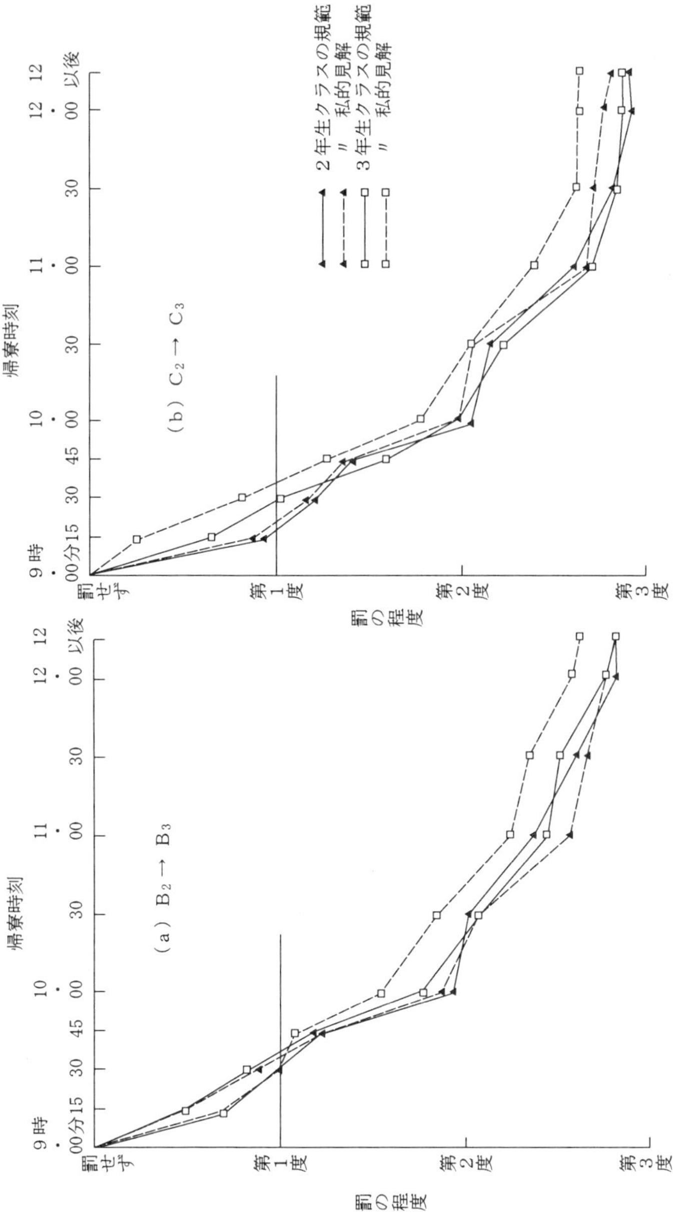

図 8-4　２年生から３年生への経年変化

ずかな変則がみられるものの、全体としてはC_2→C_3の変化と同型である。つまり、上記（2）を支持しているとみなされる。

次に図 8-5 は、C_1→C_2と対比できるように描かれたD_1→D_2とD_1→D_2'である。なお、D_2'は 1967 年 2 月すなわちD_2調査後約半年たって、このクラスのみを対象に行なった補足的調査の資料である。D_1→D_2においては（図 8-5（b））、2 年生時のクラス規範が未だ 1 年生時の規範とほぼ同水準の厳しさに止まっているため、私的見解はすでに一段と厳しい水準へ移行しているにもかかわらず、上記（1）の関係は見出せないが、D_1→D_2'では全般的に学年差が縮小しているにもかかわらず、C_1→C_2とほぼ同型の変化が現れている。このことは、C クラスがC_1からC_2までの 1 年間に達成した変化を、D クラスはD_1からD_2'までの約 1 年半をかけて達成したことを表わしている。この意味からすれば、1 年生、2 年生、3 年生などの表現は字義通りの学年を指すというより、むしろ全在学期間の初期・中期・後期とでも称すべき時期の相対的順序関係を指しているに過ぎないとみるべきであろう。このような修正によって上記（1）の関係は D クラスの資料についても支持されたとみてよいであろう。

因みに、C クラスが 1 年で達成した変化を、D クラスは約 1 年半かけてようやく達成できたのは何故か、という疑問に対しては、クラスのサイズの相違を指摘することができるように思われる。[注5] 表 8-1 で見たように、C クラスは 21 名であったのに、D クラスは 27 名であった。集団のサイズの増大が集団規範の変容を遅延させるという現象は、理論的にも興味深い。

さてここで、3 年生時における虚構度の増大という現象について検討しておきたい。われわれの資料によれば、3 例中 2 例が過厳視の方向に、残りの 1 例が過寛視の方向に虚構度を増大させている。これだけの資料からは，どちらの方向をとるのが一般的であるかは判断できない。学院の教務員たちによれば、クラスにはそれぞれの個性があると同時に、それらが相互作用をなしているという。たとえば、非常に厳しい上級生が卒業したあとには、これに反発した次年度の 3 年生が寛やかな見解に傾くなどである。そうだとすれば、所与の 3 年生が過寛視に進むか過厳視に進むかは、そのクラス固有の傾向と、それが置かれている周囲の状況と、さらに両者間の相互作用という複

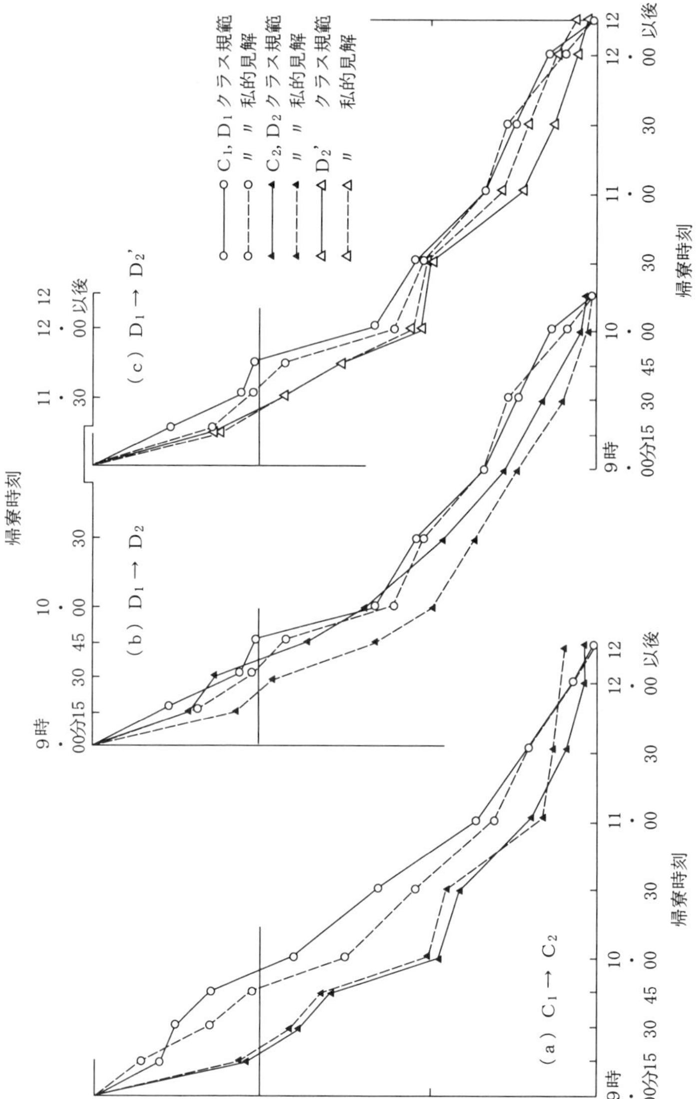

図 8-5　1年生から2年生への経年変化

表 8-2　各学年のクラス規範の結晶度（$\Sigma\sigma^2$）

調査	1年生	2年生	3年生
Ⅰ	C_1　2.29	B_2　1.83	A_3　2.52
Ⅱ	D_1　2.73	C_2　1.92	B_3　3.68
Ⅲ	E_1　2.19	D_2　3.29	C_3　3.34
Ⅳ		D_2'　2.31	

雑な諸要因によって決まるということになる。しかし、いずれの方向を取るにせよ、3 年生時に虚構度が増大するという傾向には一般性を認めてよいように思われる。このことは規範の結晶度に関する次の資料と関連づけることによって、いっそうよく確証される。

表 8-2 は、クラス規範の結晶度を、クラス別調査時別に比較したものである。規範の結晶度は、1 年生→2 年生へと高まり（表中の数値が小さいほど結晶度は高い）、2 年生→3 年生で再び低下することが読みとれる。ここでも D_2 は例外的な値を示しているが、D_2'との関係でみれば、変化がいくらか遅延したものとして理解できる。これは先に規範の虚構性について指摘したこのクラスの動向とよく一致している。

以上を要約すれば、学年の推移によるクラス規範の変化には一定の規則性が認められる。すなわち、(1) 1 年生時相対的に最も寛やかな水準にあって、なお過寛視されていたクラス規範は、2 年生になって一段と厳しい水準へ移行し、同時に虚構度を著しく減少させる。(2) 相対的に厳しい水準にあって極小の虚構度に達した 2 年生時のクラス規範は、3 年生になっても厳しさの水準にはほとんど変化がみられないが、私的見解の変化によって再び虚構度を増大させる。(3) 規範の結晶度は、1 年生から 2 年生へと高くなり、2 年生から 3 年生にかけて再び低下する。この変化は虚構度の変化と軌を一にしている。

3）私的見解とクラス規範との関係

図 8-5（a）と（b）との比較は、規範の変動に関する興味深い事実を示唆している。C クラスにおいては、C_2 時点で私的見解もクラス規範ともに一段と厳しい水準へ移行して、よく重なり合って規範の虚構度を著しく小さくしている（図 8-5（a））。それに比べて D クラスでは、クラス規範が D_1 時点から

D_2時点へとわずかな変化しか示していない。その変化は、11時帰寮から12時帰寮へかけて少し厳しい水準への移行がみられる程度である。しかし、私的見解の方は、D_1時点ですでに当時のクラス規範よりいくぶん厳しい水準にあったとはいえ、D_2時点で一段と厳しい水準へ大幅な移行を示していた（図8-5（b））。これはC_1→C_2における私的見解の変化と一致する。つまり、Cクラスでは1年後に私的見解とクラス規範が共に一段厳しい水準への移行を達成していたのに、Dクラスでは私的見解のみがこの移行を達成し、クラス規範の移行は大幅に遅延していて、わずかに11時・12時帰寮という極端な規則違反への対応に小さな変化を見せていたに過ぎなかった、と解釈されるのである。Dクラスの規範に見られるこの遅延は何に起因するのであろうか。それはクラスのサイズであろう、というのがわれわれの仮説である。

そこで、次のような作業仮説が立てられ、D_2'時点での補足的調査が企画された。学年上昇にともなう諸条件の変化は、学生個々人の私的見解を変化させる。この変化は個別に進行するから当初は見解の一致度が低いであろう。しかし、その変化が学年上昇という共通の条件変化に基づくものであれば、変化した見解はしだいに一致度を高めていくであろう。そしてある時点で構成員がそのことに気付くと、クラス規範に変化が生じることとなろう。クラスのサイズが大きければ、私的見解が高い一致度を達成するのにも、そのことに全員が気付くのにも、より長い時間を要するであろう。このように考えると、D_2で見られた私的見解とクラスの規範との関係は、C_1とC_2で見られたそれらの関係の中間段階にあるものと考えることができる。つまり、D_2は1年生から2年生への学年上昇の影響が私的見解にはすでに現われているのに、クラスの規範にはまだ現われていない状態を示しているものと解され、もう少し時間が経過すればクラス規範が私的見解の方へ移行し、C_2の状態が達成されるであろうと予測されたのである。

そして試みにD_2の約半年後Dクラスのみを対象に補足的調査を行ったところ、ほぼ予測通りのD_2'が得られたのである。すなわち、D_2'においてクラスの規範は、かつてD_2の私的見解が位置していた水準に向って移行しており、その結果、C_2と同様に虚構度を著しく縮小していることが見出されたの

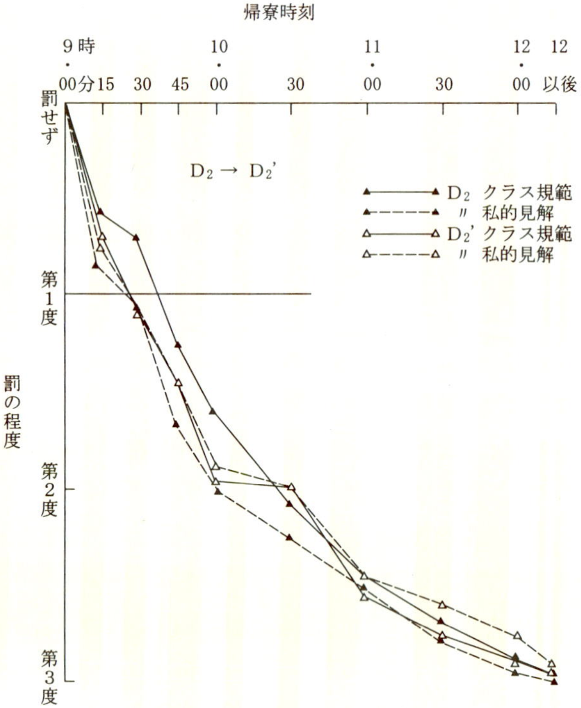

図 8-6　D クラスにおける 1966 年 7 月から 1967 年 2 月への変化

である。

これらの結果は、クラス規範の移行が（クラスの平均的な）私的見解の移行に先導されるものであることを物語っている。図 8-6 は、図 8-5（b）および（c）からそれぞれ D_2 および D_2'を抜き取って $D_2 \rightarrow D_2'$の形にまとめたものである。

この図によれば、クラス規範が D_2'時においてようやく D_2 時の私的見解の水準に達したとき D_2'時の私的見解は遅い帰寮時刻に関する部分から厳しさの水準を低下させつつある過程がうかがえる。他の資料との関係からみて、これは 3 年生時における虚構度増大への過程がすでに始まっているものと解することができる。このようにみてくると、前にみた 1 年生時における過寛視という一般的現象も、実は 2 年生時の規範への移行の始動状態と解すること

表 8-3　各学年における私的見解の一致度（$\Sigma\sigma^2$）

調査	1年生	2年生	3年生
I	C1　2.48	B2　2.33	A3　3.29
II	D1　2.50	C2　2.43	B3　4.51
III	E1　3.95	D2　2.82	C3　6.08
IV		D2'　3.19	

ができるのである。

ここで次の疑問が生じる。私的見解の移行は無条件にクラス規範の移行をもたらすものであろうか。たとえば、C_3にみられる私的見解の水準下降は、半年余の後に予定されている卒業式以前に、クラス規範の水準下降をもたらすであろうか。残念ながら、卒業式直前の調査資料を入手していないので、この点を直接テストすることはできないが、否定的な解答を予想させる間接的な資料がある。表 8-3 がそれである。この表の数字は、さきに表 8-2 でクラス規範の結晶度を算出したのと同じ手続にしたがって出した、私的見解の一致度を表わす数値（$\Sigma\sigma^2$）である。値が小さいほど一致度が高いことを表わす。これによると、C_3のみならず、一般に３年生時の一致度はきわめて低い。先に $D_2 \rightarrow D_2'$の変化についてみたように、私的見解がクラス規範の移行をもたらすには、ある高さの一致度を達成していなければならないように思われる。D_2における私的見解は 2.82 の一致度を達成しているが、C_3におけるそれは 6.08 である。前者がこのように高い一致度をもって約半年後に D_2'の規範移行を得たことを考えるとき、後者がこのように低い一致度をもってほぼ同じ期間内に同様の規範移行を達成できる確率はきわめて小さいと言わねばならない。

これを要するに、この種のインフォーマルな集団規範の移行ないし変容は、成員たちの私的見解の変化がある程度の一致度を達成したとき、これにいくらか遅れて生起する、と結論づけてよいであろう。

2. 学院生活の諸側面に関する資料の分析

1）**楽しいこと**：「今の生活で一番楽しいことはどんなことですか。」（Q2）という問いに対する自由回答を、（a）学友たちとの共同生活の中で得られる楽しみ―たとえば、「夜みんなとおしゃべりすること」「クラブ活動」「みんな（寮生）とピクニックや山登りすること」など、（b）独りで見出す楽しみ―た

表 8-4　今の生活で一番楽しいこと（クラス別にみた 10 分率の学年推移）

クラス	1 年生時		2 年生時		3 年生時
(a) 共同生活の中で得られる楽しみ					
B			7.0	→	1.9
C	7.0	→	6.1	→	4.4
D [D']	5.2	→	2.4 [3.2]		
(b) 独りで見出す楽しみ					
B			4.0	→	6.9
C	2.5	→	2.8	→	3.1
D [D']	3.5	→	4.0 [4.1]		

表 8-5　学院の全寮制についてどう思いますか（Q10）

クラス	回　答　肢	2 年生時	3 年生時
B	1. 全寮制がよい。	9.5%	14.2%
	2. 特に通学を希望する者以外はなるべく寮に…。	66.7	42.9
	3. 通学が困難な者にだけ寮を提供するのがよい。	23.8	42.9
	計	100.0	100.0
C	1. 全寮制がよい。	55.0	55.0
	2. 特に通学を希望する者以外はなるべく寮に…。	25.0	15.0
	3. 通学が困難な者にだけ寮を提供するのがよい。	20.0	30.0
	計	100.0	100.0

とえば、「帰省」「読書」「寝ること」など、(c) その他に 3 分類して学年的推移をみると、表 8-4 の通りであった。

一般に (a) は学年の上昇につれて減少し、(b) は増加する。(c) には一定の傾向が認められない[注 6]。

2) **全寮制について**：「学院の全寮制 [学生は全員寮に入らなければならないという制度] についてどう思いますか。」(Q16) と訊いた結果は、2 年生から 3 年生への変化にのみ一定の傾向がみとめられた。表 8-5 にみられるように、3 年生時に否定的な回答が増えている。

3) **寮の運営に対する評価**：「寮はうまく運営されていると思いますか。」(Q20) という問いは、第 1 回調査には含まれておらず、第 2 回調査以後追加されたものであるが、回答の集計結果は表 8-6 に示されているように、一貫して上学年ほど否定的に評価している者が多いことを示している。

4) **卒業への積極性**:「早く学院を卒業して、現場で働きたいと思いますか。」

表 8-6　寮はうまく運営されていると思いますか（Q20）

調査	回答肢	1 年生	2 年生	3 年生
Ⅱ	1. 非常にうまく運営されている	0.0%	0.0%	0.0%
	2. かなりうまく運営されている	59.2	20.0	9.5
	3. まあまあというところ	37.1	80.0	90.5
	4. どうもまずく運営されている	3.7	0.0	0.0
	5. 非常にまずく運営されている	0.0	0.0	0.0
	計	100.0	100.0	100.0
Ⅲ [Ⅳ]	1. 非常にうまく運営されている	18.3	0.0 [0.0]	0.0
	2. かなりうまく運営されている	59.1	69.3 [44.4]	45.0
	3. まあまあというところ	22.6	26.9 [52.9]	50.0
	4. どうもまずく運営されている	0.0	3.8 [3.7]	0.0
	5. 非常にまずく運営されている	0.0	0.0 [0.0]	5.0
	計	100.0	100.0 [100.0]	100.0

表 8-7　早く学院を卒業して、現場で働きたいと思いますか（Q4）

クラス	回答肢	1 年生時	2 年生時	3 年生時
B	1. 早く現場に出て働きたい。		33.3%	38.0%
	2. …早くこの学院を卒業したい。		52.5	42.9
	3. あまり早く卒業したくない。		9.5	4.8
	4. できればいつまでも学院に。		4.7	9.5
	無答		－	4.8
	計		100.0	100.0
C	1. 早く現場に出て働きたい。	38.1%	30.0	40.0
	2. …早くこの学院を卒業したい。	38.1	40.0	10.0
	3. あまり早く卒業したくない。	19.1	20.0	30.0
	4. できればいつまでも学院に。	4.7	5.0	20.0
	無答	－	5.0	－
	計	100.0	100.0	100.0
D [D']	1. 早く現場に出て働きたい。	70.4%	50.0 [59.3]	
	2. …早くこの学院を卒業したい。	14.8	15.4 [22.2]	
	3. あまり早く卒業したくない。	14.8	34.6 [18.5]	
	4. できればいつまでも学院に。	0.0	0.0 [0.0]	
	無答	－	－ [－]	
	計	100.0	100.0 [100.0]	

（Q4）という問いに対する回答は表 8-7 に見られる通り、1 年生時に最も積極的で、2 年生時にやや消極的になり、3 年生時には積極的な者と消極的な者へと分極化する傾向がみとめられる。

5）**好きな働き場所（就職先）**：第 2 回調査と第 3 回調査で、「働く場所とし

表 8-8　働く場所としてはどんなところが好きですか（Q5）

調査	回答肢	1 年生	2 年生	3 年生
Ⅱ	1. 国公立の大きな病院	59.2%	75.0%	81.0%
	2. 国公立の小さな医療施設	18.5	10.0	0.0
	3. 私立の大きな病院	0.0	5.0	0.0
	4. 私立の小さな病院または医院	0.0	0.0	0.0
	5. その他	22.3	10.0	19.0
	計	100.0	100.0	100.0
Ⅲ［Ⅳ］	1. 国公立の大きな病院	63.7	77.0［ 52.8］	85.0
	2. 国公立の小さな医療施設	9.1	15.4［ 7.4］	10.0
	3. 私立の大きな病院	9.1	3.8［ 3.7］	0.0
	4. 私立の小さな病院または医院	4.5	0.0［ 0.0］	0.0
	5. その他	13.6	3.8［ 11.1］	5.0
	計	100.0	100.0［100.0］	100.0

表 8-9　親友の分布（Q19：調査Ⅱと Ⅲの総合）

	分布状況と平均数	1 年生	2 年生	3 年生
学院内に	いない	42.8%	19.6%［29.6%］	41.5%
	いる	57.2%	80.4%［70.4%］	58.5%
	1 人当り平均親友数	1.35 人	1.51 人［2.93 人］	1.25 人
学院外に	いない	2.0%	8.7%［14.8%］	14.6%
	いる	98.0%	91.3%［85.2%］	85.4%
	1 人当り平均親友数	4.17 人	2.40 人［2.93 人］	3.29 人

てはどんなところが好きですか。」（Q5）と訊いたときの反応は、表 8-8 に示す通りであった。1 年生と 2 年生にみられる「国公立の大きな病院」以外へのバラつきが、3 年生では著しく「国公立の大きな病院」に集中してしまう傾向が注目される。

6）**親友の分布**：これも第 2 回調査以後追加された項目（Q11）である。第 2 回と第 3 回の調査結果を総合して要点を示したものが表 8-9 である。1 年生時の親友は学院外に多く学院内に少ないが、2 年生時には学院内の親友が増え学院外の親友が減ることによって学院内外の差は著しく縮まる。3 年生では学院内の親友が再び減少し、学院外の親友がいくぶん増える。

7）**困った時の相談相手**：これも第 2 回調査以後に追加された項目（Q12）であるが、親友の分布にみられたのと同様の傾向、すなわち 1 年生と 3 年生において学院外の比重が相対的に大きく、2 年生においては学院内の比重が

表8-10　個人的な　題で困ったことが起こったら、まず誰に相談しますか（Q12：調査ⅡとⅢの総合）

相談相手		回答数		
大分類	小分類	1年生	2年生	3年生
学院内	同級生	11	15	15
	上級生	1	1	―
	下級生	―	―	―
	学院の先生	1	1	―
	小計	13	17	15
親族	両親	17	11	9
	兄弟姉妹	4	7	8
	親類縁者	1	―	―
	小計	22	18	17
その他	院外の友人	14	5	9
	院外の先生	2	2	1
	小計	16	7	10
不明		―	2	1
無答		―	2	―

表8-11　月平均の収入、支出および残高（Q14, 15）

調査	事項	1年生	2年生	3年生
Ⅱ	収入	4,167円	4,200円	4,700円
	支出	3,619	4,032	4,333
	残高	548	168	367
Ⅲ [Ⅳ]	収入	4,568	4,673 [4,863]	4,842
	支出	4,159	4,635 [4,685]	4,368
	残高	409	38 [178]	478

相対的に大きいことがうかがえる（表8-10）。

8）**月間の収入と支出**：第2回調査以後Q14およびQ15を追加して、月平均の収入と支出を尋ねた。結果を学生1人当りの平均金額に要約して示せば表8-11の通りであった。学年の上昇にともなって、収入も支出も、一部に若干の例外はあるものの全般的に増えるが、収入から支出を差し引いた残高は2年生において少く、1年生と3年生において多いのが特徴的である。

9）**実習の時間数**：表8-12は学院の教務に依頼して、実際の実習時間を学年別に算定してもらったものである。上でみた「楽しいこと」のうち（b）独りで見出す楽しみを挙げる者が3年生で増加するのは、この実習時間の増加

表 8-12　病院実習の時間数（学院の記録による）

年度	学年	時期	当病院で	他の病院で	計
昭 39	1 年生	4 − 9 月	0		
		10 − 3 月	175		
		計	175		175
	2 年生	4 − 9 月	209		
		10 − 3 月	518		
		計	727		727
	3 年生	4 − 9 月	135	351	
		10 − 3 月	275	245	
		計	410	596	1006
昭 40	1 年生	4 − 9 月	2		
		10 − 3 月	156		
		計	158		158
	2 年生	4 − 9 月	78		
		10 − 3 月	488		
		計	566		566
	3 年生	4 − 9 月	208	311	
		10 − 3 月	233	291	
		計	441	602	1043
昭 41	1 年生	4 − 9 月	0		
		10 − 3 月	200		
		計	200		200
	2 年生	4 − 9 月	111		
		10 − 3 月	420		
		計	531		531
	3 年生	4 − 9 月	183	300	
		10 − 3 月	232	261	
		計	415	561	976

注：他の病院での実習（院外実習）は 3 年生のみ参加するが、その際実習配置表により前期（4 − 9 月）に行く者と後期（10 − 3 月）に行く者とに分かれるので、表中には各年度とも出席番号 1 番の学生の場合が記されている。

と関係しているものと思われる。3 年生の実習は外部の病院に出て医療の現場で行われるから、実習からくる疲れは相当に大きく、その上ほぼ一週間ごとに行われるテストの準備とさらに国家試験に対する準備と不安が重なっている。いきおい「寝ること」や「食べて眠ること」を楽しみとして挙げる者が多くなるのも、無理からぬことと思われる。

なお、先の横断的研究（第 7 章）で「看護婦という職業のイメージ」「寮生活の楽しさ、窮屈さ、有益さの評定」（Q17）および「学院の講義全般に対する満足度」（Q8）に見出された学年差は、今回の縦断的分析によっては確認されなかった。また第２回調査以後追加された質問項目のうち「この学院の学生であることへの誇り」（Q9）、「学院内に見出せる尊敬できる人の数」（Q10）、「看護婦になることへの積極性」（Q6 と Q7）、「家（郷里）へ帰る頻度」（Q13）、「サークル（クラブ・部）への参加」（Q21）、「学院外団体への加入」（Q22）にも、明瞭な学年差を見出すことができなかった[注7]。

考察と結論

以上の諸結果を総合的に考察するに先だって、リターン・ポテンシャル・

表 8-13　寮則細則に違反した事例（学院の記録から採録）

第３度の罰が適用された事例	第２度の罰が適用された事例	第１度の罰が適用された事例	問題になったが処罰のなかった事例
３年生　39.4.19 日曜の夜外泊先（自宅）より帰寮せず、電報にて２日後帰寮との返信あり 教師面接　4.22 家庭事情等きく 寮長処罰　4.23 ３年生　２名　39.5.6 ダンスパーティで外出し連絡なく午後 12 時頃帰寮する 教師面接　5.7 両名とも父兄に来校を求め懇談 寮長処罰　5.7 ２年生　41.12.11 海岸散歩に外出し連絡なく 12 時過ぎ帰寮 教師面接　12.12 訓戒 寮長処罰　12.12	２年生　40.7.23 花火大会に行き連絡なしに門限過ぎて帰寮、同室者も知らなかった 寮長処罰　7.24 ３年生　40.11.20 遅刻	２年生　41.4.14 セツルメント活動で離島に行き台風で帰れず、春期休暇明けに帰寮せず自宅に問い合わせ事情を聞く 教師面接　4.14 寮長処罰　4.14 ３年生　40.2.16 遅刻 ３年生　41.6.26 遅刻 １年生　41.7.2 遅刻 ３年生　41.9.12 遅刻 ２年生　41.11.6 遅刻	１年生　40.6.25 遅刻 ３年生　41.7.19 遅刻 ２年生　41.7.26 遅刻 ３年生　41.7.30 遅刻 １年生　41.10.24 遅刻 ２年生　41.12.9 遅刻

モデルによって測定されたクラス規範と、実際の罰則適用例との対応関係を検討しておきたい。表 8-13 は調査の行われた 3 年度中（1964 年 4 月から 1967 年 3 月まで）に、実際に罰則が適用された全事例を、学院の了承を得て寮記録より採録したものである。

「第 3 度」の罰が適用された例は、わずかに 3 件（計 4 名）、いずれも午後 12 時すぎの帰寮、うち 1 例は 2 日後の帰寮であった。この点は、上で見てきたリターン･ポテンシャル曲線がいずれも 12 時以後の帰寮に第 3 度の罰を対応させていることとよく一致している。第 2 度および第 1 度の罰が適用された違反例は、それぞれ 2 例と 6 例であったが、遅刻の程度に関する記録が残されていないため、曲線のこの部分に関する裏づけは得られなかった。ただ「問題になったが、処罰にいたらなかった例」が 6 例記録されていたことは、遅刻の程度は不明ながら、多少の遅刻は処罰を免れたという点で、われわれの曲線が第 1 度の罰以下のところにいくつかの目盛りをもっていることを正当化してくれるであろう。

表 8-14 は時間外外出の件数であるが、「届出なし」の件数（25 件）が表 8-13 でみた違反事例の総数（処罰を受けた例と受けなかった例の合計 17 件）より多いことは見過ごされた違反例があったことを物語っている。このことは上でみた「処罰にいたらなかった違反例」の存在と共に、フォーマルな規則（寮則細則における門限の規定）とそれの実際の適用との間に何がしかの距離があること、その意味ではリターン・ポテンシャル・モデルによって測定された（インフォーマルな）クラス規範の方が現実をよりよく表現していると言えよう。

次に、学年の推移による規範過程の変動が学院生活の他の諸側面における変化とどのように関連するものかを考察してみたい。「今の生活で一番楽しいこと」「全寮制に対する態度」および「寮の運営に対する評価」に見られた傾向は、いずれも学年の上昇が、寮生活からの離脱を願望させる方向に作用する力を増大せしめていることを表わしている。また「卒業への志向」「好きな働き場所」の変化には、将来に対する 1 年生のロマンチシズムが、最終学年でリアリズムに取って代わられる事情を物語っているように思われる。

表8-14　時間外外出件数（学院の記録による）

年度	学年	時期	事前届出あり	事後届出あり	届出なし
昭39	1年生	4－9月*			
		10－3月	1		3
	2年生	4－9月	2		
		10－3月	1		4
	3年生	4－9月	4		2
		10－3月	1		2
昭40	1年生	4－9月	6		1
		10－3月	11		
	2年生	4－9月	16		
		10－3月	7		
	3年生	4－9月	8		
		10－3月	20		2
昭41	1年生	4－9月	1		1
		10－3月	21		1
	2年生	4－9月	8		4
		10－3月	33	6	3
	3年生	4－9月	10		2
		10－3月	7	2	

*　昭和39年度前期の資料が一部紛失していて記入不能

さらにまた「親友の分布」「困った時の相談相手」の変化は、学生たちの準拠集団が学年の進行とともに学院の外→内→外へと推移していくことを示していた。言葉を換えて言えば、所属集団であるクラスに対する準拠の度合の変化、すなわち、1年生時の相対的に低い準拠度から、2年生時の高い準拠度を経て、3年生で再び準拠度を低下させる過程が示されている。3年生におけるこの変化は、学院外実習が増えることと強く関係しているものと解される。なぜなら、この実習は学院から離れて過ごす時間が増えるだけでなく、クラス成員がバラバラで過ごす時間の増大をも意味するからである。「月間の収入と支出」にみられる傾向が何を意味するかは必ずしも明瞭でないが、収支残高の学年推移は、クラスへの準拠度の推移と同型である点が注目される。現状や近い将来に不安を感じるときは、もしもの時に備えて蓄え（収支残高）を大きくしようとする、というような機制を仮定するならば、2年生は最も安定した時期と言えるかも知れない。いずれにしても、これらの変化が規範過程の変動、とくにクラスの規範の水準移行およびそれらの規範の基礎の安定度（虚構度や結晶度）の変動と並行していることは興味深い。特にクラス集団への準拠度との対応は、理論的解釈を容易にする。すなわち、準拠度の最も高い2年生時に、最も厳しいクラスの規範が、最も小さい虚構度と最も高い結晶度をもって成立すること、1年生時の規範はそれへの接近過程であり、3年生時の規範はそれからの崩壊過程として位置づけられよう。とくに後者は、教育訓練を目的とする制度的集団が一般にそうであるように、所属終結期（卒業）をもつ集団、さらに言えば所属終結（集団離脱）を目的としている集団がたどる、多少とも必然的な経過だと見るべきであろう。

先の研究（第7章）でも指摘した通り、集団所属期間の増大が集団規範のより明確な認識と内在化をもたらすことに注目した研究はいくつか存在するが（たとえば、Siegel & Siegel, 1956；安藤 1960 など）、所属期間の増大が所属終期への接近を意識させる場合には、所属終期に至って別の過程が進行することに注目した研究は存在しないように思われる。ここにも興味深い研究分野が残されていることを指摘しておきたい。

要　約

全寮制をとっている看護婦養成機関において寮の門限に関するインフォーマルなクラス規範が学年進行と共にどのように変化するか、特に前回調査の横断的分析から得られた学年間差に関する知見が、どこまで継時的変化と合致するかを検討するため、3カ年にわたる在学生（計 113 名）を対象に、さらに 2 回の本調査と 1 回の補足的調査を実施して、寮の門限に関するインフォーマルな規範、学院生活の諸側面に対する認知や態度を測定した。結果は次のように要約できる。

1）学生による寮の自主管理移行後、年を追って、クラス規範の学年差が縮小した。

2）学年の推移による規範の変動には一定の規則性がある。すなわち、(1) 1年生時相対的に最も寛やかな水準にあって、しかもなお過寛視されていたクラス規範は、2 年生時になって一段と厳しい水準へ移行し、同時に虚構度をいちじるしく減少させる。(2) 相対的に厳しい水準にあって極小の虚構度に達した 2 年生時の規範は、3 年生時にも厳しさの水準はほとんど変化させないが、私的見解の変化によって虚構度を増大させる。(3) 規範の結晶度は、1 年生から 2 年生へと高まり、2 年生から 3 年生にかけて再び低下する（これは虚構度の変化と軌を一にしている）。

3）規範の変動は、集団のよく一致した私的見解の変動に先導される。

これらの結果は、学院生活の他の諸側面に関する資料の示す学年的差異と結びつけて解釈された。とくにクラス規範の学年進行による変化は、クラス集団に対する成員たちの準拠度の推移と対応させることによって、かなりよく説明できる。

最後に、集団所属の終結期への接近が集団の諸過程に及ぼす効果の解明は、今後興味ある研究分野を提供するであろうことが指摘された。

注記：

* 本研究は、先の研究（佐々木，1965：第 7 章）から引き続き、学院の教務担当の先生方と学生諸君のお世話になった。重ねて厚くお礼申しあげる。

注 1　この区別の概念的明晰さに疑問を表明する論者（たとえば、Homans, 1961）もいるが、たとえば、フォーマル・リーダーとインフォーマル・リーダーとの関係などのように、理論的にも実践的にも興味深い問題領域を指示する上で有用である。

注 2　この作業は、事件関係者の匿名性を確保するため、学院の教務担当者と学生自治会の代表の手で進められた。研究の目的を諒解され協力を惜しまれなかったこれらの方々に深甚の謝意を表する。

注 3　このウェイトづけは、これら各段階の罰の程度がこのような数量によって表現される間隔尺度をなしているという保証は何もないという意味では、きわめて便宜的なものであるが、われわれの関心は学年間の比較にある。相対量を問題にする限りにおいて、この便宜的処置は許容されよう。

注 4　このように呼ぶことの根拠については、佐々木（1963：第 1 章）を参照されたい。

注 5　この点は、学院の教務員によって指摘された。クラス D のサイズが例年になく大きかったことは、種々の経験を通じて教務員たちに強く意識されていたようである。

注 6　このカテゴリー（c）は、さらに（c1）専門的訓練の中に見出す楽しみ：例えば「新しい技術を理解した時」「実習」「患者さんに感謝されたとき」など、と（c2）その他：例えば「土・日曜に外へ出て行く」「のんびり寮で過ごすこと」など、(a) か (b) か不明のものとに分けて検討したが、やはり一定の傾向を見出すことができなかった。表 8-4 からも省略した。

注 7　質問 23 に対する回答はきわめて不正確であることが判明したので分析からはずした。その代りに後日学院の教務係に依頼して正確な実習時間数を算出してもらった。第 12 表がそれである。

第9章 集団のサイズとリーダーが規範変容に及ぼす効果の実験的研究 —

問　題

本研究は、集団のサイズとリーダーの有無が集団規範の形成や変化にどの様な効果を及ぼすかを、実験的に検討しようとするものである。

集団のサイズが集団の諸過程に及ぼす効果一般については、Hare（1952）や Thomas & Fink（1963）などによるレヴューを始めとして、永田（1965）、木下（1966, 1970）、O'Dell（1968）、Zimet & Schneider（1969）、Hackman & Vidmar（1970）、三隅・黒川（1971）などの研究がある。

本研究の主題との関連でいえば、まず Hare（1952）の研究が注目される。彼はボーイスカウトの少年たちの 5 人集団と 12 人集団に 10 個のキャンプ装備品の重要性について討議させ、討議時間が一定ならば、集団のサイズが大きくなるほど成員間の意見の一致度（degree of consensus）は低下すること、集団的合意へ向かう成員たちの意見変容量は、リーダーの有能さ（TAT で測定された一種の社会的技能）と正相関を示すことなどを明らかにしている。いまもし集団規範（たとえば、集団の生産水準に関する規範）もまた顕現的にしろ潜在的にしろ成員間の合意を介して（必ずしも民主的合意でなくてもよい。強権的リーダーの一方的通告を成員が有効なものと認めるという場合も合意の一種と考える）成立するものであるとすれば、このような集団規範の形成または変容に関しても Hare の結果は適用されるであろう。われわれの仮説はここから出ている。すなわち、集団のサイズが大きくなれば、規範の形成は遅れるであろう。その場合（有能）なリーダーがいれば形成は促進されるであろう。

事実、われわれもさきに看護婦養成機関の学生寮の門限に関するインフォーマルな集団規範の変動について研究を行った際（佐々木,1969：第8章)、集団のサイズの増大が規範の変動を遅延させるものであることを示唆する資料を得ている。また、リーダーの存在が集団成員における判断の同調化傾向を促進することについては、青柳・木下（1960）の実験的研究からの資料がある。

これはどのように説明されるであろうか。集団のサイズの増大は成員間に行われる相互作用の質を変化させたり（たとえば攻撃性の増大)、ある型のリーダー（一般に強権的で課題指向的な）の出現を促進するなど種々の効果をもつことが、これまでの研究結果から示唆されているが、われわれはここでもっと基本的な条件に着目したいと思う。いまかりにn人の成員からなる集団において任意の2成員A，B間の合意が1回の相互作用で成立するようなきわめて単純な規範について考えると、

${}_{n}C_{2} = n(n-1)/2$ 回の相互作用によって集団規範が成立することになる。

したがって、いま5人集団と10人集団について ${}_{n}C_{2}$ を求めれば、

それぞれ ${}_{5}C_{2} = 10$

${}_{10}C_{2} = 45$ となる。

1個の相互作用の平均所要時間をtとして、これらの相互作用が1個づつ継時的に生起するとすれば、1つの集団規範が成立するには、5人集団で10t、10人集団では45tを要することになろう。しかし、現実には複数の相互作用が並行的に生起することによってこれらの所要時間は短縮されるであろう（集団のサイズが大きいほどこのような並行的生起の可能性は大きくなる）が、同時に初めの合意を後に修正し合意を取り直すための追加的相互作用も必要となろう。定量的に厳密な予測は困難であるとしても、n の増大とともに集団規範成立のための所要時間が単調に増大するであろうことは容易に想像できる。

要するに、相互作用の生起の仕方が上のモデルに従う限り、新たな集団規範の成立に要する時間には

5人集団＜10人集団

という関係が成り立つものとみてよいであろう。

次に、リーダーの存在はどのような意味をもっているであろうか。

リーダーLを含むn人集団において、Lが他の成員A, B, C, ・・・などn－1人と相互作用をもって彼の提唱する規範を全員に受け入れさせる程の勢力(または地位上の権限）をもっているものと仮定すれば、

（n－1）個の相互作用で集団規範は成立することになり、

所要時間は（n－1）tになる。

ここで、集団の定義上$n \leqq 2$であるから

$n-1 \leqq n(n-1)/2$　が成り立ち、

$n \leqq 3$ならば

$n-1 < n(n-1)/2$　が成り立つ。

したがって、いま10人集団についてこのようなリーダーがいる場合といない場合の集団規範成立の所要時間を比較すると、

リーダーのいる10人集団で9t＜リーダーのいない10人集団で45t

という関係が成り立つ。

集団規範の形成に関する以上の考察は、規範の変容についても当てはまる。

以上の考察から、われわれが本実験において検証しようとする具体的な仮説は次のように定式化できるであろう。

集団規範の形成または変化の速さについて次のような関係が成り立つであろう：リーダーなしの5人集団＞リーダーのいる10人集団＞リーダーなしの10人集団。(ただし，不等号表示A＞BはAにおいてBにおけるよりも速いことを表す。)

方　法

被験者および一般的手続き：神戸市内の某市立女子中学校の2年生160名、3年生160名、計320名より、学級内でのリーダーシップに関するゲス・フー・テスト[注1]および友好関係に関するニア・ソシオメトリー[注2]に基づいて選ばれた各学年75名、合計150名を被験者とした。これらの被験者は5名または10名からなる集団を構成し、円形に着席して、画用紙にプリントされた5種の三角形を挟みで切り抜き、これを1セットとして所定の紙袋に入れる作業

に従事した。作業は5分間を単位区間とし、練習1区間（練習期）、個別作業方式で5区間（前期）、流れ作業方式で5区間（後期）、計11区間行った。なお終末効果を避けるため、被験者には12区間以後の作業継続を予告しておき、最終回質問紙調査修了後、時間の不足を口実に作業を打ち切った。各期の後に質問紙調査（Ⅰ，Ⅱ，Ⅲ）を行い、前期と後期の間（質問紙調査Ⅱの直後）にリーダーありの集団ではリーダー選出のための投票を行った。

前期の個別作業から後期の流れ作業へと作業方式を切り替えたのは、両方式に含まれる技術的制約の差によって集団の現実の生産性に落差を生ぜしめるためであった。個別作業方式では、各成員が5種類の三角形を切り抜いて袋に詰めるまでの全工程を行い、各区間ごとに全成員が完成したセット数を合計して集団の生産高とした。他方、流れ作業方式では5人の成員がそれぞれ1種類ずつの三角形を分担して切抜き、5人目の成員は切抜きと袋詰めを同時におこなう。この5人目の成員は最も小さい三角形の切抜きを分担し、袋詰めの時間的余裕が持ちやすいように配慮されていた。10人集団ではこのような仕事の流れが同心円的な空間配置で2本出来ることになる。リーダーのいる集団では、リーダーがこの5人目の作業を分担した。集団の生産高は単位区間内に集団が完成したセット数で測られた。このような状況のもとにあっては、個別作業から流れ作業へと移ることによって生産性は低下することが予想された。(結果もそのことを実証している。結果の項を参照せよ)。この技術的制約による実際の生産高の低下が、前期に形成された生産規範の変容を促す力として作用するであろうことが方法的に前提されている。

独立変数の操作（1）集団のサイズ：事前に実施したニア・ソシオメトリーにおいて選択・排斥いずれの関係にもない者同志を集めて5人集団を6グループ、10人集団を12グループ（2年生集団と3年生集団とそれぞれ半数ずつ、いずれも女性のみで）構成した。

（2）リーダーの有無：10人集団12グループのうち半数（各学年3グループずつの6グループ）に、事前に学級単位で実施したゲス・フー・テストによってリーダーシップ能力が高いと判定されたものを1名ずつ入れておき、前期の作業を終えて質問紙調査（Ⅱ）に回答した直後、後期の作業（流れ作業）のためにと言う名目で“班のリーダー”を選出させた。選出は成員の無記名投票によったが、全ての事例において予想された通りゲス・フー・テストの高得点者がリーダーに選ばれた。

実験者からの指名によらないで，敢えて成員たちの投票によってリーダーを設定したのは，ゲス・フー・テストの妥当性を検証しておくことと、リーダーの地位に大きな正当性勢力（legitimate power）を付与しておくことが望ましいと思われたからである。選出されたリーダーには、成員たちの面前で実験者から次のような教示が与えられた。

「リーダーになった人に少し言っておきます。あなたはこの班の中で流れ作業が順調に行われるように気を配って下さい。たとえば、ある人の所に仕事がたまったらその前の人にスピードを落とすよう指示するなどです。」

リーダーには、さらに各区間ごとに実験補助者から用紙を受け取り班の生産高を記入して実験者に報告する役割が与えられた。そのためリーダーは流れ作業における最終工程を担当することになっていた。リーダーを置かない条件に割り当てられた残り半数の 10 人集団（各学年 3 グループずつ計 6 グループ）には、このようなリーダー候補者を入れず（すべての成員がリーダーシップ能力の点でほぼ等質）、リーダー選出の投票も行わせなかった。生産高を記入する役割も一定の成員に固定しないよう、各区間ごとに実験補助者が記入用紙をランダムに手渡して依頼した。

以上 2 つの独立変数を組み合わせて、次の 3 通りの処理条件を設定した。リーダーを置かない 5 人集団（NL5 条件）、リーダーを置かない 10 人集団（NL10 条件）、およびリーダーを置く 10 人集団（L10 条件）で、いずれも 2 年生、3 年生 3 グループずつの計 6 グループが割当てられた。[注3]

従属変数その他の測定　本研究における主要な従属変数は生産水準に関する集団の規範であるが、この他に生産水準に関する成員の私的見解、作業への動機づけ、集団の凝集性、および集団の生産性をも測定した。

(1) 生産水準に関する集団規範：単位区間（5 分間）内に達成すべき生産量（セット数）に関して成員間に形成される集団規範を拡充されたリターン・ポテンシャル・モデルによって測定した。すなわち、10 人集団の場合には 10

セットから 90 セットまで 10 セット刻みに、5 人集団の場合には 5 セットから 45 セットまで 5 セット刻みに、9 水準をあげ、これらの水準が班の達成すべき生産水準として主張されたとき班員たちは全体としてそれをどれほど是認または否認するであろうかを 7 段階尺度上で推定させた。質問の形式は次に示す Q9-A の通りであった。

練習期を終えて前期の作業にかかる直前に「質問紙調査Ⅰ」を、次いで前期の作業を終えて後期の作業に入る前に（ただし、L10 条件ではリーダー選出の前に）「質問紙調査Ⅱ」を、そして後期の作業終了後に「質問紙調査Ⅲ」を実施し、合わせて 3 時点で同じ測定を繰り返した。

Q9-A　あなたがもし「5 分間で班全体として、5 セット作ろう」と言ったら、あなたの班の他の人たちは賛成するでしょうか、それとも反対するでしょうか。また、10 セット、15 セット、... 45 セット作ろうと言ったとしたら、どうでしょうか。他の人の考えを想像して書いて下さい。

もしあなたが ↓　班の人たちは ⟶	大いに賛成してくれるだろう	かなり賛成してくれるだろう	どちらかといえば賛成するだろう	何とも思わないだろう	どちらかといえば反対するだろう	かなり反対するだろう	非常に強く反対するだろう
5 セット作ろうと言ったら	7	6	5	4	3	2	1
10 セット作ろうと言ったら	7	6	5	4	3	2	1
15 セット作ろうと言ったら	7	6	5	4	3	2	1
20 セット作ろうと言ったら	7	6	5	4	3	2	1
25 セット作ろうと言ったら	7	6	5	4	3	2	1
30 セット作ろうと言ったら	7	6	5	4	3	2	1
35 セット作ろうと言ったら	7	6	5	4	3	2	1
40 セット作ろうと言ったら	7	6	5	4	3	2	1
45 セット作ろうと言ったら	7	6	5	4	3	2	1

(2) 生産水準に関する私的見解：上記 9 水準の生産目標について回答者個

人の是認または否認の程度を上に準じた質問形式（Q9-B）によって尋ねた。これも（1）と同様、質問紙調査Ⅰ，Ⅱ，およびⅢの3時点で測定した。

Q9-B　あなたの班の誰かが、もし「5分間に班全体として、5セット作ろう」と言ったら、あなた自身は賛成しますか、それとも反対しますか。また、10セット、15セット、…45セット作ろうと言ったらどうですか。

もし班の誰かが ↓ あなた自身は→	大いに賛成する	かなり賛成する	どちらかといえば賛成する	何とも思わない	どちらかといえば反対する	かなり反対する	非常に強く反対する
5セット作ろうと言ったら	7	6	5	4	3	2	1
10セット作ろうと言ったら	7	6	5	4	3	2	1
15セット作ろうと言ったら	7	6	5	4	3	2	1
20セット作ろうと言ったら	7	6	5	4	3	2	1
25セット作ろうと言ったら	7	6	5	4	3	2	1
30セット作ろうと言ったら	7	6	5	4	3	2	1
35セット作ろうと言ったら	7	6	5	4	3	2	1
40セット作ろうと言ったら	7	6	5	4	3	2	1
45セット作ろうと言ったら	7	6	5	4	3	2	1

（3）作業への動機づけ：作業は面白いか、作業は重要な仕事だと思うか、他の班よりたくさん作りたいか、について5段階尺度上に評定させた。上述の（1）（2）と同じ3時点で測定した。

（4）集団の凝集性：いまの班の人達と続けて作業をしたいか、どれくらい仲良くなりたいか、また機会があったら一緒に仕事をしたいか、について5段階尺度上に評定を行わせた。これも上と同様の3時点で測定した。

（5）集団の生産量：各区間ごとに完成したセット数をその集団の生産量として記録した。この記録は実験補助者立会いのもとに全成員の面前で成員の一人（L10条件ではリーダー）が製品の数を数えて記録用紙に記入した。従ってすべての成員は区間ごとの生産量を知ることができるようになっていた。事実、彼女らは班の生産量に少なからぬ関心を示した。

なお、本実験は被験者の通学する学校の教室で行われたため、教室使用の時間的制約があって、2年生を被験者とした9グループは予定の11区間を全うし得なかった。すなわち、NL5条件の3グループは後期5区間中終わりの2区間を、またNL10条件の3グループは終わりの3区間を打ち切って質問紙調査Ⅲへと進み、L10条件の3グループは質問紙調査Ⅱまでで後期の作業には入らないまま、やむなく実験を打ち切った。

結　果

生産量：生産量は本研究における従属変数ではなく、主要な従属変数である生産水準に関する集団規範の規定要因として独立変数ふうに（間接的に）操作された変数である。すなわち、前期を通じて相対的に高い生産水準の集団規範をいったん形成させておき、後期に入って生産方式に技術的制約を加えて生産水準を低下させ、それによって集団規範の変容を促す圧力をつくり出すのが、われわれの意図であった。そのような観点から、生産量の推移をはじめに検討しておきたい。図9-1は実験集団の各区間における生産量の推移を、サイズ差を調整するため成員1人当りの平均生産量に変換して、図示したものである。図中の各点は同一条件に置かれた6グループについておのおの算出した6個の1人当り平均生産量の中央値を示している。[注4]

3種の実験条件間には、いずれの時点のいずれの組み合わせについても有意差はみられないが[注5]、前期（個別作業）と後期（流れ作業）との間には、NL10条件で $p < .01$ 水準の、L10条件で $p < .05$ 水準の、そしてNL5条件で $p < .10$ 水準の有意差がそれぞれみとめられた。いずれも前期から後期へ移って生産量は低下している。NL5条件における期間差の有意水準が10％であったことは多少問題を残すであろうが、われわれの実験的操作はひとまず成功したとみてよいであろう。

集団規範と私的見解：さて各グループの生産水準に関する集団規範を、同

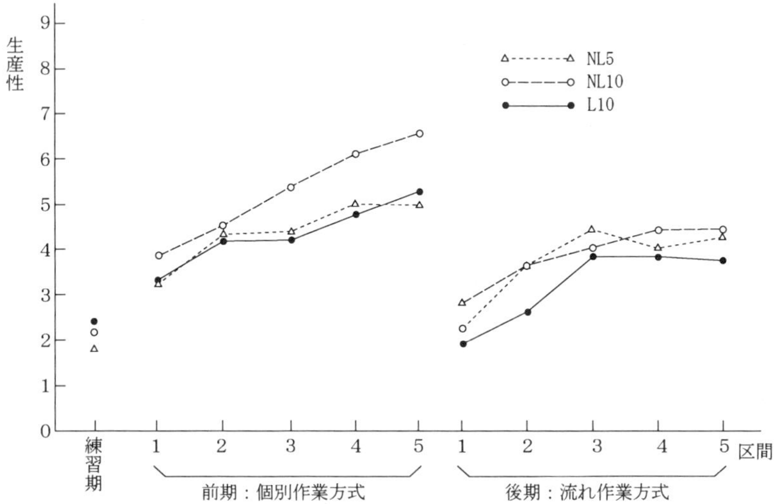

注）生産性は集団サイズを調整するため成員 1 人当たり生産セット数で表示してある.

図 9-1　3 種の実験条件における生産性の推移

一条件におかれた 6 グループの測定値の中央値で代表させて描いた、リターン・ポテンシャル曲線で表せば、図 9-2 の太線の如くであった。グラフの横軸（行動次元）上の目盛りは、実際の測定時にはすでに方法の項で述べた如く集団のサイズに合せて変えてあったが、条件間比較の便を考慮して成員 1 人当りの量に変換してある。同様に生産水準に関する私的見解も、これと対応する形で図中に細線で表わされている。

5 分間の練習を終えて前期の作業にかかる直前に測定した曲線（以下、測定時 I の集団規範と呼ぶ。図中太い点線で表わされている）について比較すると、5 人集団と 10 人集団の間に最大リターン点の差がみられるようであるが、これら 3 本の曲線間にはどの生産水準においても有意な差はみとめられなかった。実験の開始期において 3 条件間に実質的差異が存在しなかったことを証明している。これらの集団規範は、前期 5 区間における生産量の漸増（学習効果によるものと思われる）に対応して、前期の作業終了時には図中太い実線で示されているようなリターン・ポテンシャル曲線へと変化していた

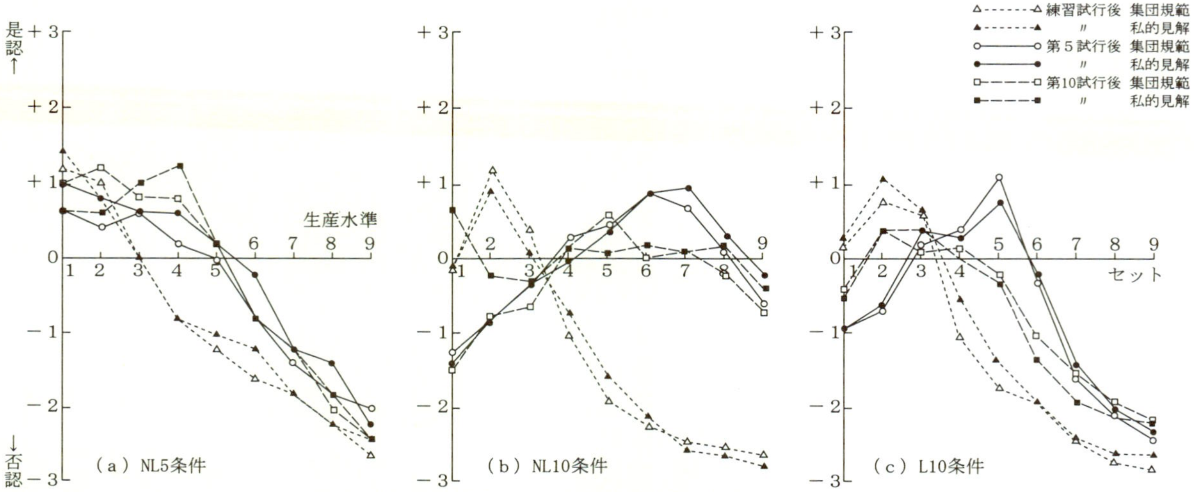

図 9-2　３種の実験条件別にみた生産水準規範と私的見解の変化
（中央値を用いて描いたリターン・ポテンシャル曲線）

(以下、測定時Ⅱの集団規範と呼ぶ)。条件間にかなりの差が見られる。まず、6セットの生産に関して NL5 条件と L10 条件の間に 10%水準の、7セットの生産に関して NL5 条件と NL10 条件間に 1%水準の、8セットの生産に関して NL5—NL10 間と NL10—L10 間にそれぞれ 1%水準と 5%水準の、そして9セットの生産に関して NL5—NL10 間と NL10—L10 間にいずれも1%水準の有意差がみとめられた。NL10 条件および L10 条件の曲線型は、この時点における実際の生産量（1人当り平均でみて）がそれぞれ 6.6 セットと 5.3 セットであった事実（図 9-1 参照）とよく対応しているが、NL5 条件のそれは、実際の生産量 5.0 セットとはあまりよく対応しておらず、測定時Ⅰの曲線型への執着が読みとれる。ここで私的見解の曲線（図中細線で示されている）に注目してみると興味深い。測定時Ⅰの3条件と測定時Ⅱの NL10 および L10 条件ではいずれも集団規範との間にごくわずかなズレしか示していないが、NL5 条件では測定時Ⅱにおける私的見解と集団規範とのズレはかなり大きなものになっている。ズレの方向はより多くの生産を是認しようとする方向であって、この時点における実際の生産量によりよく対応する型を示している。因みに、測定時Ⅱにおける3条件について、それぞれの集団規範と私的見解とのズレすなわち規範の虚構性をみると、NL10 条件で 1.5、L10 条件で 1.2 であるのに対し、NL5 条件では 2.8 となる。表 9-1 に各測定時ごとの条件別虚構度を掲げておいた。

さて、前期中にこのような形成をとげた集団規範は後期5区間の流れ作業を終えた時点でどのように変化したであろうか。上掲図 9-2 中の太い破線がこの時点（測定時Ⅲ）での集団規範を表わしている。NL5 条件では最も変化が少く、5セット以下の少ない生産に対する是認がやや大きくなり、8セット以上の多い生産に対する否認がやや増大している点が注目されるに過ぎない。NL10 条件では最大リターン点が6セットから5セットへと移動し、それにともなって6～8セット間で顕著な是認の減少がみとめられる。L10 条件における変化は最も大きい。最大リターン点が5セットから2セットへ移ったのに伴って、2セット以下の低い生産が相対的に大きな是認を得、5～6セット間で否認が増している。これら3本の曲線間の差を検定してみると、1セッ

表 9-1　規範の虚構性

実験条件	生産水準	測定時		
		I	II	III
NL5	1	0.2	0.4	0.4
	2	0.2	0.4	0.6
	3	0.0	0.0	0.2
	4	0.0	0.4	0.5
	5	0.2	0.2	0.0
	6	0.4	0.6	0.0
	7	0.0	0.2	0.0
	8	0.0	0.4	0.2
	9	0.2	0.2	0.0
	計	1.4	2.8	1.9
NL10	1	0.1	0.2	2.2
	2	0.2	0.0	0.5
	3	0.3	0.0	0.3
	4	0.3	0.3	0.0
	5	0.4	0.1	0.5
	6	0.1	0.0	0.2
	7	0.1	0.3	0.0
	8	0.1	0.2	0.4
	9	0.1	0.4	0.3
	計	1.7	1.5	4.4
L10	1	0.1	0.0	0.1
	2	0.3	0.1	0.0
	3	0.1	0.2	0.3
	4	0.5	0.2	0.2
	5	0.4	0.3	0.1
	6	0.0	0.1	0.3
	7	0.0	0.2	0.4
	8	0.1	0.1	0.2
	9	0.2	0.1	0.0
	計	1.7	1.2	1.6

ト生産では NL5 と NL10 間に 10%水準の、2 セット生産では NL10 と L10 間に 5%水準の有意差が、また 6 セット生産では NL5 と NL10 間に 5%水準の、7 セット、8 セットおよび 9 セット生産では NL10 と他の 2 条件間にいずれも 5%水準の有意差がみとめられた。

ここでもまた私的見解の動きが興味深く注目される。NL5 条件では前期の個別作業から後期の流れ作業へ移ることによって、期間平均で 4.4 セットから 3.8 セットへ（測定時点直前の生産量についていえば、5.0 セットから 4.2 セットへ）と低下しているが、集団規範そのものはこの変化をさほど敏感には反映していないのに対して、私的見解の方は比較的鋭敏に反応している。実際の生産量の変化に対する反応で集団規範と私的見解との間に最も大きな差異（すなわち規範の虚構性）がみられたのは NL10 条件においてである。この条件では期間平均生産量 5.3 セットから 3.7 セットへ（測定時直前の生産量では 6.6 セットから 4.4 セットへ）と大幅な低下を示したが、これにともなって集団規範の最大リターン点は 6 セットから 5 セットへと移動した。一方私的見解は複雑な動きを示している。この条件における測定時Ⅲの私的見解は現実の生産量の変化に即応しようとする者と、あくまでも以前の高生産水準に固執しようとする者と、現実の低下量を超える大幅な低生産を正当化しようとする者とが混在した曲線型を示している。これとは対照的に L10 条件では 4.4 セットから 3.2 セットへの期間平均生産量の変化（測定直前の生産量では 5.3 セットから 3.7 セットへ）に対応して、最大リターン点は集団規範・私的見解ともに 5 セットから 2 ないし 3 セットへと移っている。この L10 条件における測定時Ⅲの集団規範と私的見解の一致度（すなわち規範の虚構性）は、同じ 10 人集団である NL10 条件のそれと比較するとき、きわめて印象的である（表 9-1 をも併せて参照）。リーダーの有無がこのような差異をもたらしたものと思われる。

次に規範の結晶度について検討しておこう。規範の結晶度とは、規範の存在形態に関する各成員の認知の一致度であって、行動次元上の各点（1 セット、2 セット、･･･ など）に関して回答された評価値（是認―否認尺度上の変量）の分散（σ^2）を合計した値（$\Sigma\sigma^2$）で示す。言うまでもなく、この値は小さいほど規範の結晶度が高いことを意味する。図 9-3 の 3 本の太い線はこの$\Sigma\sigma^2$ が 3 つの測定時点でどのように変化したかを実験条件別に示したものである。一般に測定時Ⅰ，Ⅱ，Ⅲと進むにしたがって結晶度は低下しているが、NL5 条件は比較的変化が少なく一貫して高い水準を保っている。他方、NL10 条件での結晶度は一貫して最も低い水準にあり、しかも回を追って最も大幅

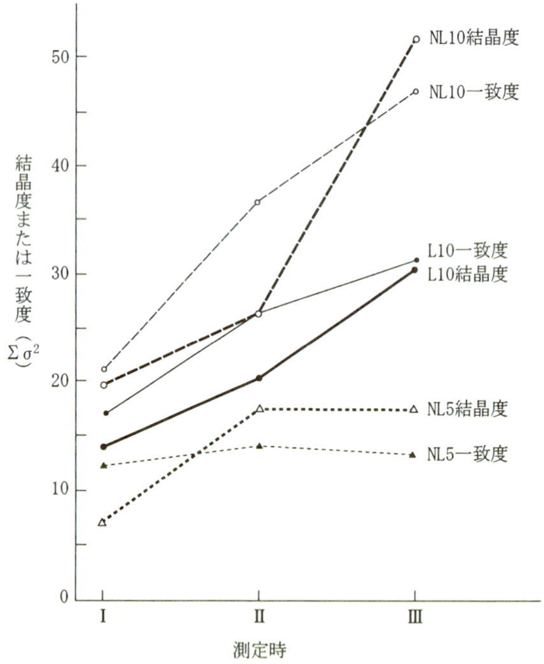

図 9-3　集団規範の結晶度および私的見解の一致度の推移

に低下していっている。L10 条件は全般的水準においても変化量においても前 2 者の中間に位置している。

図 9-3 にはまた私的見解の一致度の推移も記されている（細線）。私的見解の一致度は、規範の結晶度を算出するのと全く同じ手続きを準用して$\Sigma\sigma^2$の値を算出したもので、値が小さいほど各成員の私的見解がよく一致していることを表わしている。曲線の形に細かい差異点はあっても、実験条件間にみられる相対的関係は規範の結晶度の場合と全く同様である。すなわち、NL5 条件が最も高い水準にあって最も少ない変化を示し、NL10 条件が最も低い水準にあって最も大幅な低下を示し、L10 条件は全般的水準も低下の量もこれらの中間に位置している。[注6]

これらの事実は、集団のサイズが大きいほど規範の結晶度も私的見解の一致度も低下しがちであるが、リーダーの存在はこれらの低下をくい止める（または高める）方向に作用することを示唆している。

作業に対する動機づけ：作業に対する成員たちの動機づけの推移は図 9-4 に示す通りであった。測定時Ⅲにおける NL5 ＜ NL10 のみ有意で（p ＜. 05）、これ以外には測定時別にみた条件間にも、各条件の時間的推移にも、有意な差は認められなかった。注7

集団の凝集性　集団の凝集性の推移も図 9-5 に示す如く、測定時別にみた

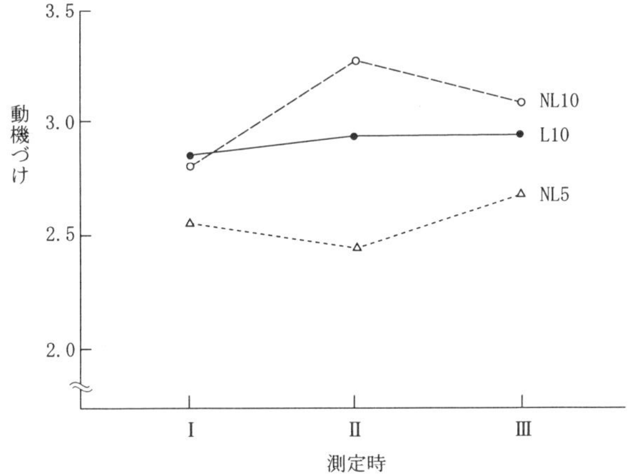

図 9-4　3 種の実験条件における作業に対する動機づけの推移

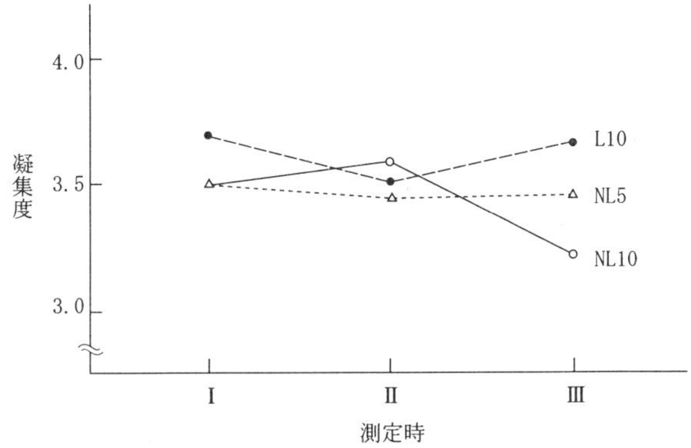

図 9-5　3 種の実験条件における集団凝集性の推移

条件間、各条件の時間的推移のいずれにも有意差はみられなかった。

考察と結論

以上の結果を総合して、本研究の主題を考察してみたい。測定時Ⅰにおいて3条件間に作業への動機づけ、集団の凝集性、生産性および生産水準に関する集団規範、その結晶度、私的見解およびその一致度のすべてに差がなかったことは、実験の初発状態として理想的であったといえる。さらにまた、集団の凝集性が時間の推移と共に実質的変化を示さなかったこと、そして作業への動機づけも最終時点のNL5＜NL10を除いてはほとんど有意な変動を示さなかったことは、われわれにとっていっそうの幸運であった。われわれのみようとする独立変数（集団のサイズとリーダーの有無）と主要な従属変数（規範的諸過程）との関係がこれらの諸変数によって汚染されていないことを証明しているからである。

さて、われわれの仮説は支持されたであろうか。仮説の後半、すなわち、リーダーの存在が規範の形成や変化を促進するであろう、の部分は明らかに支持されたと言えよう。測定時ⅡからⅢへの変化について NL10条件と L10条件を比較するとき、規範を表すリターン・ポテンシャル曲線、その結晶度、虚構性の値からみて、L10条件の方が実際の生産量の変化に対してより敏感で、かつ安定した（虚構性の小さい）集団規範の形成を達成していたことを示していたからである。もう少し詳しくいえば、同じ時間（後期25分間）内にリターン・ポテンシャル曲線における最大リターン点はより大幅な移動を遂げ、相対的に高い結晶度を達成し、かつ（集団の平均的）私的見解により近い（すなわち規範の虚構性の小さい）ものとなっていたのである。

ここで注意すべきは、測定時ⅠからⅡへの変化の意味づけであろう。この変化についてみると NL10条件の方が L10条件よりも一見大幅な変化をとげているかのように思われる。このことは上の結論とは逆にリーダーのいない場合の方が規範の形成ないし変化は早いということにならないであろうか。これは2つの理由から否定される。まず、この変化は、L10条件のこの期間における変化に比して、よりよく進んでいるとはいえない。確かに最大リターン点の移動幅は大きいが、これは実際の生産量の伸びがこの条件において、L10条件におけるよりも、相対的に大きかったことに対応しているだけのことであって、その点からいえばL10条件の示した移動幅もその実生産量の伸びと充分に対応するものである。形成ないし変化の早さを示す他の指標すなわち結晶度や虚構性には何ら実質的差異はみられない。第２に、この期間にはリーダーがはっきりした存在を示していない。なるほど実験者が後の操作を確実なものとするためのリーダー候補者はいた。しかし彼女は実験者の規定する役割を遂行すべく集団から選任されたリーダーではなかったし、生産量の記録などリーダーの仕事と目されやすい役割が彼女に集中されることのないよう実験者は特に配慮していた。これらの事情を考えれば、この期間におけるL10条件は、実質的にNL10条件と異るものではなかったといわねばならない。

仮説の前半はどうであろうか。集団のサイズが小さいほど規範の形成ないし変化は敏速であると言えるであろうか。実験結果は、当初考えられたほど単純な形では、この仮説を支持していない。規範の結晶度だけについてみれば、NL5条件は他の２条件のいずれよりも有意に高い。[注8]しかし、リターン・ポテンシャル曲線の型は、実生産量の変化に対して最も鈍感である。しかしながら、この条件下では生産量の変化そのものが３条件の中で最も小さい。因みに、前期－後期間の平均変化量は、NL5で0.6セット、NL10で1.6セット、L10で1.2セットであった。私的見解は、その性質上当然変化に敏感であるから、最も実生産の伸びた前期末（測定時Ⅱ）には、結果として大きな虚構性を示すにいたっている。これらのことを総合すると、結果はむしろ仮説の逆を示唆しているかにみえる。仮説を逆向きに改めるべきであろうか。いずれ今後の実証にまたねばならないが、むしろわれわれには、この程度の小規模な集団（5人集団）では、相互作用の必要回数のみからは説明できない、何か別のダイナミズムが作用しているように思われる。たとえば、生産量そのものをも含めてなるべく現状を変えまいとする慣性のような力が作用しやすいのかも知れない。しかし、このことは単なる保守主義を意味しない。

個別作業方式から流れ作業方式に変わってなお、その技術的制約を克服して、もとの生産水準を維持するには多大な努力を必要とするので、単なる惰性によっては不可能である。この程度の小規模集団にはこの場合の技術的制約のような外的条件の変化によく適応し、その影響を最小限にくい止める能力が備わっているのかも知れない。相互作用の回数の効果を純粋に検出するためには、実験のデザインにもう一工夫が必要なのであろう。

要　約

学級単位で実施されたニア・ソシオメトリーとリーダーシップのゲス・フー・テストに基づいて選ばれた中学2年、3年の女生徒各75名、計150名を被験者とし、リーダーのいる10人集団（L10条件）、リーダーなしの10人集団（NL10条件）、リーダーなしの5人集団（NL5条件）をそれぞれ6集団ずつ構成し、集団単位で画用紙に印刷された5種の三角形を切り抜いて5枚セットで封筒に入れる作業に従事させた。生産量は各試行ごとに完成したセット数で測定された。作業は練習試行に続いて前期5試行が個別作業方式で、後期5試行が流れ作業方式で行われ、リーダーのいる条件では前期終了後投票によってリーダーを選出した。作業方式の変更によって生じる生産量の変化に対応して、各集団の生産水準規範がどのような変容を示すかをみるため、リターン・ポテンシャル・モデルによって規範が測定された。

結果によれば、5人集団は作業方式の変更からくる生産量低下への圧力を、成員たちの努力でカバーし、前期－後期間に有意な生産量の変化を示さなかった。10人集団では前期－後期間で生産量にほぼ同程度の明瞭な変化が生じたが、この変化にはリーダーの有無による有意な差はみられなかった。しかし、生産水準規範はリーダーのいる集団でより速やかに変容していた。

これらの結果は、規範が基本的には成員間の合意によって成立するものであること、したがって、規範変容の速度はその合意形成に要する成員間相互作用の量によって規定されることを示すものとして考察された。

注記：

＊本稿は、佐々木薫の指導のもとで作成された次の卒業論文に基づいている。記して謝意を表する。
久留島（旧姓、八木）佳子
「集団のサイズとリーダーが規範の変化に及ばす効果に関する実験的研究」
関西学院大学社会学部 1969（昭 44）年度卒業論文

注 1　「このクラスの中で 5 人ぐらいのグループに分かれて何か作業するとしたら、そのときあなたのグループのリーダーになってほしい人を、なってほしい順に 3 人書いて下さい。」と指示して 3 人の名前をあげてもらった。

注 2　「このクラスの中で、あなたと特に仲良くしている人を、順に 3 人書いて下さい。」と指示して 3 人の名前をあげてもらった。

注 3　このほかに、リーダーを置く 5 人集団（L5 条件）とリーダーを置く 11 人集団（Lll 条件）を 2 グループずつ作ったが、独立変数の操作が完全でなかったことと、サンプルが少ないことの理由により、本報告から除外した。

注 4　後期の数区間は 3 個。方法の項末尾に記した事情による。

注 5　前期第 5 区間における NL10 と L10 との間にのみ 10 %水準の有意差がみられた（U テストによる）。

注 6　差の統計的有意性については次の通りであった（U-test による）。

集団規範の結晶度：	測定時Ⅰ	NL10 － L10 のみ　P ＜. 10
	測定時Ⅱ	いすれの組み合せも　N. S.
	測定時Ⅲ	NL5 － NLl0 が　P ＜. 05
		NL5 － L10 が　P ＜. 05
		NL10 － L10 が　P ＜. 10
私的見解の一致度：	測定時Ⅰ	いずれの組み合せも　N. S.
	測定時Ⅱ	NL5 － NL10 が　P ＜. 10
		NL5 － L10 が　P ＜. 10
	測定時Ⅲ	NL5 － NL10 が　P ＜. 01
		NL5 － L10 が　P ＜. 05

注 7　ただし、危険率 10 %水準のものを拾えば、
測定時Ⅱの NL5 ＜ NL10 および NL5 ＜ L10 と、
NL10 条件の 測定時Ⅰ＜測定時Ⅱ の推移が有意となる。

注 8　結晶度（$\Sigma\sigma^2$ ）の算出にあたって、集団のサイズ差を考慮したΣu^2に置き換えても、この関係は変わらない。ただし、u^2はσ^2の不偏推定値　$u^2 = \Sigma (x - x)^2 / (n - 1)$

第10章 規範変容に及ぼす制裁の効果に関する調査研究：カンニング事件による自然実験

問　題

本稿は、某女子短期大学の定期試験における不正行為（いわゆるカンニング）の発覚事件とそれに続く大学当局の処分が、学生集団の規範にいかなる影響を及ぼしたかを、明らかにしようとして試みられた調査研究の報告である。本研究は取り扱った事件の性質上、Cartwright & Zander（1960）のいう自然実験（natural experiment）に当るものである。次に事件の経過を述べ、この自然実験を通じてわれわれが明らかにしようとした理論的問題を定式化しておこう。

事件の経過：この事件はこの女子短期大学創立（1965年4月）後2年目の学年末定期試験中に発生した。すなわち、1967年2月24日第2時限家庭看護学の筆記試験中、当時家政科2年L某がカンニング・ペーパーを用いて不正行為におよんでいたところを監督者に発見された。続いて3月1日第1時限宗教学の筆記試験中、当時英文科1年CクラスM某の不正行為が、同室の受験生からの申出により、監督者に発見された。[注1] いずれも同大学の履習規程により、不正行為以後の受験は一切停止された。3月2日臨時教授会が召集され、L、Mとも10日間の停学処分に付すとの決定がなされた。この処分決定は、本人たちへの通告と同時に、大学玄関前の学内掲示板に不正行為者の所属学科・学年・組・氏名を明示して発表された。

Lは春休み中に停学期間を終え、追再試験を受けて卒業した。Mも同様の経過をたどって4月には2学年へ進級した。[注2]

なお、Mの不正行為発覚事件に関連して、当日同じ試験場で受験していた英文科1年BクラスのN某が貧血により卒倒するという事件があった。この卒倒は、Mの不正行為に対する監督者の叱責を、Nが自分の不正行為に対してなされたものと誤認したことによるものであったらしいことが、その後の非公式な事情聴取によって判明した。この情報は当日同室で受験した英文科1年A, B, C 3クラスの学生たちの間でかなり広範に伝播し、信じられていたが、目撃者の公式な証言がなかったため、Nに対する大学側の公式処分は行われなかった。

問題の定式化：創立後日の浅いこの短期大学が初めての不正事件にどう反応するかは、その後に形成される「校風」に大きな影響を及ぼすものと考えられた。二学期制をとっているこの大学は、この事件発生以前に3回の学期末試験を経験していたが試験のたびに細々ながら不正行為のうわさが流れていた。このような「うわさ」を放置することの危険性は教授会メンバーのかなりの部分に認識されていたようである。この事件に対する処分決定に際して、婚期前の女子学生という事情を慮って公式の処分を避けようとする動きもあったが、これを敢えて抑え、氏名公表による公式処分に踏み切ったのは、このような認識が底流にあったためと思われる。

このことは、厳しい処分が学生間に厳しい集団規範の形成を促すであろうという前提の上に立っていることを意味する。一般に、法や規範のもつ拘束力は、違反や逸脱に対して予想される制裁に基いている。現実的制裁の欠如が法や規範の機能を弱めるものであることは、未成年者飲酒禁止法や男子寄宿舎の門限など多くの例が示す通りである。ここで提起される理論的疑問の一つは、規範の維持に対して果す制裁の機能と規範の形成に対するそれとが果して同一であろうか、ということである。この疑問は、概念的にも方法的にも洗錬を要する多くの問題を含んでいる。まず規範の維持と形成とはどのように区別されるであろうか。その区別に照らしてみて、この大学で生じたこの事件は、果して形成にかかわるものであるのか、それとも維持にかかわるものであるとみるべきなのか。いま仮りにこの事件をそのいずれかにかかわるものと位置づけ得たとして、残された一方に該当する事例をどこに求めて比較の対象としたらよいであろうか。さらにまた、ここで規範というとき、それは大学の設定するフォーマルな規則（学則や履修規定）を意味するのか、それとも学生たちが共有するインフォーマルな集団規範をいうのか。仮りに後者だとした場合その集団とはどの範囲のものか。全学、学年別、学科別、学級別、あるいは学生の任意団体のいずれか。そして最後に、制裁の出所ないし制裁執行の正当性に関する集団成員の認知にかかわる問題がある。処分の決定および執行が大学当局によってなされるか学生自治体によってなされるか。これらの問題は結局、量刑・執行者・執行方法について集団成員たちの抱く主観的正当性の問題に帰着するであろう。これらの問題は、規範と制裁の関係を理論化する上で、いずれもきわめて重要なものであると思われるが、研究の現段階では必ずしも充分に整理できていない。

このような問題に対する適切な対処を可能ならしめるような理論化が将来達成さるべき課題であることを意識しながら、ここでは本研究の目的をひとまず次のように規定しておくこととする。すなわち、創立以来はじめて生起したカンニング事件とそれに対する大学側の処分は、この種の不正行為に関する学生集団（主として当該学科の学年集団または学級集団）の規範の構造特性に如何なる影響を及ぼしたであろうか。大学側がおそらく意図したであろうような、より厳格な方向への規範の変容は果して実現されたであろうか。

上で提起された概念的および方法的諸問題は、結果の考察において改めて検討されるであろう。

方　法

方法上の最重要点は、事件発生以前の状態を示す適切な対照群をどこに求めたらよいかという点にある。事件の発生が事前に予想されるような現場実験や実験室実験とは異り、この種の自然実験では事後的にしか調査デザインが立案できない。事後的に実施可能な諸測定を通じて、事件直前の状態を合理的に推定しなければならない。

われわれが実際に行なった測定は図 10-1 に示した通りである。すなわち、事件の発生した 1966 年度末の定期試験が終了すると自動的に大学は年度末休暇に入ったため、調査が可能な最も早い時期は翌年度初頭（1967 年 4 月）で

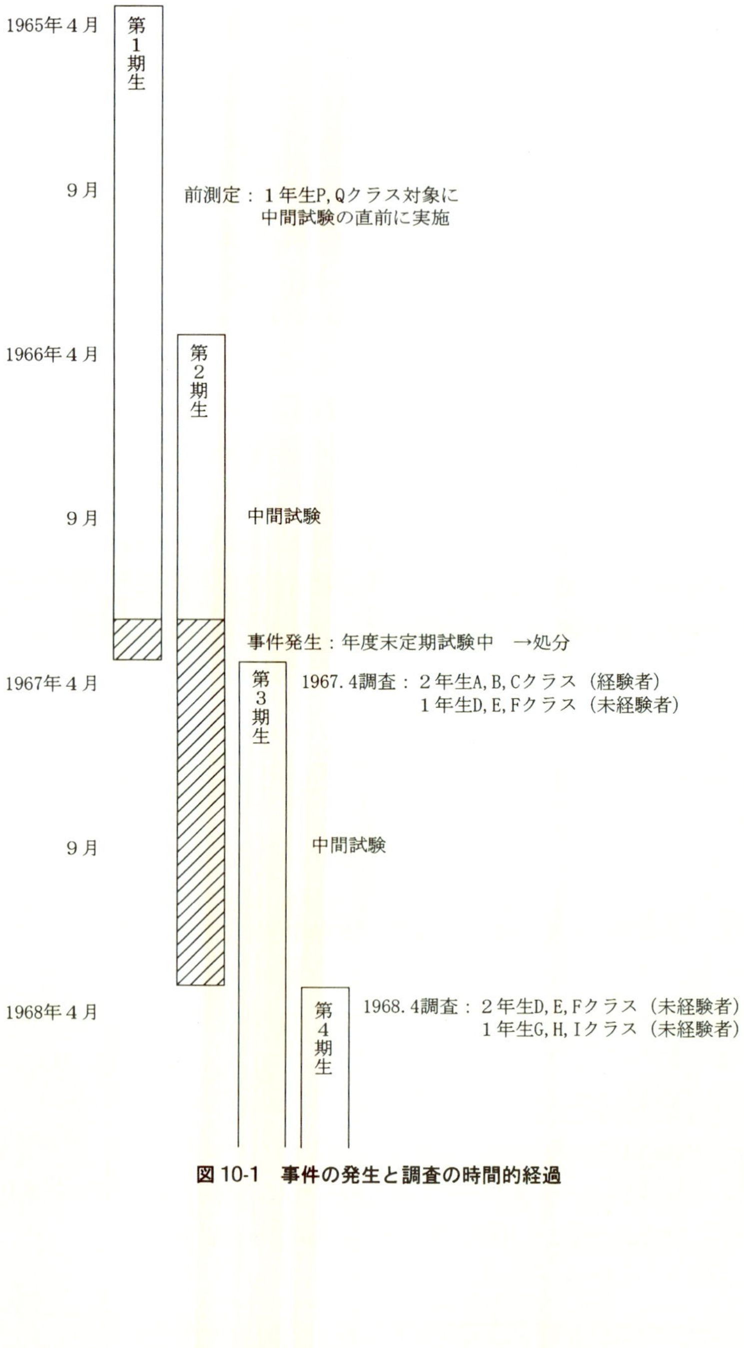

図 10-1　事件の発生と調査の時間的経過

あった。1967年度前期開講（4月13日）後第2週目の英文科2年A, B, Cクラスの合同授業時に質問紙調査を実施した。数日後英文科1年D, E, Fクラスの合同授業時にも同じ調査を施行した（両方併せて、第1回測定）。

前者すなわち英文科2年A, B, Cクラスは、1年生末の定期試験時に同一試験場でMの不正行為とNの卒倒を目撃し、大学の公式処分を知らされた者たちで、いわば事件の経験者たちである。後者すなわち英文科1年D, E, Fクラスは、翌年度入学してきた新入生で、いわば事件の未経験者たちである。[注3] しかしながら、これら両群間には、単なる事件の経験・未経験という差異のほかに、学年差という重大な条件差が存在する。後者の条件差を事後的に補正する方法は、この未経験者群が2年生になる翌年度の初めに測定し直すことであろう。この目的をもって、1968年5月[注4]に第2回測定を実施した。同時に、この年度の新入生（英文科1年G, H, Iクラス）にも同じ質問紙調査を行なった。

なお、上記2回にわたる事後的調査とは別に、事件発生の約1年半前すなわち大学創立と同時に入学した第1期生が大学で初めての定期試験（1965年度前期試験）を目前に控えた1965年9月に、たまたま別の目的で当時の英文科1年生（P, Qクラス）を対象に実施していた同一の調査資料が存在した。図10-2の左下に（c）第1期生と記されているものがそれである。

調査に用いた質問項目は、Stouffer（1949）の質問形式を、拡充されたリターン・ポテンシャル・モデルに適合するよう改変したものである。すなわち、被調査者に自分が期末考査の代理監督をしている最中にカンニング・ペーパーを使って不正行為をしている学生を発見したという場面を想定させ、その際代理監督者がとり得る5通りの処置（最も厳格な処置から最も寛大な処置まで順序尺度を構成している）を示して、もし代理監督者（＝被調査者）が各処置をとったとした場合に予想される級友たち（想定された試験場にいるカンニング学生の級友たちではなく、被調査者自身が現実に所属しているクラスの学友たち）の反応を、高度の是認から否認にいたる7段階尺度上に回答させるものである。（こうして測られたものを以後「クラスの規範[注5]」と呼ぶ）。同様の形式で予想される大学当局の反応（「認知された大学側の期待」

と呼ぶ）と、回答者自身の個人的反応（「私的見解」と呼ぶ）とを重ねて尋ね、回答を求めた。付録Ⅲに示した「調査票見本」中、質問2，3および4がそれぞれこれに対応する。また、カンニング事件の想定場面は、(A) 不正行為者が代理監督者の見知らぬ学生である場合と、(B) 親友である場合とに分けてあって、被調査者たちは両方の場面について二重に回答することを求められた（調査票見本中、質問Ａ群・質問Ｂ群とあるのがこれに対応する）。

各回調査における調査票の回収状況は表10-1に示す通りであった。回収率で表わされる資料の代表性は必ずしも一様でないが、この種の自然実験では時間的切迫性と準備の周到さとの間に二律背反を生じるため、ある程度止むを得ないであろう。前測定の場合は別として、第1回測定で70％前後、第2回測定で約90％の回収率を得た。

結　果

全3回にわたる測定結果に基いて、学年群ごとのリターン・ポテンシャル曲線を描いたのが図10-2である。[注6] この曲線は横軸に最も厳格な処置Ⅰから最も寛大な処置Ⅴまで代理監督者の取り得る5通りの処置（行動型）を配置

表10-1　各測定時における被調査者数と回収率

測定時	1年生				2年生			
	クラス	在籍者	回収票	回収率	クラス	在籍者	回収票	回収率
前測定	P	51人	28票	55.0%				
昭40.9	Q	50	28	56.0				
	計	101	56	55.5				
第1回測定	D	53	36	68.0	**A**	**48人**	**32票**	**66.8%**
昭42.4	E	49	38	77.6	**B**	**44**	**33**	**75.0**
	F	71	41	57.8	**C**	**43**	**32**	**74.5**
	計	173	115	66.5	**計**	**135**	**97**	**71.9**
第2回測定	G	48	42	87.6	D	53	48	90.6
	H	51	46	90.2	E	49	44	89.9
	I	53	48	90.6	F	71	65	91.6
	計	152	136	89.5	計	173	157	90.8

注：太字の部分が事件の経験者群（本文中「実験群」と呼ばれている）

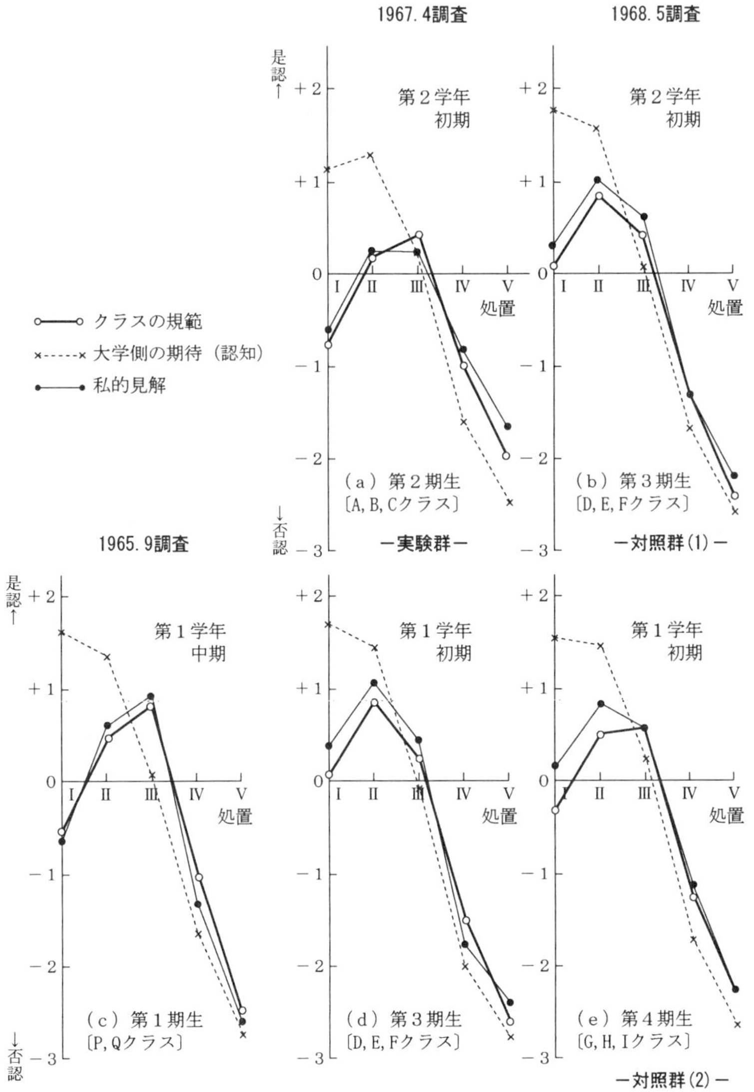

図 10-2　実験群と可能な対照群

し、代理監督者が各処置を取った場合に予想される級友たちの反応、大学側の反応、および回答者自身の私的見解（いずれも「1．実にけしからん、許せないと思うだろう（－３点）」から「7．全く期待通りによくやってくれたと思うだろう（＋３点）」までを便宜的に間隔尺度とみなして算出した回答者群ごとの算術平均）を縦軸にとってプロットし、それを線でつないだものである。太い実線、点線、および細い実線がそれぞれクラスの規範、（回答者たちに認知された）大学側の期待、および回答者たちの私的見解を表わしている。

図中（a）が不正行為処分事件を経験したA, B, C 3クラスの事件後の測定結果である。いまこれを便宜的に「実験群」と呼ぶことにする。本研究の目的よりすれば、他の測定結果（b）～（e）の中からこの実験群の事件前の状態を最も合理的に推定できる「対照群」を選び出すことが重要な課題となる。

「対照群」の選定：先に方法の項で指摘したように、（d）は比較的純粋に未経験である（事件後時間が経過するほど情報は伝播しやすい）こと、および実験群と同時点の測定であることにおいてはすぐれているが、学年差（これは年齢、大学という生活共同体への馴致、学識や経験の量など多くの点で差を生ぜしめている）という重大な欠陥をもっている。測定に関して約1年間の時差があるとはいえ学年差をほぼ等価に揃えているという点で（b）の方が相対的にすぐれた対照条件を構成しているといえよう。（e）は学年差と測定時期のズレのいずれに関しても（b）に劣るであろう。また（c）は事件発生前の測定という意味では他のいずれよりも優れているが、1年半以上の時間的ズレがあることと回収率が著しく低い（55.5％）という難点をもっている。このような比較考量から最善のものを選ぶとすれば、やはり（b）ということになるであろう。

しかし、これらの考察は学年差がきわめて重要な変動因であることを前提としたものであった。果して学年差は、われわれが問題にしている規範や私的見解に、どれほどの変動をもたらすであろうか。（d）→（b）の変化量から、この前提を吟味してみることができるであろう。図10-2にみる限り、その変化量は驚くほど小さいのである。これをさらに細かくクラス別に検討したのが図10-3である。Dクラスの私的見解に最大の変化がみられるが、これ

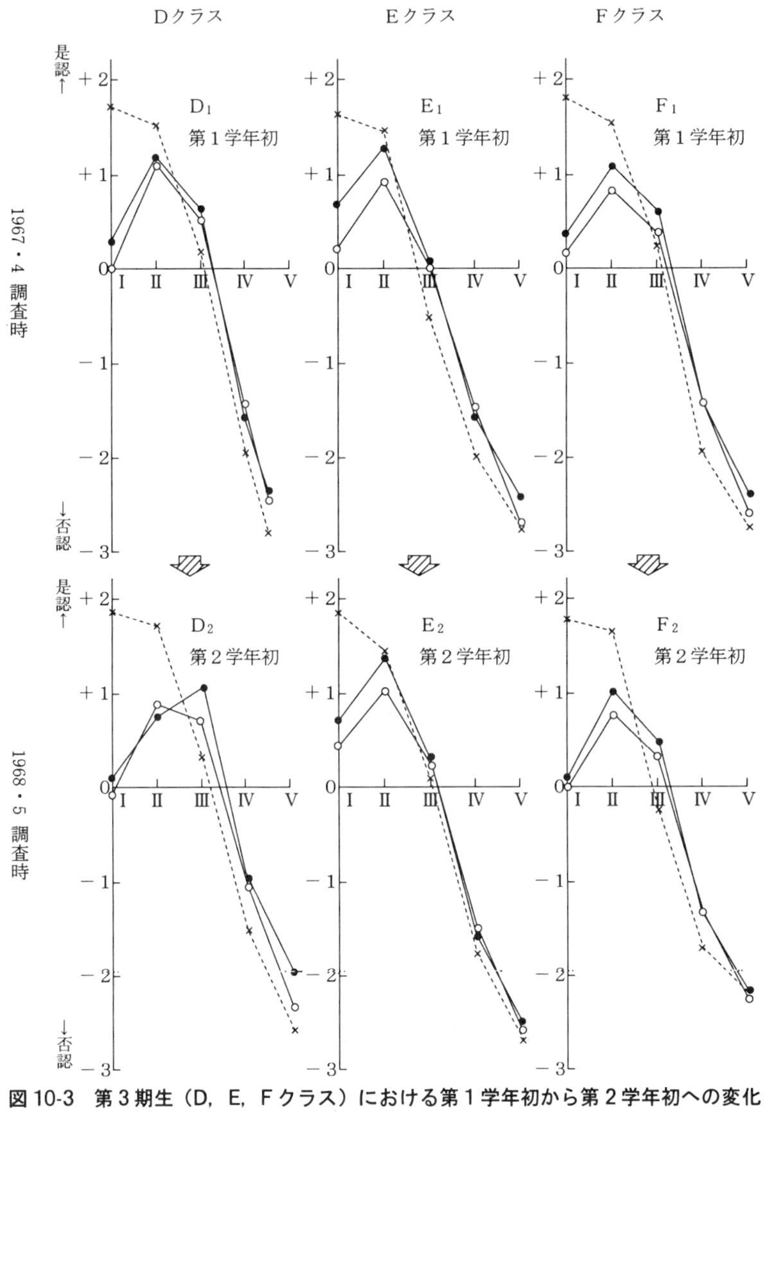

図 10-3　第 3 期生（D, E, F クラス）における第 1 学年初から第 2 学年初への変化

とて絶対量としては大きな変化とはいい難い。

全般的にみて、これらの曲線の形に関する限り、学年差は無視できるほど小さい。ただ、規範の結晶度は学年の上昇にともなって一般に高くなる傾向がみとめられる。因みに、D, E, Fクラスにおける1年間の変化はそれぞれ8.57→7.95、8.98→7.24、6.72→7.62であり、3クラス全体では8.35→7.75であった。このように学年差が予想外に小さいとすれば、むしろ入学年次による変動の方が重要視されなければならなくなる。先の図10-2にもどって検討してみると、事実、(d) — (b) 間の差よりも (d) — (e) 間の差の方が明らかに大きい。

以上の考察に基き、結局、(b) を対照群1とし、(e) を対照群2に指定することとした。そして実験群がこれら2つの対照群のいずれとも統計的に有意な差を示す場合にのみ、事件の効果を認めることとする。このような方法をとることによって入学年次の相違に基く変動分は一応排除されたとみなすことができるであろう。

実験群と対照群との比較：さて図10-2に戻って、クラスの規範（太い実線)、私的見解（細い実線)、および大学側の期待に対する認知（点線）のおのおのについて、実験群 (a) と対照群1 (b) および対照群2 (e) との比較を行ない、差の有意性を統計的に検定してみると (χ^2 検定)、表10-2の如き結果が得られた。すなわちクラスの規範（集団規範）に関しては処置Ⅰに対する是認が低減し、処置Ⅴに対する否認が弱まったこと、私的見解に関しては処置ⅠおよびにⅡに対する是認が低減し、処置ⅣおよびにⅤ対する否認が弱くなったこと、そして大学側の期待（に対する認知）に関しては処置Ⅰに対する是認が低下したことが明らかにされている。このカンニング事件とその不正行為者に対する大学側の処分は、「カンニング・ペーパーと答案用紙を取り上げて直ちに退場を命じ、教務に報告する」という最も厳しい処置を必ずしも大学側は最も強く望んでいるのではないという認識をこの事件の目撃者たちにもたらし、彼女らの私的見解を厳しい処置の忌避と寛大な処置の是認の方向へ変化させている。そして彼女らの学級集団の規範もまたこれらの変化を反映して、私的見解の変化ほど顕著ではないまでも、同じ方向への有

表 10-2　実験群と 2 つの対照群との差

	比　較	処　置				
		Ⅰ	Ⅱ	Ⅲ	Ⅳ	Ⅴ
集団規範	差の方向		−			＋
	対照群 1 と	**	**		(*)	*
	対照群 2 と		*			**
私的見解	差の方向	−	−		＋	＋
	対照群 1 と	**	**		**	**
	対照群 2 と	**	**		*	**
大学側の期待（認知）	差の方向	−				
	対照群 1 と	**				
	対照群 2 と	**				

注：差の方向＋は実験群＞対照群を、−は実験群＜対照群を表す。差の検定は x^2 により、**は p ＜. 01 を、*は p ＜. 05 を、(*)は p ＜. 10 を、空白の欄は n. s. を表す。

意な変化を遂げたのである。この変化は、処分の決定を行なった教授会の意図とはむしろ逆行するものであったと思われる。

以上の比較は実験群、対照群ともにそれぞれ 3 学級を一括して行なったものである。しかし、集団規範の測定に用いられた質問項目は、ここでいう集団の範囲が学級（クラス）であることを明瞭に指定している。さらにまた事件の経過記述の中で明らかにしたように、事件へのかかわり方も A, B, C 3 クラスでは多少異っていた。すなわち C クラスは不正行為者 M を出した学級であり、B クラスは卒倒者Nをもつ学級であるのに対し、A クラスは事件当日同じ試験場にいてこれらの出来事を目撃しただけの学級である。測定資料（とくに集団規範に関するもの）はこれらのクラス別に集計し直すことによって、いっそう具体的な意味をもつものとなるであろう。このようにして、実験群の 3 学級を別々に集計し直し、グラフ化したものが図 10-4 である。比較の便を考えて、対照群 1 のグラフを図 10-2 から転載しておいた。表 10-3 は、これら A, B, C 3 クラスと 2 つの対照群との間の差の有意性を統計的に検定した結果である（χ^2 検定）。

先にみたように、厳しい処置を忌避し寛大な処置を容認しようとする傾向は、当然ここでもうかがえるが、その程度にはクラス間にかなりの差が認め

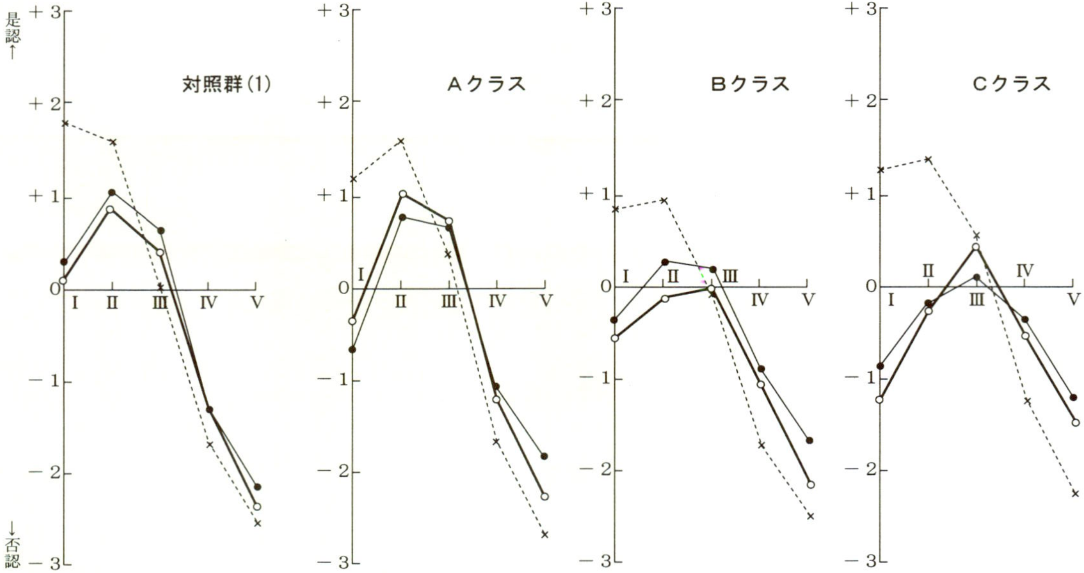

図 10-4　対照群（1）と実験群 3 学級（A, B, C クラス）との対比（不正行為者が代理監督者の知らない学生の場合）

表 10-3　実験群内の 3 クラスと対照群との差の有意性

比較		Aクラス					Bクラス					Cクラス				
		I	II	III	IV	V	I	II	III	IV	V	I	II	III	IV	V
集団規範	差の方向							−				−	−		+	+
	対照群 1 と	**					(*)	**				**	**		*	**
	対照群 2 と			(*)				(*)			*	**	*		**	**
私的見解	差の方向	−						−			+	−	−			+
	対照群 1 と	*						*	**		*	**	**			**
	対照群 2 と	*				**		*			(*)	**	**			**
大学側の	差の方向						−	−							+	+
期待（認知）	対照群 1 と	*					**	(*)							(*)	*
	対照群 2 と		(*)				**	(*)							*	**

注　差の方向＋は実験群＞対照群を、−は実験群＜対照群を表す．
　差の検定は x^2 により、**は p ＜. 01 を、*は p ＜. 05 を、(*) は p ＜. 10 を、空白の欄は n.s. を表す．

られる。被処分者Ｍを出したＣクラスにおいて最も著しく、次いで卒倒者ＮのいたＢクラス、そして単なる目撃者であったＡクラスで最も弱かった。とくにＡクラスでは、処置Ⅰに対する私的見解がいくらか否定的に変化しただけであった。因みに、ここで測定された集団規範、私的見解、および大学側の期待（の認知）という3変数の中では、当然予想されるように、私的見解が最も影響を受けやすく、次いで集団規範、大学側の期待の順に影響は小さくなっていた。

表 10-4 は、上でみてきた集団規範のリターン・ポテンシャル曲線に基いて、最大リターンの点、許容範囲、強度、結晶度などの構造特性を、クラス別および群別に算定し一覧表にしたものである。

最大リターンの点は最大の是認が与えられる行動型、（すなわち集団の理想）を意味するが、対照群中ほとんどのクラスが処置Ⅱを理想としているのに対し、実験群とくに被処分者や卒倒者を出したＣクラスとＢクラスでは、これよりも相対的に寛大な処置Ⅲに最大の是認が与えられている。許容範囲すなわち集団から否認を受けないで行動できる範囲についてみると、処置Ⅰ

表 10-4　規範の構造特性

構造特性	実験群		対照群 1		対照群 2	
最大リターン点	A	Ⅱ	D	Ⅱ	G	Ⅱ
	B	Ⅲ	E	Ⅱ	H	Ⅱ
	C	Ⅲ	F	Ⅱ	I	Ⅱ
	全体	Ⅲ	全体	Ⅱ	全体	Ⅱ・Ⅲ
許容範囲	A	Ⅱ・Ⅲ	D	Ⅱ・Ⅲ	G	Ⅱ・Ⅲ
	B	（Ⅲ）	E	Ⅰ・Ⅱ・Ⅲ	H	Ⅱ・Ⅲ
	C	Ⅲ	F	Ⅱ・Ⅲ	I	Ⅱ・Ⅲ
	全体	Ⅱ・Ⅲ	全体	Ⅰ・Ⅱ・Ⅲ	全体	Ⅱ・Ⅲ
強　度	A	5.96	D	5.02	G	4.21
	B	3.92	E	5.76	H	5.17
	C	3.94	F	4.73	I	5.10
	全体	4.61	全体	5.09	全体	4.87
結晶度	A	7.20	D	7.95	G	10.78
	B	8.70	E	7.24	H	9.00
	C	8.94	F	7.62	I	8.53
	全体	10.10	全体	7.75	全体	9.60

やⅡのような厳格な処置が否認されるように変化したため、実験群とくにB、Cクラスでは処置Ⅲのみが唯一の許容行動型として残されるにいたっている（したがって、許容範囲は狭くなっている）。規範の強度は、行動次元上の各行動型（処置Ⅰ，Ⅱ，… Ⅴ）に付与される是認または否認の絶対量の和として算出されるが、これは是認された行動型へと駆りたてる集団的圧力の傾斜が急であることを意味する。実験群とくにB、C両クラスにおいてこの強度は低下しているのが注目される。結晶度は先にも少し触れた通り、規範に対する認識が集団成員間でどれほど一致しているかを示す指標である（$\Sigma\sigma^2$が小さいほど結晶度は高い）が、対照群 2 の各クラスで規範が十分結晶化していないのは入学後まだ日が浅いことによると考えられるからひとまずこれを除外して考えることとすれば、実験群とくにB、Cクラスで結晶度低下の傾向がみとめられる（$p < .10$）。

また、結晶度算出と同様の手続きを、大学側の期待（の認知）および私的見解に適用すれば、それぞれ大学側の期待に対する認知の一致度および私的見解の一致度を示す指標が得られる（この場合にも、$\Sigma\sigma^2$が小さいほど一致度は高い）。表 10-5 はこれらの一致度を示している。対照群 2 は、先に結晶度に関して述べた理由から、この場合にも適切な対照群とは言いがたい。

まず大学側の期待に対する認知の一致度についてみると、B, C 両クラス（とくにCクラス）における低下が顕著である。実験群 3 クラス全体と対照群 1 の 3 クラス全体について比較した場合の差は 5 %水準で有意である（F検定）。私的見解の一致度についてはクラス間の変動が大きく一義的な傾向は

表 10-5　大学側の期待に対する認知と私的見解の一致度

変数	実験群		対照群 1		対照群 2	
大学側の期待に対する認知の一致度	A	6.32	D	6.75	G	8.02
	B	7.77	E	6.71	H	6.78
	C	9.49	F	7.39	I	6.52
	全体	9.83	全体	6.49	全体	7.11
私的見解の一致度	A	6.65	D	7.99	G	9.72
	B	9.45	E	10.13	H	8.79
	C	11.16	F	7.88	I	9.46
	全体	10.92	全体	8.79	全体	9.42

見出しがたい。いまもしEクラスにおける低一致度を全くの偶然による例外とみなすことができれば、B, C両クラス（とくにCクラス）の示す低一致度は、これまで規範の結晶度や大学側の期待に関する一致度の動きと軌を一にするものとみなすことができるかも知れない。ついでながら、わずかな差を問題にすることが許されるならば、実験群中 A クラスのみは、これら B, C クラスの動きとは反対に、規範の結晶度、大学側の期待の認知および私的見解の一致度ともにいくぶん高まりをみせているのが注目されよう。[注6]

カンニング学生が代理監督者の親友であることを仮定した場合：方法の項で述べたように、質問B群は「カンニングしていた学生は代理監督者（＝あなた）の大の親友。この親友はいつも熱心に勉強する努力家だが成績はどうも芳しくない。今度の試験ではぜひともよい成績をおさめておきたいと一生けん命になっていた」という状況想定のもとに尋ねられた。この場合には、これまでみてきた質問A群（不正行為者は代理監督者の見知らぬ学生を仮定していた）の結果とどのように異るであろうか。対照群1（D, E, F3クラスの合計）との対比において実験群（A, B, C3クラス）の結果を図示したものが図10-5である。これら実験群3クラスが対照群1および2との間に示す差を統計的に検定した結果は、表10-6の通りであった。

見知らぬ不正行為者に対する場合より全般的に寛かな集団規範と私的見解がみられるが、大学側の期待に対する認知は「親友」によってほとんど影響を受けていない。このような全般的傾向の中でみられる実験群―対照群間の差つまり不正事件とその処分がもたらしたと推定される効果は、見知らぬ不正行為者に対する場合（前出の図10-4および表10-3）と酷似している。すなわち、厳格な処置ⅠおよびⅡが忌避されⅣに対する否認の量が軽減するという方向への変化が、Aクラス、Bクラス、Cクラスへと進むにつれてますます顕著にあらわれている。

また、表10-7にみられるように、規範の構造的諸特性や2種の一致度についてもこれとパラレルな関係が読みとれる。すなわち、最も厳格な処置Ⅰが否認されるにいたったため、最大リターンの点は対照群の場合をも含めて全般的にいくぶん寛やかな方へ移動しているが、対照群のそれが処置Ⅱ寄りのⅢ

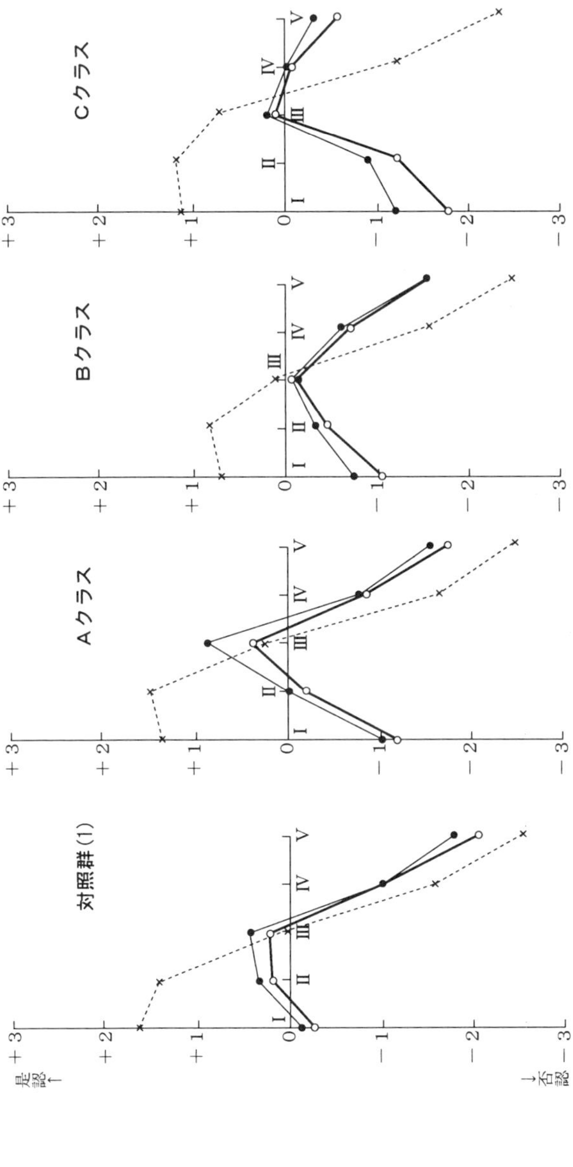

図10-5　対照群（1）と実験群3学級（A，B，Cクラス）との対比（不正行為者が代理監督者の親友の場合）

表 10-6　対照群との差の有意性（不正行為者が親友の場合）

比較		Aクラス					Bクラス					Cクラス				
		Ⅰ	Ⅱ	Ⅲ	Ⅳ	Ⅴ	Ⅰ	Ⅱ	Ⅲ	Ⅳ	Ⅴ	Ⅰ	Ⅱ	Ⅲ	Ⅳ	Ⅴ
集団規範	差の方向					+						−	−		+	+
	対照群 1 と	*			(*)	*	*	(*)			**	**	**		**	**
	対照群 2 と					*						**	**		**	**
私的見解	差の方向			+					+			−	−		+	+
	対照群 1 と			*			*	*	*			**	**		**	**
	対照群 2 と	*		*					(*)			*	**	(*)	**	**
大学側の期待（認知）	差の方向							−						+		+
	対照群 1 と						**	**					*	*		
	対照群 2 と		**					(*)						(*)		

注：差の方向＋は実験群＞対照群を、−は実験群＜対照群を表す.
　差の検定は x^2 により、**は p ＜. 01 を、*は p ＜. 05 を、(*) は p ＜. 10 を、空白の欄は n. s. を表す.

表 10-7　規範の構造特性など（不正行為者が親友の場合）

構造特性	実験群		対照群 1		対照群 2	
最大リターン点	A	Ⅲ	D	Ⅲ	G	Ⅲ
	B	Ⅲ	E	Ⅱ	H	Ⅱ
	C	Ⅲ	F	Ⅲ	I	Ⅲ
	全体	Ⅲ	全体	Ⅲ	全体	Ⅲ
許容範囲	A	Ⅲ	D	Ⅱ・Ⅲ	G	Ⅲ
	B	（Ⅲ）	E	Ⅱ・Ⅲ	H	Ⅱ・Ⅲ
	C	Ⅲ	F	Ⅱ・Ⅲ	I	Ⅲ
	全体	Ⅲ	全体	Ⅱ・Ⅲ	全体	Ⅲ
強　度	A	4.34	D	3.43	G	4.69
	B	3.69	E	4.27	H	3.91
	C	3.65	F	3.39	I	5.02
	全体	4.00	全体	3.76	全体	4.36
結晶度	A	6.64	D	8.49	G	9.47
	B	9.67	E	9.67	H	10.02
	C	11.66	F	10.07	I	8.95
	全体	10.90	全体	9.24	全体	9.62
大学側の期待に対する認知の一致度	A	5.27	D	6.42	G	8.14
	B	9.39	E	5.38	H	6.98
	C	10.63	F	6.81	I	5.98
	全体	10.11	全体	5.68	全体	7.11
私的見解の一致度	A	7.71	D	8.30	G	10.14
	B	10.95	E	10.85	H	10.07
	C	11.50	F	8.63	I	9.23
	全体	11.81	全体	9.09	全体	9.86

であるのに対して実験群のそれは截然と処置Ⅲであること、これに対応して、許容範囲もまたいくぶん右寄り（寛大な処置の方向）に移動し、全般的に狭くなりつつも、実験群と対照群との間には先にみた関係と同様のものを認めることができる。強度については先の見知らぬ不正行為者に対する場合と異り、この場合には何らの一義的関係を読みとることができない。規範の結晶度、大学側の期待に対する認知および私的見解の一致度については、再び先の場合と同様の関係がうかがえる。いずれも実験群中 B, C 両クラスにおいて結晶度または一致度が低下し、A クラスにおいてはむしろ上昇している（ただし、統計的有意水準に達しているのは大学側の期待に対する認知の一致度

について実験群全体と対照群１全体とを比較した場合だけであった)。対照群の大学側の期待に対する認知の一致度を除いて、全般的に$\Sigma\sigma^2$の値が大きくなっているのは「親友」という条件が回答者たちにとって一義的でない意味をもっていたことによるのかも知れない。

考察と結論

ある女子短期大学において創立以来はじめて起こったカンニング事件およびその不正行為者に対する大学側の処分が、この種の問題に関する学級集団の規範に如何なる効果を及ぼしたかを明らかにしようとしたわれわれの試みは、自然実験一般のもつ方法論的困難に直面しつつも、許される範囲で最も適切であると思われる対照群との比較に基いて、その効果を推定することができた。推定の結果によれば、①処分を含むこの事件は、学生をして厳格な処置を忌避せしめ寛大な処置に対する否認を低減せしめるような方向へ彼女らの私的見解を変えると共に、学級の集団規範をも同じ方向に変えていた。②この変化は不正行為者（＝被処分者）を出した学級において最も大きく、次いで未発覚の不正行為者（事件の発生時に卒倒した）のいた学級、事件の単なる目撃者であった学級へと移るにしたがって小さくなっていた。③より大きな変化は、規範の結晶度、大学側の期待に対する認知の一致度および私的見解の一致度のより顕著な低下と対応して生じていた。④このような変化は、試験監督者と不正行為者との間に親密な社会的関係を仮定させた場合にも、ほとんど同様な形で生じていた。

このような変化は、処分を断行した大学当局の意図に反するものであったと解される。試験での不正行為に対してよりいっそう厳しい規範を確立することを目指したはずの処分が、既存の規範を動揺させ逆にいっそう寛やかな規範へと変えてしまったのである。なぜこのようなことになったのであろうか。この問いに積極的に答える資料はわれわれの手許にない。ただ、厳しい処分が常に厳しい規範の形成を結果するとは限らないということについては、若干理論的考察を加えることができるように思われる。単なる形式的な規則や掟ではなくて、ここで測定の対象とされているような実質的な集団規範に関する限り、それが一定の形（リターン・ポテンシャル曲線で表されるような）に形成されるためには、その形の含意する制裁の正当性が当該集団の成員によって承認されなければならないであろう。このような観点から、本研究の事例を考察するとき、学生たちは制裁の正当性を認めていなかったように思われる。いまもし処分の決定機関が、(多分に非現実的ではあるが）学級会であるとか学生自治会であるなどのように、学生たちにとってその決定の正当性が容易に受容できるものであったとか、あるいは大学当局の施策を全面的に是認できるような信頼関係が当局と学生集団との間にでき上っている場合における当局の決定であったとかすれば、決定された処分の厳しさに対応する厳しい集団規範の形成が期待できたかも知れない。このような充分な信頼関係が存在しないところで大学当局が行なう処分決定は、それが客観的にはいかに正当なものであっても、被処分者を含む学生集団にとって自明的に正当なものと認識される保障はないといわねばならない。本研究の対象となった短期大学について、この信頼関係の存在または欠如を判定することは容易でないが、ごく一般的にいえば、高校時代の諸制約から解放されることを夢みている青年期の女子大生に創立以来わずか2年の歳月でこのような信頼関係を確立することはきわめて困難であったろうと思われる。決定後におけるその正当性の説得こそが肝要であったかもしれない。

このようにみてくると、規範の形成に及ぼす制裁の効果と規範の維持に及ぼすそれの効果とは多少異るように思われる。規範の維持においては、規範の命ずる制裁はそれ自体が（他の条件に変化がなければ）充分な正当性を具備しているものとみなされているから、ほとんど確実に所期の効果をあげるであろう。規範とは本来的に現状維持的機能をもつものである。大学当局が処分によって意図したものは、明らかに規範の維持ではなくむしろ形成ないしは変容であった。この事件以前の定期試験においても不正行為のうわさは流れていた。創立以来はじめての処分は、この弛緩した風紀を厳しいものに変える意図をもっていた。これは現状維持ではなく現状変革であった。この場合には制裁のもつ（集団成員の側の）主観的正当性が重要な問題になってくることは上で論じた通りである。形成と維持の概念的区別についてはもっと綿密な考察を必要とするように思われるが、これは別の機会にゆずりたい。本研究の取り扱った事例が形成（または変容）に関するものであるとすれば、これと対比できる維持の事例を探して実証的資料を得ておかなければならない。理論の構築はその実証的確認と並行して進められねばならないであろう。

さて、上に述べたような意味での主観的正当性を欠いた制裁が大学当局から下されたとき、それがもたらした（逆）効果は、この事件へのかかわり方の異る3つの学級において興味深い差異を示していた。制裁の犠牲者を出すまいとする心理的構えは、現実に被処分者を出したクラス、発覚を免れた不正行為者を級友にもつクラスでとくに顕著であった。このことは、これらのクラスでとくに強くこの制裁のもつ正当性が否定されていたことを物語っているように思われる。また事件の単なる目撃者であったクラスで規範の変容が最も小さかったことと、規範の結晶度と私的見解および認知の一致度の変化が、上の2クラスとはむしろ逆に小さくなり規範的過程が動揺よりもむしろよりいっそうの安定性へと移行したことなどの背景には、制裁の犠牲者への心理的関与度の差とでもいうべき特殊な要因が作用しているように思われる。このことはこの種の問題に関する将来の理論化において考慮さるべき側面の一つであろう。

より大きな規範の変化が、結晶度その他の一致度のより顕著な低下と対応していたことについては、女子寮の門限に関するインフォーマルな学年規範（各学年1クラスずつであったから、学年規範はクラス規範と同義）について佐々木（1969；第8章）が観察し理論化しているところと合致する。規範の自然な変容には、結晶度の低下が先行条件をなしているものと考えられる。

試験監督者と不正行為者との間に親密な社会的関係を仮定させて測定した諸結果が、制裁の効果に関する限り、両者間に「見知らぬ」者同志の関係を仮定させた場合と本質的に同じであったことについては、特に改めて論ずることはない。ただ、不正行為者Mの発見が同室の受験生の申し出によるものであった事実を想起すれば、実験群の回答者たちにとっては「親友」を仮定した設問の方がいっそうリアルに感じられたであろう。

要　約

某女子短期大学で創設後初めて起こった、定期試験中のカンニング事件に取材して、大学当局の下した制裁がこの問題に関する学生側の規範をどのように変化させたかを追跡調査した。Stouffer (1949) の質問項目を参考にして、これをリターン・ポテンシャル・モデルによって解析できるように改変した質問紙を作成し、事件の目撃者（実験群）と翌年入学して来たばかりの（したがって、事件のことを知らない）新入生、さらに翌々年入学してきた新入生とに回答を求めた。これらの新入生への調査は、事件以前の学生の状態を推定するための適正な対照群を得るために行われたものである。実験群との比較に当たって、学年差と入学年次による偏りとの影響を排除するため２つの統制群を事後的に選定した。

これらの工夫によって推定された制裁の効果は、大学当局の意図に反して、カンニングに対する厳しい処罰を否認し寛大な処置を是認する方向への規範変容であった。この変容は被処罰者を出したクラスにおいて特に顕著であり、カンニング事件をたまたま同室で目撃した別のクラスでは相対的に軽微であった。

これらの結果は、制裁の出所、制裁の機能としての規範の維持と改変に関する原理的考察を刺激するものであった。

注記：
＊この調査の実施に際しては、当該短期大学関係の多くの方々よりご援助を賜った。ただ主題の性質上、これらの方々の氏名の明記は控えさせて頂かざるを得ないが、この機会に厚くお礼申し上げる。
注１　いずれの場合も本人たちが不正の事実があったことを認めている。
注２　これに先立って３月２日に開かれた臨時教授会では、学生部長より「(L・M 両名とも) 改悛の情切なるものがあり、家庭に謹慎中である」との報告があった。
注３　もう一つの経験者群、すなわちLの所属する学級の学生たちは、この時期すでに卒業していた。
注４　理想的には同年４月の開講後２週目に実施すべきであったが、調査実施者の都合で５月の中旬～下旬での実施になった。しかし、この時期のズレは実際にはほとんど重要な影響をもたらしていないものと思われる。
注５　この質問は、現実にはほとんど起こり得ない「あなたが定期試験の代理監督者であったとしたら」という仮定の上に立っているので、厳密にはこのような事柄にクラス規範が形成され

ているとは考えにくい。ここでは、「試験中のカンニング行為に対する態度規範」を表す表面尺度と捉えておきたい。

注 6　ただし、いずれも「カンニング学生は代理監督者の見知らぬ学生であった」場合に関するものである（質問 A 群）。

注 7　規範の虚構性については、本研究の資料全般にわたって検討した結果、何ら有意味な発見が得られなかったので、資料の提示は省略した。

第Ⅳ部
集団規範と生産性

第Ⅳ部　集団規範と生産性

第Ⅳ部では、集団の成績ないし生産性に影響を及ぼすと思われるいくつかの集団規範を取り上げ、実際にその影響を調べる。

まず第11章で取り上げられるのは、集団活動への出席に関する規範と遅刻に関する規範である。この章の研究を着想させたのは、関西学生吹奏楽連盟傘下の吹奏楽部を対象に演奏能力の高い団体群と相対的にそれの低い団体群との間に、どのような集団特性上の差異が見られるかを検討した総合的調査研究の成果であった。前者の団体群は部活動への欠席・遅刻に関して後者の群より厳しい規範をもっていた。この発見に基づいて関西学生アーチェリー連盟傘下の洋弓部を対象に同様の調査・分析を行ったところ、これら2種の規範に関して成績上位群と下位群との間に見られた差異は、基本的には吹奏楽の場合と同方向にあるとは言え、ごく小さいものであった。これらの結果は、吹奏楽がハーモニーを産み出すための一斉練習を重視するのに対して、アーチェリーは団体戦といえども基本的には個人得点の合計に過ぎないといった活動（と集団成績との関係）の性格の相違によるものと解釈された。

第12章は、大学野球部のデータによって再度このことを確認した研究である。すなわち、野球も吹奏楽同様、成員間の協応を必要とするスポーツである。成績上位群と下位群の間には欠席・遅刻の規範に関して明瞭な差異が見られるであろうと予想され、結果もこれを実証している。

第13章は生産水準規範と集団生産性との関係を調べた実験室実験である。テストされた仮説は上の2章よりはるかに複雑である。上で扱った欠席・遅刻の規範は集団の成績を向上させるために必要な練習時間ないし練習量を確保するための、いわば環境づくりに係わる規範であった。これに対して生産水準規範は集団が達成すべき生産水準を直接指示している。したがって、この規範と集団生産性との関係は、規範の結晶度や虚構性に異常に大きな問題がない限り、改めて検証する必要がないほど緊密でなければならない。実験の目的は、この関係を検証することに重点があるのではなく、集団生産性に及ぼすリーダーの生産指向的働きかけとこの規範との交互作用効果を検証することにあった。すなわち、生産水準規範を高く設定させる重要な要因の1つはリーダーによる生産指向的働きかけであるが、いったんある水準の規範が設定されると、ある期間リーダーの働きかけ無しでも一定水準の生産性が維持されるであろう。他方、集団活動開始の初期にリーダーからの働きかけ無しで低水準の規範が形成されると、その後に加えられるリーダーからの働きかけはこの規範の抵抗を受けて生産性の向上に充分な効果をあげ得なくなるであろう、というのが仮説である。反省を迫られる方法上の難点によって結果は必ずしも明瞭とは言えないが、大筋においてこの仮説は支持されたとみてよいようである。

第11章　出席及び遅刻に関する規範と集団の成績：吹奏楽部と洋弓部の調査研究

問　題

職場集団のインフォーマルな規範が成員たちの生産行動を規制し、ひいては集団の生産性に影響を及ぼすことを明らかにしたのは、いわゆるホーソン研究、特に配電盤捲き線作業室における参加観察であった（Roethlisberger & Dickson, 1939）。なかでも生産制限規範（production-restricting norm）と呼ばれる規範が有名である。これは怠惰な成員を督励すると同時に働き過ぎる成員をも牽制して、集団の生産量を常時一定に保とうとするはたらきをもっていた。この種の職場規範の存在は、その後さらにハーウッド社のパジャマ縫製工場における職務変更への抵抗について研究した Coch & French（1948）によっても報告されている。ここでは、会社側から一方的に職務変更を求められた女工たちが、会社側の設定した標準作業量（60 単位）より 10 単位ほど低い水準に仲間うちの標準をつくりあげ、これを超えて会社側の標準に近づこうとした者を悪者扱い（scapegoating）して圧力を加え、結局、仲間うちの標準にそった作業量にまで引き戻したという。

Schachter 他（1951）は、集団の凝集性が生産性に及ぼす効果を検討した実験によって、誘導（induction）がプラスならば、凝集性は生産性に対して促進的に[注1]、また誘導がマイナスならば抑制的に作用することを明らかにした。この誘導は、実際には実験者が事前に用意しておいたメッセージをチームメイトから発信されたものと装って被験者に手渡すことによって操作された。プラス誘導には「もっと頑張って生産を上げましょう」といった内容のメッセージが、またマイナス誘導には「もう少しゆっくりやりましょう」といった内容のメッセージが数通配られたのである。この状況下では、誘導は事実上高生産または低生産を目指す集団規範をつくりあげていたものと解される。この実験を追試した Berkowitz（1954）は、同様の手続きによって操作した変数を生産標準（production standard）と呼び、シャクターらの実験結果をより明瞭な形で（つまり、プラスの誘導＝高生産標準のもとで凝集性高群の方が低群より有意に高い生産性を示すこと）を確認し、いったん標準（すなわち規範）が成立すれば誘導メッセージを送らなくても効果が持続することを確証している。わが国でも同様の実験的研究が、前田らによって行われ同様な結果が得られている（前田・小嶋・野間，1960；前田・小嶋・中島，1962；Maeda, 1968）。Schachter 他（1951）に始まるこれら一連の研究は、いずれも生産水準に関する集団標準ないし規範が集団の生産性を規定する有意な要因であることを示している。

佐々木・山口（1971：第 6 章）は、リーダーシップ・タイプと集団の生産性との関係をみた実験において、PM 型リーダーのもとで生産促進的な規範が、P 型リーダーのもとで生産抑制的な規範が形成されていることを見いだし、このような規範がリーダーシップ・タイプと集団生産性を繋ぐ媒介変数として作用しているであろうと推論している。

一方、欠勤や遅刻に関する規範については、報道関係企業体における欠勤規範（佐々木, 1994a：第 3 章）と都市消防組織体における欠勤規範と遅刻規範（佐々木, 1994b：第 4 章）に関する調査研究があり、これらの規範の構造特性が、職場集団の取り組む業務の特性やリーダーシップ・タイプとどのように関係しているかを検討している。しかし、いずれの研究もこれらの規範と職場集団の生産性との関係は扱っていない。

本研究では、大学生のクラブ活動に題材を取って、クラブ集団のもつ出席および遅刻に関する集団規範がクラブの生産性（すなわち、コンクールやコンテストにおける成績）とどのように関係しているかを検討しようとするものである。ここで出席に関する規範というのは、欠勤（＝欠席）に関する規範をいわば裏側から測ったもので、遅刻に関する規範とともに集団の活動時間を確保する機能を果たしている規範である。これらの規範は集団活動に対する成員たちの参加を規定するするという意味で「参加規範」と総称することができるであろう。

参加規範と集団の成績（ないし生産性）との間には次のような仮説が成り立つ。

仮説 1：成績上位群は成績下位群よりも厳しい参加規範をもっているであろう。

なぜなら、厳しい参加規範はクラブの活動（その大部分は練習）への成員たちの参加を促進するから、より多くの練習が成績の向上をもたらすであろう。

仮説 2：集団の成績が成員間の相互作用（いわゆる連携プレイ）に依存する程度が高いほど、参加規範と集団成績との関係は緊密になるであろう。

なぜなら、集団の成績が成員間の相互作用に強く依存するような課題においては一斉練習が重要になるが、他方、成員個人の成績の加算によって集団の成績が決まるような課題においては、むしろ成員個々人の事情に合わせて個別に練習する方が効果的で、一斉練習はさほど重要ではなくなるであろう。そして、ここで取り上げる参加規範は、主として一斉練習の時間を確保することに関わっている、と考えられるからである。

本研究では、前者の例として吹奏楽（ブラスバンド）が、後者の例として洋弓（アーチェリー）が取り上げられる。

方　法

調査当時関西学生吹奏楽連盟に加盟していた 13 大学（工業専門学校 1 校を含む）の吹奏楽部、および関西学生アーチェリー連盟に加盟していた 23 大学（短期大学 1 校を含む）の洋弓部を対象に、それぞれの連盟の後援を得て、質問紙調査を実施した。調査の時期は、吹奏楽部については 1969 年 11 月 19 日から 12 月 25 日まで[注2]、洋弓部については 1972 年 8 月 18 日に調査用紙を配布し 24 日に回答を回収した[注3]。有効回答票のクラブ当り平均回収率は、吹奏楽部 13 クラブで 81.6%、洋弓部 23 クラブで 56.1%であった。吹奏楽部のデータは、連盟主催のコンクールなどにおける演奏に対する連盟役員たちの評価に基づいて上位 6 校と下位 7 校とに区分された。洋弓部のデータからは、女子校 4 校を除いた残り 19 校について、連盟主催の春期リーグ戦の成績をもと

表 11-1　分析に用いた各クラブの部員数，有効回答票数，および回収率

吹奏楽部				洋弓部			
クラブ	部員数	有効回答票	回収率	クラブ	部員数	有効回答票	回収率
成績上位群：				成績上位群：			
A	63	51	81.0%	a	28	11	39.3%
B	44	38	86.4	b	53	30	56.6
C	37	37	100.0	c	34	25	73.5
D	39	35	89.7	d	39	19	48.7
E	31	28	90.3	e	40	23	57.5
F	42	39	93.1	f	34	20	58.8
平均	42.7	38.0	90.1	平均	38.0	21.3	55.7
成績下位群：				成績下位群：			
G	32	27	84.4%	g	43	12	27.9%
H	30	18	60.0	h	24	6	25.0
I	35	24	68.6	i	31	16	51.6
J	31	24	77.4	j	26	13	50.0
K	33	25	75.8	k	33	14	42.4
L	17	9	52.9	l	16	14	87.5
M	17	12	70.6	m	24	8	33.3
平均	27.9	19.9	70.0	平均	28.1	11.9	45.4

に上位6校と下位7校を選び出し、中間の6校を取り除いた。結局、本研究に用いられた各クラブの部員数、有効回答票数、および回収率は、表 11-1 の通りであった。

集団規範の測定には、拡充されたリターン・ポテンシャル・モデルに基づく次の質問項目が用いられた。

まず吹奏楽部における出席に関する私的見解と集団規範は、それぞれ次の Q11-A と Q11-B によって、遅刻に関する私的見解と集団規範は、それぞれ Q11-C と Q11-D によって測定された。

Q11-A ［クラブの活動全体（合宿、遠征などを含む）を 100 と考えて］あなたのクラブの部員がクラブの練習や会合に次のように参加した場合、あなたはそれをどう思いますか。(各列の数字を○で囲んで下さい。)

クラブの部員が ↓ あなたは→	大変よいと思う	一応よいと思う	まあよいと思う	良いとも悪いとも思わない	どちらかといえばまずいと思う	少しまずいと思う	大変まずいと思う
すべてに参加する場合	1	2	3	4	5	6	7
90 %参加する場合	1	2	3	4	5	6	7
80 %参加する場合	1	2	3	4	5	6	7
70 %参加する場合	1	2	3	4	5	6	7
60 %参加する場合	1	2	3	4	5	6	7
半分以下しか参加しない場合	1	2	3	4	5	6	7

Q11-B　それではあなたが次のように参加した場合、クラブの部員はどう思うでしょうか。

あなたが ↓ クラブの部員は→	大変よいと思うだろう	一応よいと思うだろう	まあよいと思うだろう	良いとも悪いとも思わないだろう	どちらかといえばまずいと思うだろう	少しまずいと思うだろう	大変まずいと思うだろう
すべてに参加する場合	1	2	3	4	5	6	7
90 %参加する場合	1	2	3	4	5	6	7
80 %参加する場合	1	2	3	4	5	6	7
70 %参加する場合	1	2	3	4	5	6	7
60 %参加する場合	1	2	3	4	5	6	7
半分以下しか参加しない場合	1	2	3	4	5	6	7

Q11-C　あなたのクラブの部員がクラブの練習や会合に次のように遅刻してきた場合、あなたはそれをどう思いますか。

クラブの部員が↓　あなたは→	大変よいと思う	一応よいと思う	まあよいと思う	良いとも悪いとも思わない	どちらかといえばまずいと思う	少しまずいと思う	大変まずいと思う
15 分前～定刻までに来た場合	1	2	3	4	5	6	7
0 ～ 15 分遅刻した場合	1	2	3	4	5	6	7
15 ～ 30 分遅刻した場合	1	2	3	4	5	6	7
30 ～ 45 分遅刻した場合	1	2	3	4	5	6	7
45 ～ 60 分遅刻した場合	1	2	3	4	5	6	7
60 分以上遅刻した場合	1	2	3	4	5	6	7

Q11-D　それでは、あなたが次のように遅刻した場合、クラブの部員はどう思うでしょうか。

あなたが↓　クラブの部員は→	大変よいと思うだろう	一応よいと思うだろう	まあよいと思うだろう	良いとも悪いとも思わないだろう	どちらかといえばまずいと思うだろう	少しまずいと思うだろう	大変まずいと思うだろう
15 分前～定刻までに来た場合	1	2	3	4	5	6	7
0 ～ 15 分遅刻した場合	1	2	3	4	5	6	7
15 ～ 30 分遅刻した場合	1	2	3	4	5	6	7
30 ～ 45 分遅刻した場合	1	2	3	4	5	6	7
45 ～ 60 分遅刻した場合	1	2	3	4	5	6	7
60 分以上遅刻した場合	1	2	3	4	5	6	7

そして洋弓部における出席に関する私的見解と集団規範は、それぞれ次の Q11-E と Q11-F によって、遅刻に関する私的見解と集団規範は、それぞれ Q11-G と Q11-H によって測定された。

Q11-E　あなたのクラブの部員がクラブの練習や会合に次のように参加した場合、あなたはそれをどう思いますか。

クラブの部員が↓ あなたは→	大変よいと思う	一応よいと思う	まあよいと思う	良いとも悪いとも思わない	どちらかといえばまずいと思う	少しまずいと思う	大変まずいと思う
すべてに参加する場合	1	2	3	4	5	6	7
90 %参加する場合	1	2	3	4	5	6	7
80 %参加する場合	1	2	3	4	5	6	7
70 %参加する場合	1	2	3	4	5	6	7
60 %以下しか参加しない場合	1	2	3	4	5	6	7

Q11-F　それではあなたが次のように参加した場合、クラブの部員はどう思うでしょうか。

あなたが↓ クラブの部員は→	大変よいと思うだろう	一応よいと思うだろう	まあよいと思うだろう	良いとも悪いとも思わないだろう	どちらかといえばまずいと思うだろう	少しまずいと思うだろう	大変まずいと思うだろう
すべてに参加する場合	1	2	3	4	5	6	7
90 %参加する場合	1	2	3	4	5	6	7
80 %参加する場合	1	2	3	4	5	6	7
70 %参加する場合	1	2	3	4	5	6	7
60 %以下しか参加しない場合	1	2	3	4	5	6	7

Q11-G　あなたのクラブの部員がクラブの練習や会合に次のように遅刻してきた場合、あなたはそれをどう思いますか。

クラブの部員が ↓　あなたは ⟶	大変よいと思う	一応よいと思う	まあよいと思う	良いとも悪いとも思わない	どちらかといえばまずいと思う	少しまずいと思う	大変まずいと思う
60 分前～ 30 分前に来た場合	1	2	3	4	5	6	7
30 分前～ 15 分前に来た場合	1	2	3	4	5	6	7
15 分前～定刻に来た場合	1	2	3	4	5	6	7
0 ～ 15 分遅刻した場合	1	2	3	4	5	6	7
15 ～ 30 分遅刻した場合	1	2	3	4	5	6	7
30 分以上遅刻した場合	1	2	3	4	5	6	7

Q11-H　それでは、あなたが次のように遅刻した場合、クラブの部員はどう思うでしょうか。

あなたが ↓　クラブの部員は ⟶	大変よいと思うだろう	一応よいと思うだろう	まあよいと思うだろう	良いとも悪いとも思わないだろう	どちらかといえばまずいと思うだろう	少しまずいと思うだろう	大変まずいと思うだろう
60 分前～ 30 分前に来た場合	1	2	3	4	5	6	7
30 分前～ 15 分前に来た場合	1	2	3	4	5	6	7
15 分前～定刻に来た場合	1	2	3	4	5	6	7
0 ～ 15 分遅刻した場合	1	2	3	4	5	6	7
15 ～ 30 分遅刻した場合	1	2	3	4	5	6	7
30 分以上遅刻した場合	1	2	3	4	5	6	7

吹奏楽部調査と洋弓部調査とでは、是認から否認までの 7 段階評定尺度は共通であるが、出席および遅刻の程度の区分に若干の相違がある。これは両種のクラブそれぞれの内情に明るい者の示唆に基づいて質問項目が作成され

たためである。両種のクラブを直接比較する場合には必要な調整を施した（結果 5. および 6.）が、分析の主眼が成績上位群と下位群との比較にあるところでは、特にそのような調整は行わなかった。

結　果

上記の質問に対する回答は、クラブ単位で、出席に関する規範と私的見解、欠席に関する規範と私的見解のそれぞれについて、行動次元上の測定点ごとに評定値の平均（M）が算出された。これに用いられた 7 段階評定値が最高の是認が 1 で最低の否認が 7 と逆スケールになっているのを改め、かつ中点を 0 にして是認を＋否認を－の数値で表わせるように、M'＝ 4 － M なる変換を行った。

この M'を用いて、強度（I）、是一否認差（D）、結晶度・一致度（C）、虚構性（F）が求められた。因みに、計算式は次の通りである。

強度：$I = \Sigma |M'|$

ただし、Σは行動次元上の測定点について合計することを表す.

是一否認差：$D = \Sigma M'$

結晶度・一致度：$C = \Sigma \sigma$

ただし、σは M'のまわりの標準偏差.

虚構性：$F = \Sigma | M' - m' |$

ただし、m'は M'に対応する私的見解のクラブ平均.

表 11-2 は、吹奏楽部の成績上位群と下位群における出席に関する私的見解（m'）と集団規範（M'）とを、それぞれの群の中央値で代表させて比較したものであり、また表 11-3 は、洋弓部の成績上位群と下位群について、同様の比較を行ったものである。

いずれの場合も、両群間の差の検定にはノン・パラメトリックな U-test が用いられた。

これらの表の意味するところを読み取るに当たっては、表中の数値をグラフ化した図 11-1 を併せ見るのが有益である。

表 11-2　吹奏楽部の成績上位群と下位群における出席および遅刻に関する私的見解と集団規範［中央値］

吹奏楽部	上位群 n ＝ 6gr's	下位群 n ＝ 7gr's	差の検定 U-test
出席に関する私的見解（m'）：			
すべてに参加する	2.53	2.48	n.s.
90%参加する	1.14	1.50	p ＜.05
80%参加する	−.12	.68	p ＜.01
70%参加する	−1.17	−.48	p ＜.01
60%参加する	−1.87	−1.69	n.s.
半分以下しか参加しない	−2.67	−2.62	n.s.
出席に関する集団規範（M'）：			
すべてに参加する	2.46	2.35	n.s.
90%参加する	1.12	1.41	p ＜.05
80%参加する	−.22	.58	p ＜.01
70%参加する	−1.36	−.77	p ＜.10
60%参加する	−2.14	−1.75	n.s.
半分以下しか参加しない	−2.74	−2.67	n.s.
遅刻に関する私的見解（m'）：			
15 分前〜定刻	1.19	2.00	p ＜.01
0 〜 15 分遅刻	−1.59	−.33	n.s.
15 〜 30 分遅刻	−2.41	−1.75	n.s.
30 〜 45 分遅刻	−2.65	−2.38	n.s.
45 〜 60 分遅刻	−2.74	−2.62	n.s.
60 分以上遅刻	−2.86	−2.68	n.s.
遅刻に関する集団規範（M'）：			
15 分前〜定刻	.91	1.58	p ＜.01
0 〜 15 分遅刻	−1.82	−.41	p ＜.05
15 〜 30 分遅刻	−2.64	−1.81	p ＜.10
30 〜 45 分遅刻	−2.82	−2.31	n.s.
45 〜 60 分遅刻	−2.87	−2.50	n.s.
60 分以上遅刻	−2.87	−2.62	n.s.

図 11-1 上段左の（a）は、吹奏楽部における出席に関する集団規範（太線）と私的見解（細線）を成績上位群（実線）・下位群（点線）別に表したものであり、上段右の（b）は、同様に吹奏楽部における遅刻に関する集団規範と私的見解を成績上位群・下位群別に、そして下段左の（c）と下段右の（d）は、それぞれ洋弓部における出席と遅刻に関する集団規範と私的見解を表したものである。

表 11-3　洋弓部の成績上位群と下位群における出席および遅刻に関する私的見解と集団規範［中央値］

洋弓部	上位群 n = 6gr's	下位群 n = 7gr's	差の検定 U-test
出席に関する私的見解（m'）：			
すべてに参加する	2.67	2.56	n.s.
90%参加する	1.35	1.70	p <.05
80%参加する	.12	.60	n.s.
70%参加する	−.92	−.19	p <.01
60%以下しか参加しない	−2.03	−1.62	n.s.
出席に関する集団規範（M'）：			
すべてに参加する	2.41	2.20	p <.05
90%参加する	1.51	1.10	n.s.
80%参加する	.34	.11	n.s.
70%参加する	−.93	−.96	n.s.
60%以下しか参加しない	−2.03	−2.14	n.s.
遅刻に関する私的見解（m'）：			
60 ～ 30 分前	1.84	1.88	n.s.
30 ～ 15 分前	1.42	1.73	n.s.
15 分前～定刻	.71	.77	n.s.
0 ～ 15 分遅刻	−1.34	−1.64	p <.05
15 ～ 30 分遅刻	−2.69	−2.40	n.s.
30 分以上遅刻	−2.83	−2.80	n.s.
遅刻に関する集団規範（M'）：			
60 ～ 30 分前	1.76	1.62	n.s.
30 ～ 15 分前	1.19	1.46	p <.05
15 分前～定刻	.28	.79	p <.05
0 ～ 15 分遅刻	−2.26	−1.72	p <.05
15 ～ 30 分遅刻	−2.65	−2.59	n.s.
30 分以上遅刻	−2.80	−2.68	n.s.

以下、順を追って検討していくこととする。

1. 吹奏楽部における出席に関する規範

図 11-1 の（a）によれば、上位群の規範は 90%以上の参加（＝出席）を是認し、80%以下の出席を否認しているのに対して、下位群の規範は 80%以上の出席を是認し、70%以下の出席を否認している。両群間の差は、90%参加において p <. 05 水準で、80%参加において p <. 01 水準で、また 70%参加において p <. 10 水準で統計的に有意である（表 11-2)。このことは、次の表

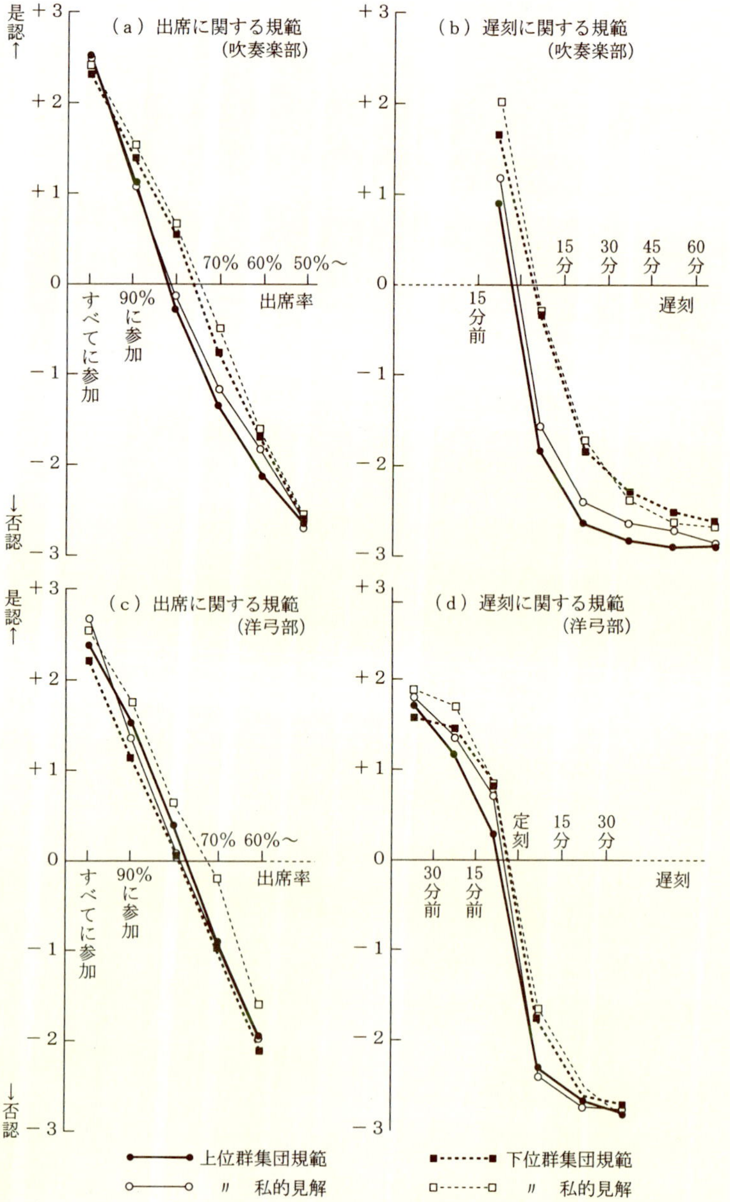

図 11-1　吹奏楽部および洋弓部における出席と遅刻に関する集団規範と私的見解：成績上位群 vs. 下位群

表 11-4　出席に関する規範の構造特性：成績上位群と下位群の比較［中央値］

構造特性	吹奏楽部			洋弓部		
	上位群 n = 6gr's	下位群 n = 7gr's	差の検定 U-test	上位群 n = 6gr's	下位群 n = 7gr's	差の検定 U-test
集団規範：						
強度（I）	10,08	9.58	n.s.	6.99	6.50	p＜.01
是一否認差（D）	−2.66	−0.50	p＜.05	+1.06	0.00	n.s.
結晶度（C）	7.99	6.88	p＜.01	6.90	6.61	n.s.
虚構性（F）	.84	1.29	n.s.	.80	2.31	n.s.
私的見解：						
強度（I）	9.59	9.29	n.s.	6.86	7.19	n.s.
是一否認差（D）	−2.32	−0.34	p＜.05	+0.93	+2.31	n.s.
一致度（C）	7.76	6.88	p＜.05	6.81	5.64	n.s.

11-4（左半分）にみられる是一否認差が上位群において相対的に大きな負の値を示していること（両群間の差は 5%水準で有意）と合わせて、上位群の規範が下位群よりも厳しいこと示している。同様の関係が私的見解についても認められる。図 11-1 の（a）に見られるごとく、両群の出席に関する私的見解はそれぞれの集団規範と近似しており、90%参加、80%参加および 70%参加で統計的に有意な群間差を示している。私的見解と集団規範とのズレ、すなわち規範の虚構性は、上位群で 0.84、下位群で 1.29 と、後者でいくぶん大きいかにみえるが、この差は統計的に有意ではない。集団規範の結晶度と

表 11-5　遅刻に関する規範の構造特性：成績上位群と下位群の比較［中央値］

構造特性	吹奏楽部			洋弓部		
	上位群 n = 6gr's	下位群 n = 7gr's	差の検定 U-test	上位群 n = 6gr's	下位群 n = 7gr's	差の検定 U-test
集団規範：						
強度（I）	14.05	11.00	n.s.	11.14	10.46	n.s.
是一否認差（D）	−12.16	−8.12	p＜.01	−4.75	−4.07	n.s.
結晶度（C）	5.07	6.91	n.s.	6.34	5.33	n.s.
虚構性（F）	1.40	1.42	n.s.	1.22	1.38	n.s.
私的見解：						
強度（I）	13.47	12.23	n.s.	11.66	11.25	n.s.
是一否認差（D）	−11.05	−7.66	p＜.05	−3.94	−2.50	n.s.
一致度（C）	6.07	6.51	n.s.	6.42	5.46	n.s.

私的見解の一致度は、いずれも下位群の方が上位群よりも有意に高い（値が小さいほど一致度、結晶度は高い）。

2. 吹奏楽部における遅刻に関する規範

図 11-1（b）によれば、成績上位群は下位群に比べ、遅刻に関して著しく厳しい集団規範をもっていることがわかる。15 分前～定刻の到着、0 ～ 15 分、15 分～ 30 分の遅刻について、それぞれ $p < .01$、$p < .05$、$p < .10$ 水準で有意な群間差が認められている。また、表 11-5（左半分）によれば、集団規範と私的見解ともに、是一否認差は上位群において下位群におけるよりも、負の有意に大きな値を示している。

3. 洋弓部における出席に関する規範

洋弓部のデータに移ろう。図 11-1 の（c）は、上位群が下位群よりも厳しい私的見解をもちながらも、規範にはさほど差異を見せていないことを示している。私的見解では 90%参加と 70%参加で両群間有意差がみられるが、集団規範で有意差が見られるのは「すべてに参加する」すなわち 100%参加においてのみである（表 11-3)。100%参加に対して上位群の方が相対的に大きな是認を与えていることは、成員たちの皆出席を推奨する力が大きいという意味で規範の強度が大きいことを予想させる（表 11-4 に見られるごとくこの強度差は統計的有意水準に達している。）が、両群の規範は低い出席率を否認するという点ではほとんど差異を見せていない。

なお、図 11-1 の（c）で見る限り、集団規範と私的見解のズレ、すなわち規範の虚構性は、上位群においてこれが極めて小さいのに、下位群においてはかなり大きいことが注目されるが、両群とも群内変動が大きく群間には有意差が認められない。

4. 洋弓部における遅刻に関する規範

図 11-1 の（d）は洋弓部の成績上位群と下位群における遅刻に関する集団規範と私的見解とを表している。一見して上位群の方が下位群より厳しい規範をもっていることがわかる。表 11-3 によれば、「30 分前～ 15 分前」「15 分前～定刻」および「0 ～ 15 分遅刻」の 3 点で両群間に有意差が認められる。両群の私的見解にはこれほどの差異は見られず、わずかに「0 ～ 15 分遅刻」

でのみ有意差が認められた。

表 11-5 の示すところによれば、規範の強度や是—否認差のような規範の厳しさとかかわる構造特性の値は、いずれも上位群の方が下位群より厳しいことを示唆しているが、その差はいずれも有意水準に達していない。その他の構造特性、規範の結晶度や虚構性にも有意な群間差は認められておらず、また、私的見解に関する諸指標にも有意差は見られなかった。

5. 出席に関する規範：吹奏楽部の場合と洋弓部の場合

われわれの仮説 2 は、吹奏楽部のようなハーモニーを産み出すための一斉練習が欠かせないクラブ活動では、洋弓部のような主として個人成績の合計で集団の成績が決まるクラブ活動に比べて、より厳格な出席および遅刻に関する集団規範が形成されているであろうことを予想している。以下順を追ってこのことを検討してみよう。

出席に関する集団規範を訊いた質問は、吹奏楽部の場合（Q11-B）と洋弓部の場合（Q11-F）とで設定した出席率の範囲に若干の差異があったことは、すでに方法の項で述べた通りであるが、表 11-6（次頁）は、その共通する範囲、すなわち「すべてに参加する」から「60%以下参加する」までについて、上位群—下位群間の差を吹奏楽部の場合と洋弓部の場合との間で比較できるようにしたものである。なお、その際厳密に言えば、吹奏楽部では「60%参加する」という表現を用い、洋弓部では「60%以下しか参加しない」という表現を用いているから、両者はまったく同じではない。しかし、比較はそれぞれのクラブの上位群—下位群間の差についてなされるので、その影響は間接的なものとなっている。

表 11-6 は、すでに図 11-1 の（a）と（c）の比較において明かなことを、数量的に再確認している。吹奏楽部においては上位群—下位群間に大幅で明確な差異が見られるのに、洋弓部では上位群—下位群間の差異が小幅であって有意差ありといえるのは「すべてに参加する」ことに対する是認の程度だけであった。私的見解についても同様な関係がみられるが、両クラブ間での違いは集団規範の場合ほど顕著ではない。

表 11-6　吹奏楽部と洋弓部における出席に関する私的見解と集団規範［中央値］

	吹奏楽部			洋弓部		
	上位群	下位群	｜差｜	上位群	下位群	｜差｜
	n = 6gr's	n = 7gr's	U-test	n = 6gr's	n = 7gr's	U-test
私的見解：						
すべてに参加する	2.53	2.48	.05	2.67	2.56	.11
90%参加する	1.14	1.50	.36*	1.35	1.70	.35*
80%参加する	−.12	.68	.80**	.12	.60	.48
70%参加する	−1.17	−.48	.69**	−.92	−.19	.73**
60%以下参加する	−1.87	−1.69	.18	−2.03	−1.62	.41
集団規範：						
すべてに参加する	2.46	2.35	.11	2.41	2.20	.21*
90%参加する	1.12	1.41	.29*	1.51	1.10	.41
80%参加する	−.22	.58	.80*	.34	.11	.23
70%参加する	−1.36	−.77	.59 (*)	−.93	−.96	.03
60%以下参加する	−2.14	−1.75	.39	−2.03	−2.14	.11

｜差｜の有意性の検定：**p ＜.01, *p ＜.05, (*) p ＜.10

表 11-7　吹奏楽部と洋弓部における遅刻に関する私的見解と集団規範［中央値］

	吹奏楽部			洋弓部		
	上位群	下位群	｜差｜	上位群	下位群	｜差｜
	n = 6gr's	n = 7gr's	U-test	n = 6gr's	n = 7gr's	U-test
私的見解：						
15 分前～定刻	1.19	2.00	.81**	.71	.77	.06
0 ～ 15 分遅刻	−1.59	−.33	1.26	−1.34	−1.64	.30*
15 ～ 30 分遅刻	−2.41	−1.75	.66	−2.69	−2.40	.29
30 ～ 45 分遅刻	−2.65	−2.38	.27	−2.83	−2.80	.03
集団規範：						
15 分前～定刻	.91	1.58	.67**	.28	.79	.51*
0 ～ 15 分遅刻	−1.82	−.41	1.41*	−2.26	−1.72	.54*
15 ～ 30 分遅刻	−2.64	−1.81	.83 (*)	−2.65.	−2.59	.06
30 ～ 45 分遅刻	−2.82	−2.31	.51	−2.80	−2.68	.12

｜差｜の有意性の検定：**p ＜.01, *p ＜.05, (*) p ＜.10

6. 遅刻に関する規範：吹奏楽部の場合と洋弓部の場合

表 11-7 は、遅刻に関する集団規範および私的見解にみられる上位群―下位群間の差を、吹奏楽部の場合と洋弓部の場合とで比較したものである。吹奏楽部調査に用いられた質問（Q11-D）では「15 分前～定刻」から「60 分以上

遅刻」まで（私的見解を訊いた Q3 も同様）について訊いているのに対し、洋弓部調査（Q11-H）では「60 分前～ 30 分前」から「30 分以上遅刻」までについて訊いている（私的見解をきいた Q11-G も同様）。両者に共通するのは「15 分前～定刻」から「30 ～ 45 分遅刻」までである。ここでも洋弓部での「30 ～ 45 分遅刻」と吹奏楽部での「30 分以上遅刻」の間には微妙なニュアンスの違いがある。しかし、上で述べたと同様の理由により、ここでは敢えて問題とはしない。

表 11-7 もまた、図 11-1 の（b）と（d）についてすでに読み取った関係を、改めて数量的に再確認している。すなわち、吹奏楽部の場合も洋弓部の場合も成績上位群の方が下位群よりも遅刻に関していっそう厳しい規範を形成しているが、その上位群—下位群間の差は吹奏楽部において洋弓部におけるよりも顕著である。私的見解についても同様な関係がみられるが、両クラブ間での違いは集団規範の場合ほどには顕著でない。

考察と結論

まず、上で見てきた諸結果を、ここで改めてわれわれの仮説と関係させて整理しておこう。

仮説 1：成績上位群は成績下位群よりも厳しい参加規範をもっているであろう。

ここで参加規範とは、出席に関する規範と遅刻に関する規範の総称である。吹奏楽部の場合には出席・遅刻いずれに関してもかなり明瞭に成績上位群の方が下位群より厳しい規範をもっていることが判明した。洋弓部の場合、遅刻に関する規範については問題なく成績上位群において下位群より厳しいといえるが、出席に関する規範ではこの点が必ずしも明確ではなかった。ただ、100%の出席に対して上位群では下位群よりも有意に大きな是認を与えていたこと、したがって 100%の出席を推奨する集団圧力（規範の強度）が有意に大きいと考えられる点で、間接的にこの仮説を支持しているとみることができよう。

本研究で用いた方法によっては、厳しい参加規範と集団の成績との因果関係を確定することができない。しかしながら、厳しい参加規範はクラブの活動（その大部分は練習）への成員たちの参加を促進するから、より多くの練習時間が確保され、それが成績の向上をもたらすであろうとの解釈は充分可能であるように思われる。

仮説 2：集団の成績が成員間の相互作用（いわゆる連携プレイ）に依存する程度が高いほど、参加規範と集団成績との関係は緊密になるであろう。

吹奏楽部の方が洋弓部よりも集団の成績が成員間の相互作用に依存する程度が高いとの前提に立って行われた比較検討によって、この仮説も明瞭に支持された。すなわち、出席に関する規範においても遅刻に関する規範においても、上位群—下位群間の差異は吹奏楽部の場合に、洋弓部の場合よりも、顕著であった。吹奏楽部のようにハーモニーを産み出すための一斉練習が欠かせないクラブ活動では、洋弓部のような主として個人成績の合計で集団の成績が決まるクラブ活動に比べて、より厳格な出席や遅刻に関する集団規範をもつことが優れた成績をあげる上でいっそう重要になっているものと解される。

ここで、吹奏楽部は 13 校が上位の 6 校と下位の 7 校に二分されているのに対し、洋弓部は 19 校中の上位 6 校と下位 7 校とが選ばれ、中位の 6 校が除かれていることに注意しなければならない。中位 6 校が除かれているということは、洋弓部の場合いっそう上位群—下位群間の差異が現れやすいことを意味する。にもかかわらず、吹奏楽部の場合に見られた差異よりも小さな差異しか現れなかったのである。吹奏楽部と洋弓部の間の違いは、上のデータに示された以上に大きいものであったとみるべきであろう。

表 11-4 と表 11-5 に示された規範の構造特性についてみておこう。まず、規範の強度（I）をそれぞれの上位群と下位群で比較すると、統計的有意差がみられたのは洋弓部の出席に関する規範だけであるが、他の 3 つの比較においても上位群の方が下位群より一貫して大きい値を示している。このことは上位群の規範の方が是認さるべき行動と否認さるべき行動とをより厳しく峻別していることを意味していて、上で見た規範の厳しさにおける群間差を裏付けている。規範の虚構性もまた、有意水準には達していないものの、上位群

の方が一貫して小さい値を示している。このことは集団規範と私的見解とのズレが小さいこと、つまり集団の規範が成員たちの私的見解によってよりよく支持されていることを表している。もちろん、統計的有意差の認められないデータについて断定的な議論をすることは許されないが、今後さらに多くのデータが蓄積されてゆくなかで､将来検討さるべき作業仮説となるであろう。

私的見解のデータについて少し検討しておこう。私的見解がそれぞれの集団規範に寄り添っていること、そしてその寄り添い方は上位群において下位群におけるよりも密接であることは、すでに虚構性について上で見た通りである。さらに、私的見解の是─否認差にも、上位群＜下位群という関係が一貫して見られる。これらのうち吹奏楽部の出席と遅刻に関しては共に有意差がみとめられているが、洋弓部では出席に関しても遅刻に関しても有意水準には達していない。これは集団規範について見られた仮説通りの関係とよく符合している。

結論として、われわれの二つの仮説、すなわち仮説 1：成績上位群は成績下位群よりも厳しい参加規範（出席および遅刻に関する規範の総称）をもっているであろう、および仮説 2：集団の成績が成員間の相互作用（いわゆる連携プレイ）に依存する程度が高いほど、参加規範と集団成績との関係は緊密になるであろう、は共に検証されたといえるであろう。私的見解も集団規範とほぼ同様の関係を示すが、上位群の方が集団規範により近く寄り添っており、結果として規範の虚構性を小さいものにしている。

要　　約

関西学生吹奏楽連盟に加盟する 13 校の吹奏楽部と関西学生アーチェリー連盟に加盟する 23 校中女子のみの 4 校を除く 19 校の洋弓部について質問紙調査を行い、それぞれコンクールの成績（連盟役員の評定をも参考にして）と春期リーグ戦の成績に基づいて成績上位群 6 校と下位群 7 校とを選び出し、出席および遅刻に関する集団規範（および私的見解）の群間比較を行った。検討された仮説は次の二つである。仮説 1：成績上位群は成績下位群よりも厳しい参加規範（出席および遅刻に関する規範の総称）をもっているであろう。仮説 2：集団の成績が成員間の相互作用（いわゆる連携プレイ）に依存する程度が高いほど、参加規範と集団成績との関係は緊密になるであろう。吹奏楽部の方が洋弓部よりも集団の成績が成員間の相互作用の質に依存する程度が高いとの前提のもとに、いずれの仮説も検証された。

注記：

＊本研究の分析に用いられた資料は、佐々木薫の指導のもとに作成された次の卒業論文から得ている。記して謝意を表する。

尾崎　正明　「大学のクラブに関する集団力学的研究：吹奏楽団体について」
関西学院大学社会学部 1969（昭 44）年度卒業論文

藤原　重明　大学のクラブに関する集団力学的研究：
「洋弓部の集団特性と生産性との関係について」
関西学院大学社会学部 1972（昭 47）年度卒業論文

注 1　シャクターらの実験では、プラスの誘導のもとでの生産量は凝集性高群の方が凝集性低群より大きい平均値を示したが、その差は統計的に有意でなかった。これは一種の天井効果によるものとみられるので、Berkowitz はこの点を方法的に改善して追試を行い、予想通りの有意差を検証している。

注 2　調査は各クラブの演奏会の 1 ～ 2 週間前をねらって実施された。この時期にはどのクラブも練習を中心とした正常な活動が行われ、部員たちの参加が最も安定しているからである。

注 3　この期間に関西学生個人選手権の予選が行われたので、調査用紙の一斉配布、一斉回収が最も容易に行われた。

第12章 出席及び遅刻に関する規範と集団の成績 (2)：大学野球部の調査研究

問　題

われわれは先の研究（佐々木, 1995a：第 11 章）において、関西学生吹奏楽連盟傘下の大学吹奏楽部と関西学生アーチェリー連盟傘下の洋弓部とを、それぞれコンクールでの成績、春期リーグ戦における団体戦の成績をもとに各連盟役員たちの評価をも参考にして、成績上位群と下位群に分かち、これらの集団のもつ出席および遅刻に関する規範の群間比較を行って次の結果を得た。すなわち、(1) 成績上位群は成績下位群よりも厳しい参加規範（出席および遅刻に関する規範の総称）をもっていた。(2) 成績上位—下位群間の差は吹奏楽部において洋弓部におけるよりも顕著であった。

このような結果は、これら二種の集団活動（吹奏楽の演奏とアーチェリーの射的）に見られる成員間の相互作用とそれが集団の成績に寄与する程度の相違によって説明される。すなわち、吹奏楽部においては音楽的ハーモニーを創り出すために（パート練習もさることながら）最終的には全部員による一斉練習が重要であるのに対し、洋弓部では競技のチーム得点が基本的には選手一人一人の個人得点の加算であって、全部員による一斉練習を必須としない。そして実際にも、練習施設の規模の制約があって、洋弓部では文字どおりの一斉練習は行われていない。

ところで、学生のクラブ活動については「文化部」と「運動部」という区分がしばしば行われる。この区分によれば、吹奏楽部は文化部であり、洋弓部は運動部である。この差異が上の結果と関係していないであろうか。この疑念を晴らすためには、その集団の成績がチームワークによって大きく左右されるような活動に従事している運動部において、吹奏楽部に見られたような顕著な関係が見い出せることを確証しなければならない。本研究は、そのような運動部の例として野球部を取り上げ、このことを検証しようとするものである。

方　法

1976 年当時関西野球連合傘下の 42 大学野球部の部員を対象に、同年 7 月 26 日から 8 月 31 日にかけて質問紙調査を実施すると同時に、幹部役員に面接して当該クラブの運営に関する事情聴取を行った。質問紙調査については在籍者総数 1060 名中 769 名から有効回答を得ることができた。回収率はチーム別にみて最高 100%、最低 36%、平均 70.9%であった。これら 42 チームのデータ中から、本研究のための成績上位群として関西六大学リーグに属する 6 チーム、成績下位群として、阪神、京滋、近畿各リーグの二部に属する 15 チーム、計 21 チームのデータが分析の対象に選ばれた。

ここでリーグ間の関係について説明しておく必要がある。まず、阪神リーグには 6 校から成る一部リーグとその下に 6 校から成る二部リーグとがあり、京滋リーグには 6 校から成る一部リーグとその下に 7 校からなる二部リーグがある。近畿リーグにはそれぞれ 6 校から成る一部リーグ、二部リーグの下にさらに 4 校から成る三部リーグがある。これら一部、二部、三部のリーグは、阪神・京滋・近畿の各リーグ内で、シーズン中の戦績に基づいて、上位のリーグ（例えば、阪神リーグの一部リーグ）の最下位チームと下位リーグ（例えば、阪神リーグの二部リーグ）の優勝チームとの間で、いわゆる「入れ替え戦」を行い、前者が勝てばリーグ編成はそのまま、後者が勝てば勝った方が上位リーグ（つまり一部リーグ）に昇格し負けた方が下位リーグ（二部リーグ）へと落ちることになる。近畿リーグのように三部リーグまであるところでは、同様のことが二部リーグの最下位チームと三部リーグの優勝チームとの間で行われる。

これら阪神、京滋、近畿リーグの上に関西六大学野球連盟の 6 校（いわゆる関六）が君臨する。もちろん、この関六と阪神・京滋・近畿 3 リーグとの間にも入れ替え戦が行われる。この場合、まず 3 リーグのそれぞれの一部リーグ優勝校 3 チームの間で一位決定戦が行われ、その一位チームと関六の最下位チームとの間で入れ替え戦が行われる。

このような制度[注1]によって、関六と 3 リーグとの間、3 リーグ内の一部、二部、三部間にはチームの成績に関して明確な序列が維持されていた。従って、本研究に用いられたデータ、すなわち上位群の関六と下位群の 3 リーグ二部との間には（中間の 3 リーグ一部を越えて）明瞭な成績差があったと見てよいであろう。ちなみに、本調査の時点（1976 年：昭 51）で、関六に含まれていたのは近畿大学、立命館大学、同志社大学、神戸学院大学、関西大学、大阪商業大学の 6 校（順不同）であり、阪神リーグの二部には関西外国語大学、桃山学院大学、大阪電気通信大学、神戸商船大学、大阪経済法科大学、摂南大学の 6 校が、京滋リーグ二部には京都外国語大学、京都工芸繊維大学、大谷大学、滋賀大学、京都府立大学、京都薬科大学、京都府立医科大学の 7

表 12-1　分析に用いた各クラブの部員数，有効回答票数，および回収率

クラブ	部員数	有効回答票	回収率	クラブ	部員数	有効回答票	回収率
関西六大学:				阪神リーグⅡ部:			
A	50	33	66.0%	a	20	14	70.0%
B	33	31	93.9	b	12	9	75.0
C	50	37	74.0	c	14	9	64.3
D	29	29	100.0	d	20	16	80.0
E	25	25	100.0	e	22	15	68.2
F	25	16	64.0	近畿リーグⅡ部:			
				f	32	22	68.8
				g	17	7	41.2
				h	14	9	64.3
				i	14	11	78.6
				京滋リーグⅡ部:			
				j	15	11	73.3
				k	23	14	60.9
				l	17	11	64.7
				m	22	15	68.2
				n	25	14	56.0
				o	15	9	60.0
平均	35.3	28.5	83.0	平均	18.8	12.4	66.2

校が、そして近畿リーグ二部には神戸大学、大阪府立大学、大阪工業大学、和歌山大学、大阪歯科大学、高野山大学の 6 校が含まれていた。なお、成績下位群の 3 リーグ二部には上述の通り 19 チームが含まれていたが、データ収集ができなかった 3 チームと調査票の回収率が低かった 1 チームを除いたので、残る 15 チームが分析に用いられた。

結局、本研究に用いられた各クラブの部員数、有効回答票数、および回収率は、表 12-1 の通りであった。

集団規範の測定には、拡充されたリターン・ポテンシャル・モデルに基づく次の質問項目が用いられた。すなわち、出席に関する私的見解と集団規範は、それぞれ Q12-A と Q12-B によって、遅刻に関する私的見解と集団規範は、それぞれ Q12-C と Q12-D によって測定された。

Q12-A［クラブの活動全体（合宿などを含む）を 100 と考えて］あなたのクラブの部員たちがクラブの練習や会合に次のように参加した場合、あなたはそれをどう思いますか。（各列の数字を〇で囲んで下さい。）

部員たちが↓　あなたは→	大変よいと思う	一応よいと思う	まあよいと思う	良いとも悪いとも思わない	どちらかといえばまずいと思う	少しまずいと思う	大変まずいと思う
すべてに参加する	1	2	3	4	5	6	7
90%参加する	1	2	3	4	5	6	7
80%参加する	1	2	3	4	5	6	7
70%参加する	1	2	3	4	5	6	7
60%参加する	1	2	3	4	5	6	7
半分以下しか参加しない	1	2	3	4	5	6	7

Q12-B　それではあなたが次のように参加した場合、クラブの部員たちはどう思うでしょうか。

あなたが↓　部員たちは→	大変よいと思うだろう	一応よいと思うだろう	まあよいと思うだろう	良いとも悪いと思わないだろう	どちらかといえばまずいと思うだろう	少しまずいと思うだろう	大変まずいと思うだろう
すべてに参加する	1	2	3	4	5	6	7
90%参加する	1	2	3	4	5	6	7
80%参加する	1	2	3	4	5	6	7
70%参加する	1	2	3	4	5	6	7
60%参加する	1	2	3	4	5	6	7
半分以下しか参加しない	1	2	3	4	5	6	7

Q12-C　あなたのクラブの部員がクラブの練習や会合に次のように遅刻してきた場合、あなたはそれをどう思いますか。

クラブの部員が↓　あなたは→	大変よいと思う	一応よいと思う	まあよいと思う	良いとも悪いと思わない	どちらかといえばまずいと思う	少しまずいと思う	大変まずいと思う
30分前に来た場合	1	2	3	4	5	6	7
15分前に来た場合	1	2	3	4	5	6	7
定刻に来た場合	1	2	3	4	5	6	7
5分遅刻して来た場合	1	2	3	4	5	6	7
15分遅刻して来た場合	1	2	3	4	5	6	7
30分遅刻して来た場合	1	2	3	4	5	6	7
60分遅刻して来た場合	1	2	3	4	5	6	7

Q12-D それでは、あなたが次のように遅刻した場合、クラブの部員たちはどう思うでしょうか。

あなたが↓ 部員たちは→	大変よいと思うだろう	一応よいと思うだろう	まあよいと思うだろう	良いとも悪いとも思わないだろう	どちらかといえばまずいと思うだろう	少しまずいと思うだろう	大変まずいと思うだろう
30分前に来た場合	1	2	3	4	5	6	7
15分前に来た場合	1	2	3	4	5	6	7
定刻に来た場合	1	2	3	4	5	6	7
5分遅刻して来た場合	1	2	3	4	5	6	7
15分遅刻して来た場合	1	2	3	4	5	6	7
30分遅刻して来た場合	1	2	3	4	5	6	7
60分遅刻して来た場合	1	2	3	4	5	6	7

また、出席に関する集団規範の実効性を見るために、次の質問を設けていた。

Q12-E[注2)] クラブの活動全体（合宿などを含む）を100と考えた場合、あなたはどれくらい参加していますか。（10%単位で答えて下さい）

約（　　　）%

実際に用いられた質問紙には、集団目標、リーダーシップ、コミュニケーション、勢力構造、集団凝集性、などを訊く数多くの質問項目が含まれていたが、今回の研究のねらいとは直接関係しないので省略する。いずれ別の機会を得て包括的な報告を行うであろう。

結　果

上記の質問に対する回答は、チーム単位に、出席に関する集団規範と私的見解、欠席に関する集団規範と私的見解のそれぞれについて、行動次元上の測定点ごとに評定値の平均（M）が算出され、7 段階評定の 4 を中点 0 に、是認を＋否認を－の数値で表すため、M'＝ 4 － M なる変換を行った。なお、集団規範と私的見解とを区別する便宜を考慮して、前者を M'で後者を m'で表記することとした。

この M'と m'を用いて、強度（I）、是－否認差（D）、結晶度・一致度（C）、虚構性（F）が求められた。算出の手続きは前章に示したものと全く同じであった（253 頁）。

これらの資料に基づいて、まず出席に関する集団規範と私的見解を、次いで遅刻に関する集団規範と私的見解を取り上げ、われわれの仮説を検討することとする。

1.　出席に関する規範

表 12-2 は、成績上位群 6 チームと成績下位群 15 チームにおける出席に関する集団規範（M'）と私的見解（m'）とを、それぞれの群の中央値で代表させて比較したものである。両群間の差の検定にはノン・パラメトリックな U-test が用いられた。

これらの表の意味するところを読み取るに当たっては、表中の数値 M'および m'をグラフ化した図 12-1 を併せ見るのが有益である。成績上位群の集団規

表 12-2　出席に関する集団規範と私的見解：成績上位群と下位群との比較［中央値］

	集団規範(M')			私的見解(m')		
	上位群	下位群	差の検定	上位群	下位群	差の検定
	n ＝ 6gr's	n ＝ 15gr's	U-test	n ＝ 6gr's	n ＝ 15gr's	U-test
すべてに参加する	2.27	2.50	p ＜.05	2.56	2.73	n.s.
90%参加する	.84	1.50	p ＜.05	.94	1.44	p ＜.05
80%参加する	.02	.70	p ＜.05	.02	.56	p ＜.05
70%参加する	－.83	－.33	p ＜.10	－.76	－.07	p ＜.05
60%参加する	－ 1.54	－ 1.29	n.s.	－ 1.55	－ 1.14	n.s.
半分以下の参加	－ 2.31	－ 2.22	n.s.	－ 2.45	－ 2.29	n.s.
強度(I)	8.08	8.67	n.s.	8.82	9.00	n.s.
是－否認差(D)	－ 1.35	1.00	p ＜.05	－.74	2.14	p ＜.10
結晶度(C)	8.46	7.53	n.s.	8.36	6.63	p ＜.05
虚構性(F)	上位群 1.08		下位群 1.78		差の有意性 p ＜.01	

範は太い実線、私的見解は細い実線で、また成績下位群の集団規範は太い点線、私的見解は細い点線で表されている。

図 12-1 によれば、上位群・下位群とも 80%以上参加（＝出席）を是認し、70%以下の出席を否認しているが、両群の是認と否認の分布を見ると上位群の方が下位群よりも出席に関してより厳しい規範を形成していることがわかる。両群間の差は、100%参加、90%参加、80%参加において $p<.05$ 水準で、また 70%参加において $p<.10$ 水準で統計的に有意である（表 12-2）。このことは、表 12-2 にみられる是—否認差が上位群において負の値となり、下位群

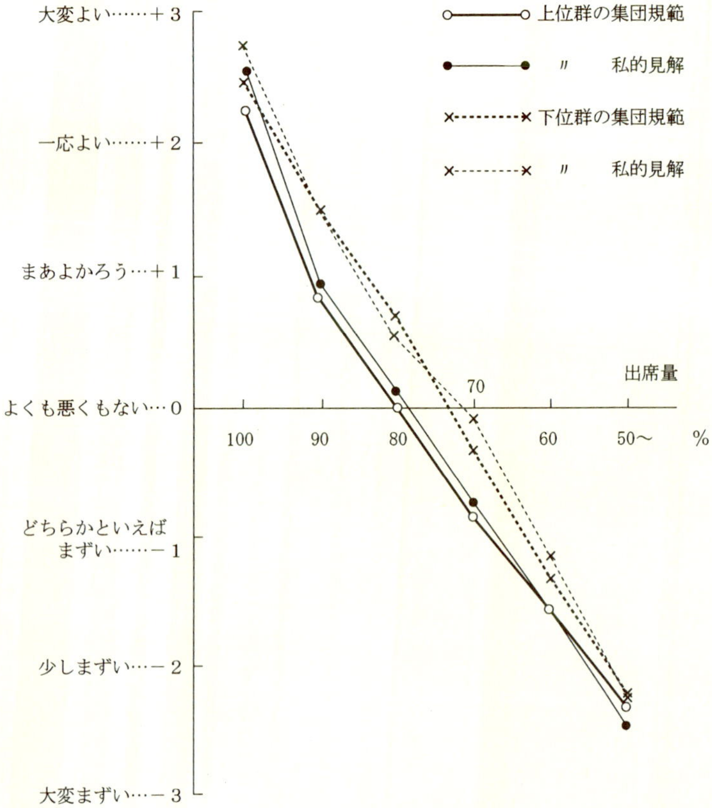

図 12-1　出席に関する集団規範と私的見解：成績上位群と下位群との比較

において正の値となっていること（両群間の差は 5%水準で有意）によっても示されている。規範の強度と結晶度には両群間に有意な差が見られない。

私的見解の両群比較についてもほぼ上と同様な関係が認められるが、100%参加点での是認量に群間差がないことと、規範の結晶度が上位群において下位群より有意に低いことに違いが認められる。ともあれ、上位群の厳しい規範が同様の厳しい私的見解に支えられ、下位群の相対的に寛やかな規範が同様の寛やかな私的見解に裏付けられているのを読み取ることはきわめて容易である。

最後に、私的見解と集団規範とのズレ、すなわち規範の虚構性は、上位群で 1.08、下位群で 1.78 と、前者で有意に小さかった。このことは上位群におけるあの厳しい集団規範が、成員たちの私的見解に近いものとして、よりよく支持されていたことを表している。

2. 出席に関する規範と成員の行動：規範の実効性の検討

上の分析によって、上位群の方が下位群よりも出席に関してより厳しい集団規範を形成していることがわかった。このような集団規範の差異は、果してそれに対応した成員たちの行動に差異をもたらしているであろうか。Q12-E は、これらのチームのメンバーたちが実際にどのていど出席しているかを、10%刻みで自己申告させている。このデータからチームごとに次の 4 つの指標を導いた。①平均出席量：メンバーの回答のチーム平均、②80%以上出席者：Q12-E で 80%、90%、100%参加すると答えた者のチーム内に占める割合、③90%以上出席者：同様に 90%、100%参加すると答えた者の占める割合、④100%出席者：100%参加すると答えた者の割合。いずれの指標も%で表示されているが、①はもともと%のついた回答の平均値であるのに対し、②以下は回答者の占める割合を表示するための%であって、%の意味が異なることに注意しなければならない。表 12-3 は、これら 4 つの指標について上位群、下位群ごとに求めた中央値を比較したものである。差の検定には U-test が用いられた。

表 12-3 によれば、平均出席量は上位群で 89.4%、下位群で 86.4%と、上位群の方が高い値を示しているが、両群とも群内変動が大きいためこの差は有

表 12-3 チーム・メンバーの出席量：成績上位群と成績下位群との比較［中央値］

	平均 出席量(%)	出席する者の割合(%) 80%以上出席者	 90%以上出席者	 100%出席者
上位群(n = 6)	89.4	85.9	76.1	67.9
下位群(n = 15)	86.4	81.8	72.7	42.9
差の有意性	n.s.	n.s.	n.s.	$p < .05$

意でない。出席する者の割合についても、80%以上出席者、90%以上出席者、100%出席者のいずれにおいても上位群の方が下位群より多いが、有意差が認められたのは 100%出席者においてのみであった。これらの結果は、集団規範の差がそのままの形で成員の行動に反映するとは言えないまでも、大筋において厳しい出席規範をもつ集団は、寛やかな規範をもつ集団よりも、相対的により多くの出席を成員たちから抽き出すことに成功している、とみてよいことを示している。

3. 遅刻に関する規範

遅刻に関する集団規範と私的見解について検討する。表 12-4 は、上で出席の規範について見た表 12-2 と同様の形式で、集団規範と私的見解のそれぞれについて上位群と下位群の中央値による比較を試みたものである。

表 12-4 遅刻に関する集団規範と私的見解：成績上位群と下位群との比較［中央値］

	集団規範(M') 上位群 n = 6gr's	 下位群 n = 15gr's	 差の検定 U-test	私的見解(m') 上位群 n = 6gr's	 下位群 n = 15gr's	 差の検定 U-test
30 分前に来る	1.69	2.05	$p < .05$	1.94	2.33	n.s.
15 分前に来る	1.12	1.82	$p < .01$	1.21	2.00	$p < .05$
定刻に来る	−.21	1.00	$p < .01$	−.19	1.22	$p < .01$
5 分遅刻	−2.05	−.67	$p < .001$	−1.74	−.56	$p < .01$
15 分遅刻	−2.57	−1.67	$p < .01$	−2.53	−2.00	$p < .01$
30 分遅刻	−2.73	−2.50	$p < .05$	−2.84	−2.50	$p < .05$
60 分遅刻	−2.83	−2.67	n.s.	−2.90	−2.86	n.s.
強度(I)	13.69	12.44	$p < .05$	13.90	12.89	n.s.
是一否認差(D)	−7.51	−2.73	$p < .01$	−6.43	−2.91	$p < .001$
結晶度(C)	7.84	7.76	n.s.	7.78	7.58	n.s.
虚構性(F)	上位群 1.43		下位群 1.57		差の有意性 n.s.	

図 12-2 は、これらの集団規範（M'）と私的見解（m'）を、グラフによって示している。

ここでも上位群の集団規範が、下位群のそれよりも、はるかに厳格であることが明瞭に読み取れる。30 分前の到着から 30 分遅刻までのすべての測定点において、この方向の群間有意差が認められている。さすがに 60 分の遅刻は、下位群においても上位群と有意差のない水準にまで否認されている。私的見解も、30 分前の到着で有意な群間差が認められない点を除けば、集団規範の場合と酷似した様相を示している。そしてこの場合には、集団規範、私

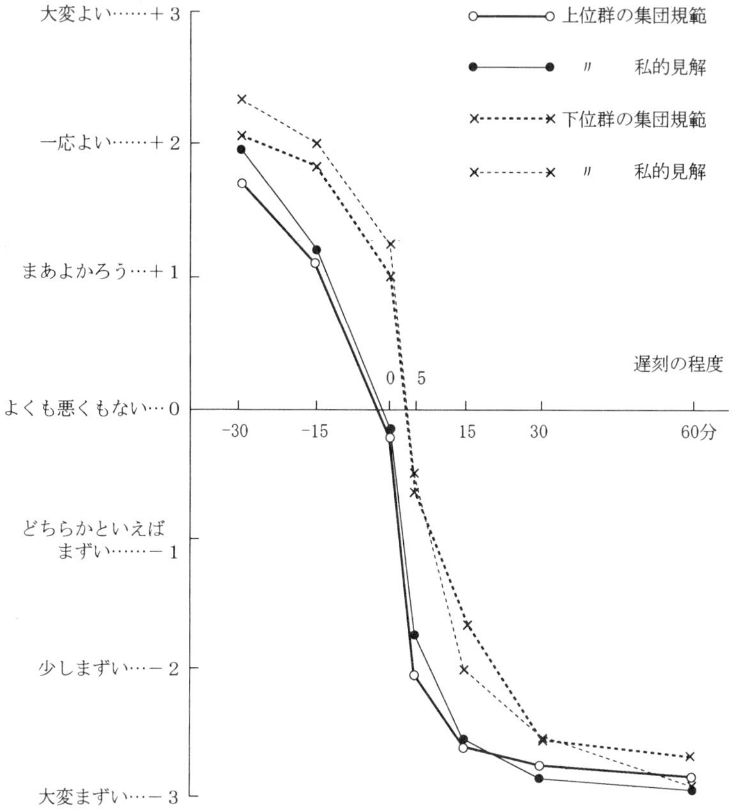

図 12-2　遅刻に関する集団規範と私的見解：成績上位群と下位群との比較

的見解ともに、是一否認差の群間差がいっそう明瞭になり、強度と結晶度には群間差が認められない。

考察と結論

これまでの分析によって、集団の成績が成員間のチームワークに大きく左右されるタイプの運動競技に従事している、大学の硬式野球部において、そこに形成される参加規範（出席に関する規範と遅刻に関する規範の総称）が、その成績上位群と下位群との間で大きな差異を見せることが明らかになった。すなわち、成績上位群には、出席についても遅刻についても、成績下位群よりはるかに厳しい集団規範が存在した。これらの規範は成員たちの私的見解によって支えられ、成員たちの報告する出席量にもその反映が認められた。

われわれはかつて（佐々木, 1995a：第 11 章）吹奏楽部の成績上位群と下位群の間に同様な差異を見いだし、同時に洋弓部の成績上位―下位群間ではこれらの差異が著しく縮小されていることを見いだした。その際、吹奏楽部と洋弓部との間にみられたこのような相違は、これら両種の集団が従事している活動の性質の違い、すなわち前者における吹奏楽演奏は成員間のチームワークに左右されるところが大きいのに対し、後者の洋弓による射的は所詮個人プレイであって、団体戦といえども基本的には個人成績の加算によって集団の成績が決まることに起因するものと解釈された。

今回の野球部データによる研究結果は、集団の成績が成員間のチームワークに大きく左右されるタイプの活動に従事している集団であれば、吹奏楽部であれ野球部であれ、集団の成績と参加規範との間に同様な関係が存在することを証明している。少なくとも「文化部」対「運動部」といった通俗的なクラブ分類法からする、先の研究結果に対する疑念は払拭されたと見てよいであろう。

先の研究でも指摘したことであるが、このような 1 時点での調査研究によっては、参加規範と集団の成績との因果関係を確定することができない。とはいえ、厳しい参加規範はクラブの活動（その大部分は練習）への成員たちの参加を促進するから、それによってより多くの練習時間が確保され、結果としてそれが成績の向上をもたらすであろうとの因果解釈は充分可能であるように思われる。

要　約

集団の成績が成員間のチームワークに大きく左右されるタイプの活動に従事している集団では、集団の成績と参加規範（出席および遅刻に関する集団規範）との間に有意な関係が存在することを、吹奏楽部の調査によって明らかにした前回の研究に続いて、今回は大学の硬式野球部の調査データによって再確認しようと試みた。調査当時関西において最高の実力を誇っていた関西六大学リーグの構成チームを成績上位群とし、阪神、京滋、近畿の各リーグの二部に属する 15 チームを成績下位群として、これらのチームに見られる参加規範を拡充されたリターン・ポテンシャル・モデルによって測定し、これらの規範の構造特性を両群間で比較した。

前回の吹奏楽部の場合同様、硬式野球部においても、成績上位群の方が下位群よりも厳しい参加規範をもっていた。これらの規範のうち出席に関する集団規範については、回答者の自己申告による「実際の出席量」に照らして、その実効性が検証された。

今回の結果は、集団の成績と参加規範との関係が、いわゆる「文化部」対「運動部」という通俗的なクラブ分類を超えて存在することをも実証している。

注記

＊本研究の分析に用いた資料は、佐々木薫の指導のもとに作成された次の卒業論文から得ている。記して謝意を表する。

原田（旧姓，中岡）まゆみ・野村（旧姓，中山）直子

「学生集団のグループ・ダイナミックス的研究：野球部の場合」

関西学院大学社会学部 1976（昭 51）年度卒業論文

注 1　この制度は昭和 57 年（1982 年）から現在のような固定メンバー制に改められた。

注 2　実際に実施された質問紙においては、この質問（Q12-E）が出席に関する私的見解を測定する質問（Q12-A）の前に置かれていた。したがって、上記 Q12-A の［　］内の補足は不要であった。

第13章 ──監督者、生産水準規範、および集団生産性：集団規範の作用に関する実験的研究──

問　題

本研究は、監督者が作業集団の生産性に及ぼす影響をモディファイする要因としての生産水準規範の作用を、実験室実験によって明らかにしようとするものである。

リーダーシップが目標達成機能（または課題遂行機能）と集団維持機能（または過程維持機能）という二つの機能から成っていることは、すでに従来の諸研究が明らかにしているところである。三隅他（1970）は前者をP機能、後者をM機能と略称し、P機能がさらに「圧力P」と「計画P」と命名された二つの因子によって構成されていることをも見出している。作業集団の監督者には、生産性を上げるよう集団に圧力をかけることが、リーダーシップとして果たすべき役割の重要な一部として期待されている。しかし、この「圧力P」は、それのみが強化され過ぎると、集団の成員たちから「不当な圧力」として受け取られ、Likert（1961）も指摘するように、集団の生産性向上に対して逆効果をもたらすことになる。P機能とM機能を兼ね備えたPM型リーダーシップが高い生産性を達成しがちであるのは、M機能がP機能に含まれる「圧力P」を不当と感じさせないで集団成員に受け入れさせる触媒のような働きをしているものと解されている（河津, 1967）。

ところで、われわれの関心は、このような監督者の成功した生産促進的圧力がもたらす集団への効果、すなわち生産水準規範の形成とその規範が集団の生産性をモディファイする作用とにある。一般に、量的に計測可能な生産活動に従事する集団は、活動開始後比較的早い時期に、みずからが定常的に達成・維持すべき生産量について集団規範を形成することが知られている。

いわゆるホーソン研究における配電盤捲き線作業室では“a fair day's work”が装置2台の完成で、コネクターは一人当たり6600箇所の接続、セレクターは一人当たり6000箇の生産であった（Roethlisberger & Dickson, 1939）し、Coch & French（1948）が研究したハーウッド社のパジャマ縫製工場では、時間当たり60単位が正規の標準作業量であったにもかかわらず、配置転換を受けた職場集団では50単位を仲間内の標準作業量としていた。佐々木・山口（1971: 第6章）は中学生の実験集団に切り紙細工を行わせ、そこに形成される生産水準規範を集団ごとに測定し、PM 型の監督者のもとで高生産指向の規範が形成されることを検証している。

高生産を指向する監督者からの圧力は、それが「不当」と感じられない限りにおいて、集団に高い生産水準規範の形成を促すものと予想される。他方、このような監督者からの圧力なしに放置された集団では、相対的に低い生産水準規範が形成されるものと予想される。前者は、監督者からの圧力がなくなってもしばらくは、集団の生産を従前の水準に維持するように作用するであろう。監督者からの圧力の欠如がながく続けば、集団規範もしだいに変化するであろうが、その変化にはある程度の時間が必要である。後者すなわちいったん低い生産規範を形成してしまった集団では、事後的に監督者が高生産への圧力を加えても、集団規範の変更は（集団形成の初期ほどには）容易でないに違いない。すなわち、いったん形成された集団規範は、後から加えられる監督者からの圧力に対して抵抗として作用するものと予想される。

以上の考察から、本実験が検証しようとする仮説は、次のように定式化されるであろう。

仮説1：集団形成の初期に監督者が生産促進的圧力を加えることによって、高い生産水準規範が形成されると、監督者からの圧力が取り除かれた後も、この規範の作用によって高水準の生産性が維持されるであろう。

仮説2：監督者よりの圧力なしにいったん低水準の生産規範が形成された後に、遅れて監督者から圧力が加えられる場合には、この規範が圧力に対する抵抗として作用するため、集団の生産性は少なくともある期間、相対的に低い水準に抑えられるであろう。

方　法

中学 2 年生の男子 48 名、女子 48 名の計 96 名を被験者とし、同性の 3 人から成る集団を 32 集団（男子のみの 16 集団と女子のみの 16 集団）構成し、4 通りの実験条件に等分に割り当てた。したがって、各条件とも男子のみの 4 集団と女子のみの 4 集団、計 8 集団ずつとなった。

一般的手続き：集団を構成する 3 人の被験者は、作業室に入って図 13-1 のように設営された被験者用の座席に着席するように指示され、「監督者」[注1]から次の教示を受けた。

「こんにちわ。私たちは関西学院大学社会学部のものです。私は君たちの監

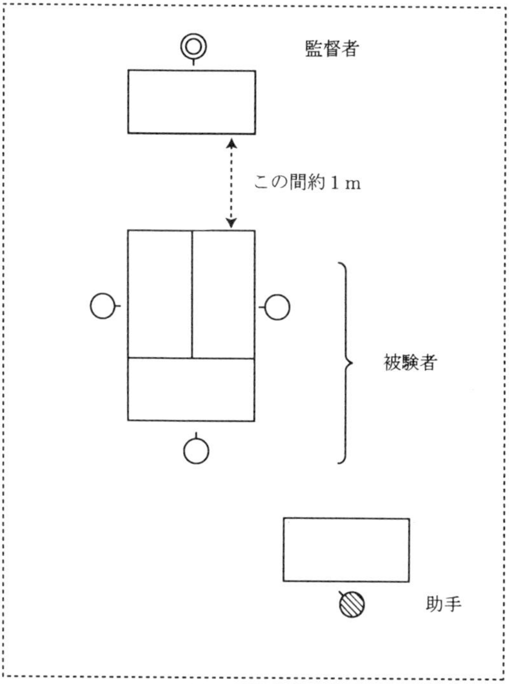

図 13-1　作業室の机などの配置

図 13-2　生産品の見本図

督者の○○です。後ろの机に座っているのは私の助手の□□さんです。私たちの研究室では集団の動きをいろいろな観点から研究しています。今日は簡単な共同作業をしていただきます。私の指示に従って作業を進めて下さい。

[助手に向かって] それでは、材料を配って下さい。」

材料の配布が行われている間に、3 人の被験者に A, B, C のアルファベットを割り当て、以後の質問紙調査の際の名前代わりに使ってもらうよう指示した。

材料の配布の完了とアルファベット割り当ての主旨の徹底を見届けた上で、作業の進め方に関する次の教示を与えた。

「配り終わったようですね。これから 3 分間の作業を練習 2 回、本番 10 回やっていただきます。始めに材料の確認をしておきます。鋏 2 丁、型紙（波形 2 枚、短冊形 1 枚）、見本 1 セット（図 13-2 参照）、折り紙用紙、鉛筆 3 本、揃っていますね。この作業はグループの共同作業です。まず、型紙を使って折り紙に型を写し取り、それを切り抜きます。そして、それを [見本を示しながら] この見本のように鎖状につないでゆきます。そのとき次のことに注意して下さい。

①波形と短冊形を交互につないでいくこと：型の違うこの 2 つがこの順序でつながれているものを 1 セットと数えます。同じ型が続いたものは生産量のセット数には含めませんので、よく注意して下さい。

②同じ色が続かないようにすること：これも間違えて同じ色を続けた場合には生産量に含めません。

③すべて 1 とつなぎにすること：つまり、グループで 1 本にしてもらうわけです。完成品は幼稚園に飾ってもらうことになっていますので、ていねいに作って下さい。

“始め” の合図から “止め” の合図まで 3 分間作業し、正しく出来上がったセット数をこちらの記録用紙に記録します。作業中の相談は自由にしてもらって結構です。これから練習をしますが、私は少し本部に用があって抜けますので、戻ってくるまでは助手の指示に従って始めておいて下さい。」

ここで監督者は退室し、助手が「始め」と「止め」の指示を行った。この間助手は何も言わないようにした。第 1 練習試行を終えたところで、助手は作業の結果を点検し、「完成したのは○○セットですね。セットにならない、糊付けまでのもの○○個、切り抜きまでできたもの○○個、線引きまでできたもの○○個ですね。」と確認しながら回収し、記録用紙に記入していった。この際完成品のみならず、未完成品もすべて回収し、次試行で活用されないよう注意した。同じ要領で第 2 練習試行を行った後、第 1 回質問紙調査を実施した。質問紙の配布と点検・回収はすべて助手が行った。

質問紙調査が終わろうとする頃、監督者が戻ってきて、本試行に備える。

次いで前期 4 試行（第 1 ～第 4 試行）と第 2 回質問紙調査、さらに後期 4 試行（第 5 ～第 8 試行）と第 3 回質問紙調査が同様な要領で行われた。監督者は 4 通りの実験条件に応じて、高生産への圧力となる発言を行ったり、口実をもうけて退室・不在になったりした。詳細は独立変数の操作の項で述べる。なお、被験者には、本試行は 10 回行うと予告してあったが、後期 4 試行を終了し第 3 回質問紙調査を終了した時点で「時間の都合」を理由に残りの 2 試行を中止する旨告げて実験を終了した。これは被験者の終末努力を排除するための処置であった。

独立変数の操作：本試行に入ると、監督者は実験デザインに応じて、前後期を通じて生産促進的な圧力をかけ続ける（PP 条件）、前期だけ圧力をかけて後期は不在となる（PO 条件）、前期不在で後期だけ圧力をかける（OP 条件）、前後期とも不在で圧力はいっさいかからない（OO 条件）のいずれかを演じた。助手は生産促進的な圧力となるような発言をいっさいしなかった。

生産促進的な圧力をかける条件では、監督者が次のような発言の中から状況にふさわしいものを選んで、くどくなり過ぎないよう注意しつつ、できるだけ多く発することにした。

作業中に：「もっと速く作って下さい」「遅いですよ」「急いで下さい」「遊ばないで仕事して下さい」「どんどん作って下さい」「3人で要領よく手分けしてやって下さい」「1分経過」「2分経過」「あと30秒です」

生産量を記録しながら：「もっとたくさん作れるはずですよ」「無駄が多いようですね」「意外に少ないなあ」「よそのグループはもっとたくさん作っていましたよ」「次回はもっとたくさん作って下さい」「もう少し丁寧にしないと製品の数に入れられませんよ」

圧力をかけない条件では、所定の期間監督者は「本部に用がある」との口実をもうけて退室し、不在となった。これは以前の実験（佐々木・山口 1971：第6章）において、この年齢の被験者たちは無言の監督者から“無言の圧力”を感じ取っていたことが明らかになったからである。この監督者不在の期間、助手は「始め」「止め」などの基本的な指示を代行したが、生産促進的な圧力にならないように配慮した。

監督者には大学生4名が、それぞれ各条件2集団ずつ計8集団を担当し、監督者の個人的特性の影響が条件間で相殺されるよう配置した。なお、助手には女子の大学生20名がランダムに割り当てられた。

監督者および助手のリーダーシップ機能の測定　上記の操作が結果的にどのようなリーダシップを創り出していたかをみるために、第3回調査時に、三隅（1960）のPM式リーダーシップ論に準拠して、監督者および助手のリーダーシップ機能を被験者に評定させた。監督者に関する質問項目は、P次元については①監督者は作業に対する熱心さを気にしているか、②ていねいに作業するように要求するか、③できるだけ速く作るように要求するか、④毎回の出来高をよく口にするか、の4問、M次元については①監督者と作業のことについて気軽に話できるか、②あなた方の気持ちを考えずに一方的に指示を出すことが多いか（逆スケール）、③仕事以外の話にも乗ってくれるか、の3問で、いずれも5段階評定であった。助手に関する評定も、「監督者」を

「助手」に置き換えただけの全く同様な質問に回答してもらった。

従属変数、その他の測定：(1) 集団の生産性　各試行ごとに各集団が作り出した色紙の鎖の中で指定通りに正しく連結されている 2 個の輪を 1 セットと数えて、セット数を記録した。これが本研究における終末結果変数（従属変数）である。

(2) 生産水準に関する集団規範　拡充されたリターン・ポテンシャル・モデルに基づく質問項目 Q13-B を用いて、集団ごとに練習試行後（測定時Ⅰ）前期終了後（測定時Ⅱ）および後期終了後（測定時Ⅲ）に計 3 回測定された。生産水準規範または単に集団規範と略称する。なお、Q13-A は Q13-B 以下を問うための導入として挿入されたものである。

Q13-A　あなたはあなたの班が 3 分間に何セット作ったらよいと思いますか。

(　　　) セット作ればよい

Q13-B　あなたがもし「3 分間で 2 セット作ろう」と言ったら、あなたの班の他の人たちは賛成するでしょうか。それとも反対するでしょうか。また、4, 6, ・・・, 18 セット作ろうと言ったらどうでしょうか。他の人たちの考えを想像して答えて下さい。

もしあなたが ↓ 班の他の人たちは→	非常に反対するだろう	かなり反対するだろう	少しは反対するだろう	何とも思わないだろう	少しは賛成するだろう	かなり賛成するだろう	非常に賛成するだろう
2 セット作ろうと言ったら	-3	-2	-1	0	+1	+2	+3
4 セット作ろうと言ったら	-3	-2	-1	0	+1	+2	+3
6 セット作ろうと言ったら	-3	-2	-1	0	+1	+2	+3
8 セット作ろうと言ったら	-3	-2	-1	0	+1	+2	+3
10 セット作ろうと言ったら	-3	-2	-1	0	+1	+2	+3
12 セット作ろうと言ったら	-3	-2	-1	0	+1	+2	+3
14 セット作ろうと言ったら	-3	-2	-1	0	+1	+2	+3
16 セット作ろうと言ったら	-3	-2	-1	0	+1	+2	+3
18 セット作ろうと言ったら	-3	-2	-1	0	+1	+2	+3

(3) 生産水準に関する本部責任者の期待　質問項目 Q13-C によって、本部の責任者はどれほどの生産量を期待していると思うか、被験者たちの認知を訊いた。本部責任者の期待または単に本部の期待と略称する。

Q13-C　あなたがもし「3 分間で 2 セット作ろう」と言ったら、本部にいる責任者は賛成するでしょうか。それとも反対するでしょうか。また、4, 6, …, 18 セット作ろうと言ったらどうでしょうか。大学から来ている人たちの考えを想像して答えて下さい。

もしあなたが↓　本部の責任者は⟶	非常に反対するだろう.	かなり反対するだろう.	少しは反対するだろう.	何とも思わないだろう.	少しは賛成するだろう.	かなり賛成するだろう.	非常に賛成するだろう.
2 セット作ろうと言ったら	-3	-2	-1	0	+1	+2	+3
4 セット作ろうと言ったら	-3	-2	-1	0	+1	+2	+3
6 セット作ろうと言ったら	-3	-2	-1	0	+1	+2	+3
8 セット作ろうと言ったら	-3	-2	-1	0	+1	+2	+3
10 セット作ろうと言ったら	-3	-2	-1	0	+1	+2	+3
12 セット作ろうと言ったら	-3	-2	-1	0	+1	+2	+3
14 セット作ろうと言ったら	-3	-2	-1	0	+1	+2	+3
16 セット作ろうと言ったら	-3	-2	-1	0	+1	+2	+3
18 セット作ろうと言ったら	-3	-2	-1	0	+1	+2	+3

(4) 生産水準に関する私的見解　質問項目 Q13-D によって、(2) と同様、3 回の測定時すべてにおいて測定された。私的見解と略称する。

Q13-D　あなたの班の人たちがもし「3 分間で 2 セット作ろう」と言ったら、あなた自身は賛成しますか。それとも反対しますか。また、4, 6, …, 18 セット作ろう、と言ったらどうでしょうか。

もしあなたの班の人たちが ↓　あなた自身は⟶	非常に反対するだろう	かなり反対するだろう	少しは反対するだろう	何とも思わないだろう	少しは賛成するだろう	かなり賛成するだろう	非常に賛成するだろう
2セット作ろうと言ったら	-3	-2	-1	0	+1	+2	+3
4セット作ろうと言ったら	-3	-2	-1	0	+1	+2	+3
6セット作ろうと言ったら	-3	-2	-1	0	+1	+2	+3
8セット作ろうと言ったら	-3	-2	-1	0	+1	+2	+3
10セット作ろうと言ったら	-3	-2	-1	0	+1	+2	+3
12セット作ろうと言ったら	-3	-2	-1	0	+1	+2	+3
14セット作ろうと言ったら	-3	-2	-1	0	+1	+2	+3
16セット作ろうと言ったら	-3	-2	-1	0	+1	+2	+3
18セット作ろうと言ったら	-3	-2	-1	0	+1	+2	+3

これら（2），（3）および（4）は、本研究において媒介変数と位置づけられる変数である。

（5）作業への動機づけ　実験に用いられた課題に対する興味や遂行意欲など、作業に対する被験者側の動機づけの強さを、5点尺度4問によって測定した。なお、実際に用いられた質問項目は、①あなたはこの作業を面白いと思いますか、②あなたはあなたの班が他の班よりたくさん作った方がよいと思いますか、③あなたはこの作業を重要だと思いますか、④あなたはあなたの班の他の人よりたくさん作りたいと思いますか、であった。

（6）集団の凝集性　一緒に作業をした仲間や集団に対する好意度や一体感など、被験者が感じている集団への誘引度を5点尺度3問によって訊き、集団ごとの合計得点を、集団の凝集性を示す指標とした。実際に用いられた質問項目は、①あなたは今の班の人たちと続けて作業したいと思いますか、②今の班の人たちとどれくらい仲良くなりたいと思いますか、③またこのような機会があったらこの人たちといっしょに作業したいと思いますか、であった。

これら（5）および（6）は、上記の（2）（3）（4）と同時に3回の調査時すべてにおいて測定された。これら2つの変数は、もし独立変数に対応して変化するならば媒介変数または条件変数となり、もし変化しないならば実験条件の統制を確認する手がかりを提供するものとなる。

結　果

1. 実験操作の妥当性

監督者が生産促進的な圧力をかけることになっていた条件、すなわち OP 条件の後期、PO 条件の前期、および PP 条件の前後期に、果たして本実験が意図したような圧力が創り出されていたかどうかを、事後的に検討するため、被験者たちが回答した上述の PM 得点を診ておこう。表 13-1 は各条件における監督者と助手の P 得点および M 得点を示している。P 得点と M 得点は測定に用いられた質問項目数が異なるので、いずれも 5 段階評点に変換してある。

まず助手の P 得点が 5 段階評点の中点 3.00 前後で、かつ 4 条件間に有意差

表 13-1　各条件における監督者および助手の P, M 得点*（中央値）

	実験条件			
	OO	OP	PO	PP
P 得点：				
監督者	−	3.75	3.54	4.00
助手	2.88	2.88	3.04	2.33
M 得点：				
監督者	−	3.45	3.28	3.45
助手	3.83	3.50	3.50	3.11

*P、M いずれの得点も 5 点満点に変換してある.
− の箇所は、監督者不在のため測定されていない.
実験条件間の差の検定（U 検定）
監督者：P 得点は OP, PO, PP の 3 条件間に有意差なし. これらすべての条件で監督者の P 得点は助手の P 得点より有意に高かった（ただし、PO 条件では $p < .10$）.
M 得点は 3 条件間に有意差なく、すべての条件で監督者の M 得点と助手の M 得点との間に有意差なし.
助　手：P 得点も M 得点も実験条件間のすべての組み合わせについて有意差なし.

が認められなかったことをベースラインと考えると、生産促進的圧力を加える監督者の居た 3 条件では監督者の P 得点がこれら助手の P 得点より有意に高くなければならない。実際、OP 条件で p <.01 水準，PP 条件で p <.05 水準，PO 条件では p <.10 水準で有意な差が認められた。そして、これらの監督者の P 得点は 3 条件間のいずれの組み合わせについても有意差が見られなかった。不在の期間はその監督者の P 得点を有意に低下させるものではなかった。

ところで、これらの監督者の P 得点によって表された課題遂行機能は被験者たちに「不当な」圧力と受け取られてはいなかったであろうか。これらの監督者に被験者たちが付与した M 得点は評定尺度の中点 3.00 を少し上回る 3.28 ～ 3.45 であって、決して否定的評価ではなく、むしろいくぶん肯定的な評価とみてよいであろう。そしてこれらの M 得点には条件間に有意差がなく、かつ助手の M 得点との間に有意差がみられなかった。

要するに、本実験における監督者たちは、単なる事務的処置に従事した助手たちよりも、明瞭に強力な課題遂行機能を果たしていたが、それは高生産一点張りではない､適度に集団維持機能をも兼ね備えたリーダーシップを取っていたとみなされる。生産促進的な圧力を創出しようとしたわれわれの手続きは成功していたと言えよう。

2. 課題への動機づけ

4 つの質問項目で測定された課題への動機づけは表 13-2 に見られる通りであった。各測定時ごとに条件間比較を行ったが、いずれの組み合わせにも有意差は認められなかった。このことは、測定時 I について言えば実験の初期

表 13-2　各条件における作業に対する動機づけ（中央値）

測定時	実験条件			
	OO	OP	PO	PP
I	14.33	12.50	13.50	12.00
II	15.17	14.00	15.67	13.83
III	16.33	14.00	16.34	14.50

実験条件間の差の検定（U 検定）
　測定時 I II III のいずれにおいても、条件間すべての組み合わせについていっさい有意差は認められなかった.

条件が課題への動機づけにおいて揃っていたことを示し、測定時Ⅱ，Ⅲについては本実験の独立変数である監督者からの圧力が課題への動機づけを左右するようなものでなかったことを示している。つまり、他の従属変数に見られる条件間差を解釈するに当たって課題への動機づけの影響を考慮しなくてすむことを意味している。

3. 集団の凝集性

集団の凝集性は3つの質問項目によって測定された。測定時ごとの各条件における測定値が表13-3に示されている。

測定時Ⅰでは OO 条件が OP 条件，PP 条件のいずれとも $p < .05$ 水準で有意に高いが、測定時ⅡではOP条件とPO条件間に、測定時ⅢではPO条件とPP条件間にいずれも $p < .10$ 水準の傾向差を見せている。統制群として設定された OO 条件の凝集性がこの実験における本試行開始直前に他の実験条件と不揃いであったことは、従属変数に対する独立変数の影響を診る時考慮に入れるべき要因が増えることを意味するが、この OO 条件の特殊性は、凝集性に関する限り、実験前期終了後には消滅し、むしろ PO 条件における凝集性上昇が注目される。

4. 生産水準に関する集団規範

生産水準に関する集団規範をリターン・ポテンシャル曲線によって表わし、各測定時ごとに4つの実験条件が比較できるように示したのが図13-3である。各条件それぞれ8集団の中央値をつないで1本の曲線を描いてある。図13-3（a）は測定時Ⅰすなわち本試行に入る直前の初期状態を表していて、4

表13-3　各条件における集団凝集性（中央値）

測定時	実験条件			
	OO	OP	PO	PP
Ⅰ	13.00	11.00	12.00	9.50
Ⅱ	13.67	10.83	13.50	10.67
Ⅲ	13.33	11.50	13.50	11.00

条件間差の検定
　測定時Ⅰ：OO ＞ OP　＊　OO ＞ PP*
　測定時Ⅱ：OP ＜ PO（*）
　測定時Ⅲ：PO ＞ PP（*）

ないし 6 セットの生産を最大リターン点として 10 ないし 12 セット以上を否認する曲線となっている。4 条件間にいくらか差異があるように見えるが、これらはいずれも統計的に有意な差ではなかった。すなわち、初期状態は揃っていたとみてよい。

図 13-3（b）は測定時Ⅱすなわち実験前期の終了後における集団規範の状態を示している。この期間監督者が付いて生産促進的な圧力を加えた 2 条件すなわち PP 条件と PO 条件では、6 セット以下の生産を否認し、12 ないし 16 セットの生産に最大リターンを付与するような規範が見られるのに対し、この期間に監督者不在で高生産への圧力の加えられなかった 2 条件すなわち OO 条件と OP 条件では、10 セット生産を最大リターン点として 12 ないし 14 セット以上の生産と 4 セット以下の生産を否認するような規範が見られる。予想された通り、監督者からの生産促進的圧力は、そのような圧力が欠ける場合に比して、より高い生産を指向する生産水準規範の形成をもたらしていた。

図 13-3（c）は実験後期終了後すなわち測定時Ⅲにおける各条件の生産水準規範の状態を示している。まず、OP 条件ではこの期間監督者が集団に復帰して生産促進的な圧力をかけ続けたにもかかわらず、統制条件である OO 条件を超えるほどの高水準への移行が見られなかった点と、PO 条件ではこの期間監督者が不在となり、監督者からの圧力がなくなったにもかかわらず、集団の生産水準規範は依然として PP 条件なみの高い水準に止まっていた点が注目される。すなわち、PO 条件では前期に形成された高水準の規範が後期まで持続したのに対し、OP 条件では前期に形成された低水準の規範が、後期における監督者からの圧力によっても明瞭な上方移行を示していない。

5. 生産水準に関する私的見解

図 13-4 は各測定時における集団の生産水準に関する私的見解をリターン・ポテンシャル曲線ふうに描いて、条件間の比較を試みたものである。測定時Ⅰ（図 13-4（a））では OO 条件が少し特異なカーブを示していて、上で見た集団規範ほどには揃っていないが、測定時Ⅱ（図 13-4（b））では監督者から生産促進的な圧力の加わった PP 条件と PO 条件では，揃って低生産を否定し高生産を受容する曲線へと顕著な変化を示しているのに対し、監督者不在の OP

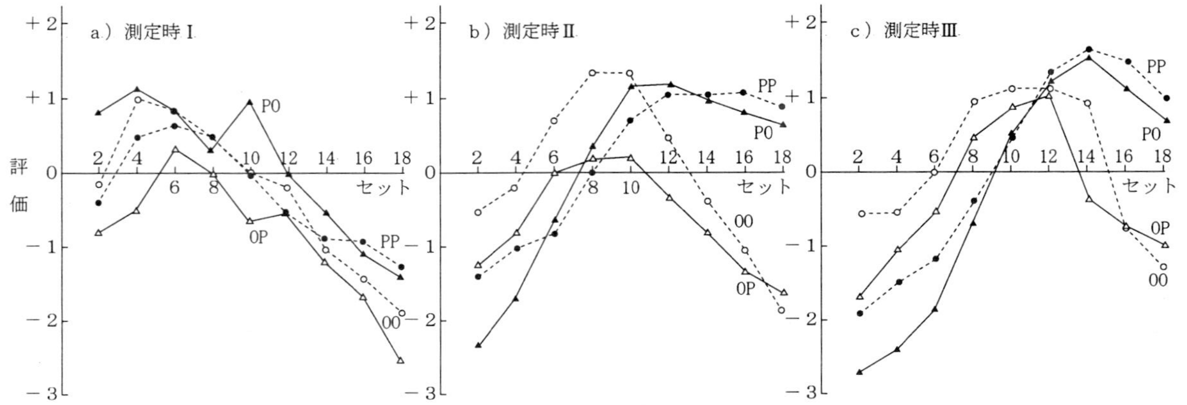

図 13-3　測定時ⅠⅡⅢにおける生産水準に関する集団規範

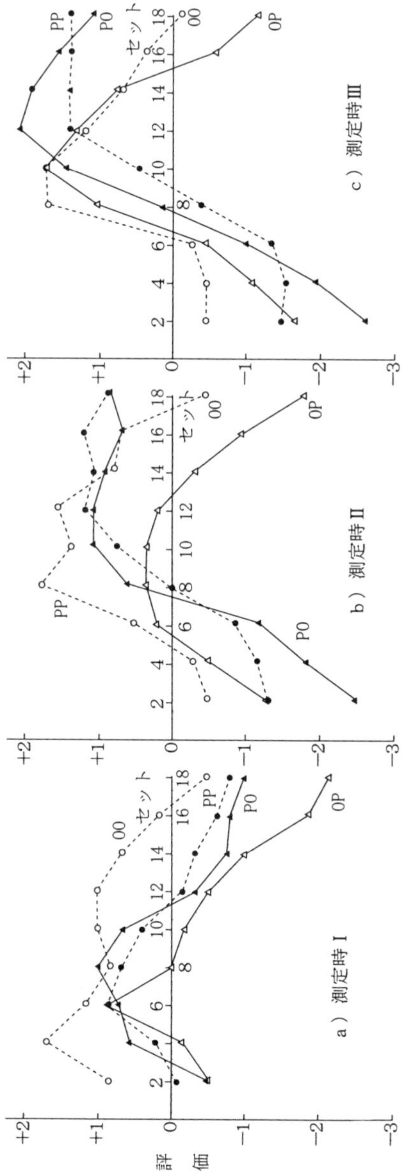

図 13-4　測定時ⅠⅡⅢにおける生産水準に関する私的見解

条件とOO条件では低生産に対する否定が弱く、高生産の受容も小幅である。ただし、OO条件がOP条件に比べいくらか高生産の受容にポジティヴであったのは測定時Ⅰにみられた初期状態の特異性の名残りかと思われる。

測定時Ⅲ（図13-4（c））では、OO条件における高生産の否定がさらに進んでOP条件の状態に近づき、これら2条件と残りの2条件（PP条件とPO条件）との間の差異がいっそう明瞭になっている。このことは生産水準規範について上で見たこととよく一致している。すなわち、OP条件では監督者が作業現場に復帰して実験後期中ずっと生産促進的な圧力をかけ続けたにもかかわらず、被験者たちに高生産を充分受容させることができなかったし、一方、PO条件ではこの期間に監督者不在となったにもかかわらず高生産に対する受容は依然として高く維持されていたのである。とはいえ、集団規範と私的見解との間にはいくつかの興味深い差異が認められる。まず、OP条件の私的見解では14セットが肯定されているのに集団規範では否認されている。また、PO条件での私的見解では最大リターン点が12セットであるのに集団規範では14セットと1目盛り高いところにある。これらのことは、監督者の復帰または不在という状況の変化に対して私的見解の方が集団規範よりも敏感であること、換言すれば、集団規範が状況の変化に対応して変化を遂げるには多少とも時間を要することを示唆している。

6. 本部の期待に対する認知

図13-5は本部の期待に対する被験者たちの認知を上と同様リターン・ポテンシャル曲線ふうに図示したものである。ここで'本部'とは、実験開始に先だって監督者が述べた教示の中で「大学の私たちの研究室」という表現で言及され、測定に用いられた質問項目では「本部にいる責任者」と表現されている作業依頼の主体であり、この主体は実際には1度も被験者の前に姿を見せていない。しかし、被験者たちはこの作業依頼者すなわち本部責任者が種々の生産水準に対して与えるであろう是認や否認の程度を訊かれた時、各自の認知にしたがって回答したのである。初期状態（図13-5（a））ではPP条件に不揃いな点が見られるが、測定時Ⅱ（図13-5（b））とⅢ（図13-5（c））は監督者の在・不在を忠実に反映した曲線を示している。上で見てきた集団規

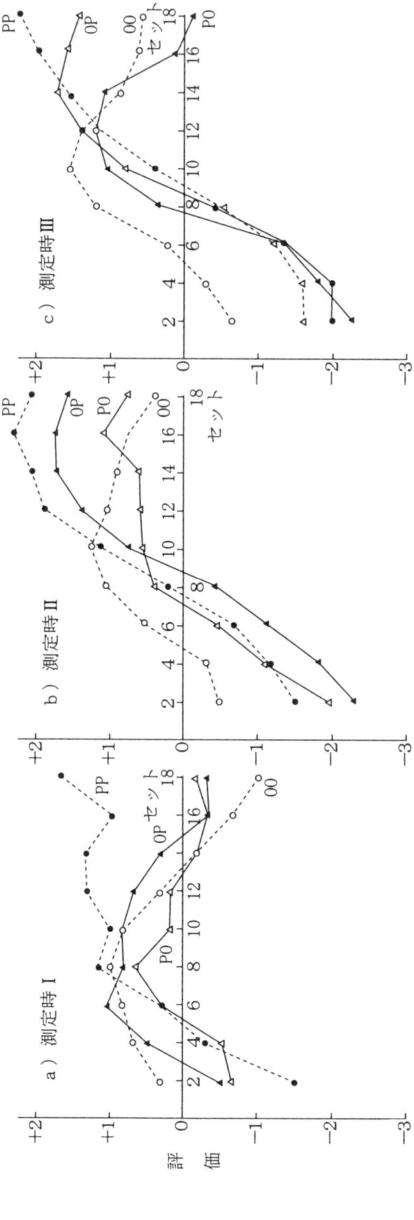

図13-5　測定時ⅠⅡⅢにおける本部責任者からの期待に対する認知

範や私的見解の動きを考察する上で特に注目されるのは、測定時Ⅲの状態である。OP 条件では監督者からの圧力を通じて本部責任者は高い生産を期待しているらしいと認知しており、PO 条件では反対に監督者の不在という事実から本部責任者はもはやさほど高い生産を期待していないらしいことを認知していたのである。したがって、これら 2 条件でこのような認知に逆らうような形で集団規範や私的見解が形成されていたことには重要な意味がある。被験者たちは、監督者の行動を通して、背後にいる本部責任者の期待の変化を敏感に感じ取ってはいるものの、既存の集団規範を一挙に変えることはしていない、あるいは変えることができないでいる。私的見解も集団規範を無視して俄に本部責任者の期待の変化に添うことには抵抗が感じられる、といった状況が読みとれる。

7. 集団の生産性

集団の生産性は、各試行 3 分間に作り出した作品（色紙を帯状に切って輪を作り鎖状に繋いだもの）の中で、所定のルール通りに繋がっている 2 個の輪を 1 セットと数え、被験者同席の場で確認したセット数で測られた。図 13-6 はそのようにして測られた試行ごとの生産量をもとに、各条件 8 集団の中央値によって代表させ、4 条件における生産量の推移を 4 本の折れ線グラフにまとめたものである。ただし、グラフは移動平均法によってスムージングしてある。なお、練習試行 2 回のうち最初の練習試行は省き、2 回目の練習試行の生産量のみを独立変数操作前のベースラインとして表示した。この練習試行における条件間差はスムージング前のデータについて検定した結果、いずれの組み合わせについても有意でなかった。生産量に関してスタートラインは条件間で揃っていたとみてよいであろう。

まず、前期 4 試行について OO 条件と OP 条件はともに監督者不在であり、PP 条件と PO 条件は監督者が生産促進的圧力をかけた点で共通していたから、これら共通の操作を受けた条件間には生産量に有意差がないことを確認しておかなければならない。これもスムージング前のデータを用いて検定した結果確認された（以下生産量に関する検定はすべてスムージング前のデータによる）。それでは操作の異なる条件間ではどうか。グラフはこの期間に差を広げている。統制条件として設定した OO 条件の右上がり曲線が示す通り、練習効果が持続するこの期間においてではあるが、PP 条件と PO 条件では OO 条件よりさらに急勾配で生産が上昇している。統計的検定によれば、PP 条件の生産量は第 2 試行以後 OP 条件の生産量より有意に高く、第 2 試行と第 4 試行において OO 条件の生産量より有意に高かった。また、PO 条件は OP 条件より第 3 試行（ただし p ＜.10 水準）と第 4 試行で有意に高い生産を上げており、OO 条件との比較では第 4 試行において有意に高い生産量を達成していた。実験前期における監督者の生産促進的圧力は、監督者不在の条件に比べて、有意に高い生産量をもたらしたと言える。

次に、実験後期における生産量の変化を見てみよう。前期に引き続いて監督者不在の OO 条件は前期よりいくらか緩いとは言え右上がりの勾配で生産

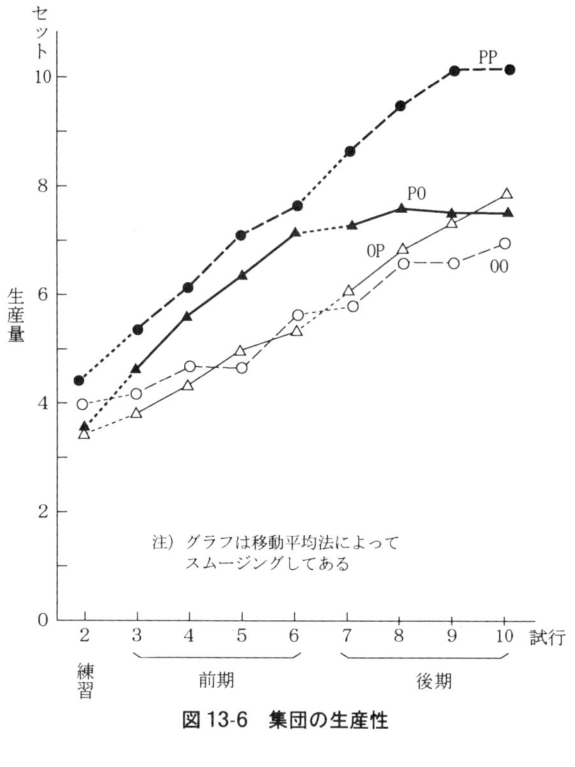

図 13-6　集団の生産性

を伸ばしている。これは練習効果がこの期の終わりまで続いていたことを示している。他方、監督者からの圧力が前期から継続して存在する PP 条件では第 9 試行まで前期とほぼ同じ大きい勾配で生産を伸ばし、OO 条件の生産水準との差をいっそう大きいものしているが、その後カーブは水平に第 10 試行へと推移している。

さて、実験前期に監督者の圧力にさらされ、PP 条件と同様の勾配で生産を伸ばしてきた PO 条件は、監督者不在の実験後期に入ってどのように生産を推移させたであろうか。絶対量としての生産セット数は低下することなく、むしろわずかながら増加している。しかし、統制条件とも見るべき OO 条件の上昇勾配に比べれば、相対的に上昇率は低下しているように見える。ここで正確な上昇率すなわち勾配を、実験前期と後期に分けて線型トレンドとして算出してみると、表 13-4 の通りとなり、これを図示すると図 13-7 の如くなった。これによれば PO 条件の後期の勾配は、OO 条件の後期の勾配より低いとは言えないことがわかる。つまり、前期 PP 条件に近い勾配（0.55）で生産を伸ばしていたきた PO 条件は、後期に入って OO 条件並みの緩やかな勾配（0.10）の生産推移を示すように変化したのである。

もう一つの条件 OP 条件は、前期不在であった監督者が後期に復帰して生産促進的な圧力を加え始めたことによって、どこまで集団の生産性を高めることができるかを見ようとするものであった。前期には OO 条件寄りの緩い勾配（0.30）で推移してきた生産量のカーブは、後期に入っていくぶん勾配を大きくし、第 9 試行で PO 条件の生産量に追いつき第 10 試行でわずかにこれを追い越している。ただし、後期全体の勾配は両条件とも 0.45 であった。

最後に、前期 4 試行・後期 4 試行（計 8 試行）の生産量を 3 要因配置の分

表 13-4　前期と後期における各条件の生産量推移を示す線型トレンド

	実験前期	実験後期
PP 条件	Yt = 6.63 + 0.65x	Yt = 9.60 + 0.45x
PO 条件	Yt = 6.00 + 0.55x	Yt = 7.60 + 0.10x
OP 条件	Yt = 4.50 + 0.30x	Yt = 7.10 + 0.45x
OO 条件	Yt = 4.60 + 0.15x	Yt = 6.75 + 0.10x

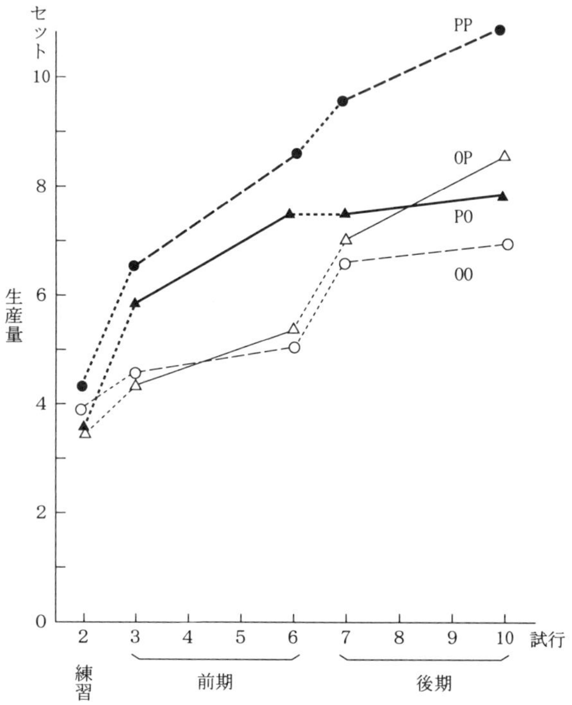

図 13-7　集団生産性の推移を示す線型トレンド

表 13-5　生産量に関する分散分析

変動因	平方和（SS）	自由度（df）	平均平方（MS）	F	有意性
A：前期・後期	293.27	1	293.27	86.56	$p<.01$
B：監督者圧力	70.14	1	70.14	20.70	$p<.01$
C：試行別	84.42	3	28.14	8.31	$p<.01$
A×B	3.52	1	3.52	1.04	n.s.
A×C	18.30	3	6.10	1.80	n.s.
B×C	8.42	3	2.81	0.83	n.s.
A×B×C	12.55	3	4.18	1.23	n.s.
残差	813.12	240	3.39		

散分析にかけた結果は表 13-5 の通りであった。前期・後期の別（要因 A）、監督者からの圧力の在・不在（要因 B）および試行別（要因 C）の 3 要因すべて主効果は有意であったが、交互作用はいずれも有意でなかった。われわれ

の仮説には要因Aと要因Bの交互作用が有意になるであろうことが含意されていたにもかかわらず、有意とはならなかった。このことは、要因Cの主効果が有意であったこと、すなわち生産量が練習効果と思われるものによって試行ごとに増加していたこと関連させて考えると、「規範が集団の生産性を一定水準に維持するように作用する」という時の「維持」とはどういうことを意味するのか、難しい問題を提起しているように思われる。この問題は項を改めて論議するであろう。

考察と結論

事後的に測定された監督者の課題遂行機能（P 得点）と集団維持機能（M 得点）から、監督者たちは全体として集団の作業員（被験者）たちに「不当」と感じられない範囲で生産促進的な圧力を及ぼし、監督者不在の状況とは明瞭に異なる実験状況を創り出すことに成功していたものと判断される。練習期間の後半に見られた生産量にも、また練習試行後独立変数の操作に先立って測定した生産水準規範および作業に対する動機づけにも、予定されていた4 条件間に有意差なく、これらの主要な従属変数に関して初期状態は揃っていたとみることができる。

集団の凝集性については OO 条件が他の条件よりいくぶん高く、生産水準に関する私的見解では 16 セット、18 セットという高い生産量を拒否する傾向を、そして本部の期待に対する認知では PP 条件が 12 セット以上の生産を肯定的に認知する傾向をいくぶん強く示していた。これらの変数の初期状態が条件間で一様でなかったことは留意して置かねばならない。

さて、われわれの仮説は支持されたであろうか。

仮説 1は、集団形成の初期に監督者が生産促進的圧力を加えることによって、高い生産水準規範が形成され、監督者の圧力が取り除かれた後も、この規範の作用によって高水準の生産性が維持されるであろう、というものであった。まず、前期に監督者から生産促進的な圧力の加えられた PP 条件と PO 条件では、この期間監督者不在であった他の 2 条件と比べ、前期終了時（測定時Ⅱ）に相対的に高生産を是認し低生産を否認する生産水準規範を形成しており、さらに PO 条件のこの規範は、監督者不在の後期 4 試行を経験した後（測定時Ⅲ）に、本部の期待が低生産の方向へ変化したことを認知し、私的見解もこの認知にいくぶんか影響されて最大リターン点を下げているにもかかわらず、集団規範は依然として PP 条件のそれとの間に有意差の見られない程度に高生産指向を維持していた。しかし、現実の生産量は前期の 0.55 の右上がり勾配から後期 0.10 の緩い勾配へと変化している。因みに、この PO 条件後期の勾配 0.10 は、前・後期を通じて監督者不在であった OO 条件の後期の勾配と等しいものであった。PO 条件が示した生産量のこの推移を、仮説通り「規範の作用によって高水準の生産性が維持され」たとみてよいであろうか。前期末第 4 試行で PO 条件が達成した高水準の生産量 7.2 セットは、OO 条件の 6.6 セット、OP 条件の 6.3 セットのいずれよりも有意に高く（それぞれ、$p < .05$ と .01）、その生産水準が後期にも維持され続けた。しかも、統制条件が示した練習効果とみられる緩やかな上昇勾配と等しい勾配をもって、であった。このことだけをもってすれば、上の仮説は充分検証されたかに見える。しかし、図 13-7 から読み取れるように、PO 条件の生産量は OO 条件の生産量より後期 4 試行を通じていくぶん高水準に位置しているものの、両条件間には統計的有意差が認められていない。それは OO 条件が休憩効果ともみられる上昇を示すことによって PO 条件の水準に急接近してきたからである。因みに、この休憩効果ふうの現象は PO 条件以外の 3 条件すべてにおいて生じていた。上の仮説を厳密に検証するには、この「休憩効果」を排除するかあるいは最小化する更なる実験が必要である。その際、練習試行を増やすなどして、本試行における練習効果も排除する工夫が望まれる。ともあれ、本実験で得られた結果の範囲では、絶対量としての生産量は仮説通りに前期末の水準に「維持」されていた。その限りにおいて、仮説 1 は一応支持されたとみてよいであろう。しかし、統制群の生産量との比較で予想されていたような相対的優位性は立証できなかった点で、仮説の検証をいくぶん不透明なものにしている。

仮説 2 は、監督者よりの圧力なしにいったん低水準の生産規範が形成された後に、遅れて監督者から圧力が加えられる場合には、この規範が圧力に対する抵抗として作用するため、集団の生産性は少なくともある期間、相対的に低い水準に抑えられるであろう、というものであった。これは OP 条件の動きを他の条件と比較することで検証される。OP 条件では前期監督者が不在であったことにより、前期末に測定された生産水準に関する集団規範は OO 条件並みに低水準指向的で、実際の生産量も前期を通して OO 条件並みに低かった。因みに、本部の期待に対する認知も私的見解も、監督者のいた PP 条件および PO 条件より明瞭に低生産指向的であった。このように「監督者よりの圧力なしにいったん低水準の生産規範が形成された後」という仮説の前提は確認された。後期から作業室に復帰した監督者は、期末（測定時Ⅲ）に測定された生産水準規範と私的見解を（PP 条件あるいはせめて PO 条件の水準まで）高生産指向に大きく変えることはできなかったが、本部の期待に対する認知を大きく変え、生産の上昇勾配を PP 条件並みに変えた。上昇勾配が等しいとは言っても、絶対量としての生産セット数は前期中に生じた PP 条件との落差が依然として残っている。ところが PO 条件の生産量との比較では、ここでもまた休憩効果とみられるものの助けを借りて、統計的有意差のないところまで急ピッチの上昇を示している。これらの関係は、表 13-5 の分散分析における監督者の在・不在（要因 A）と前・後期の別（要因 B）との交互作用が有意にならなかったことにも反映していて、前期に形成された低生産指向的な集団規範が、後期の生産上昇に抵抗として作用しているとは言えないことを示唆している。理由としては、前期 4 試行が短か過ぎて、練習効果と思われるものによって最後まで生産量が動いていたため、集団規範が充分強固に結晶していなかったであろうことが考えられる。充分強固に結晶していない規範は、現実の生産量を左右する上で監督者からの圧力に抵抗するだけの力を持ち得なかったものと思われる。分散分析における交互作用 A×B の有意性を阻んだのは、これに加えて「休憩効果」らしきものの介入であった。これがなかったならば、後期の生産性における PO 条件の OO 条件に対する優位性はもっと明瞭なものになったであろう。おそらくは、練習期間と前期をもう少し長くして、遅くとも前期の前半中に練習効果が消滅し後半には安定した生産水準が確保できるように工夫することと、前期終了から後期開始までの繋ぎの時間の使い方と作業の種類を改善して休憩効果が現れ難くすることによって、この仮説の検証は可能となるであろう。結局、仮説2に関しては、集団規範による抵抗を明瞭に検証することができなかった、と言わざるを得ない。ただし、前・後期を通じての総生産量に関して言えば、前期に生じた格差の分だけPO条件の方がOP条件よりも多いから、生産集団の運営上の戦略としては、最初に監督者が同席して指導するPO方式の方が有利である点は、仮説1および2の帰結と一致する。

仮説とは直接関わらないことで、いくつか指摘しておきたいことがある。例えば、PO条件の後期終了後（測定時Ⅲ）に得られたデータについて上で見た通り、状況の変化（監督者がいなくなること）がその背後にある意味（本部の期待）の認知を変え、生産水準に関する私的見解に影響を及ぼしていたが、集団規範そのものを変化させるには至っていなかったという事実は、状況の変化とそれに対応した集団規範の変化との間に介在するタイム・ラグを表している。ただし、その際集団規範そのものに変化が見られなくても、私的見解に変化が起こっていれば、それは集団規範の拘束力を変化させる（事実、生産量は低下した）という点に留意すべきである。集団規範の効果をみようとすれば、私的見解にも同時に眼を向けなければならない、つまり、私的見解は集団規範の構造特性の一部として扱われなければならない、というわれわれの年来の主張がここでも実証されている。

次に、集団凝集性の変動についてみておきたい。初期状態でOO条件が高い値を示していたことは上で指摘しておいたが、前期の終了時にはPO条件に肉薄され、後期の終了時には（統計的に有意ではないものの）数値的には追い越されている。またPP条件は初期値が低かったため最終的に到達した数値はさほど高くはないが、上昇の幅はPO条件に匹敵する。全体的にみると、前期に監督者不在であった条件では3つの測定時を通して変化が小さかったのに対して、前期に監督者が指揮をとった条件では有意な単調上昇がみられた（これらの条件での測定時Ⅰから Ⅲへの変化はいずれも $p < .05$ で有意）。後期における監督者の存在にはそのような効果がみられない。初期における

監督者の存在は、高生産指向の集団規範を形成するためだけでなく、集団の凝集性を高める上でも重要であることが理解されよう。

最後に、実験場面の創出に関して考えてみるべきことがある。本実験においてわれわれは、生産促進的な圧力の欠如した状況を、監督者の退室すなわち不在によって創り出したが、同席する監督者が圧力となる言動をいっさい差し控えるという方法によっても圧力欠如の状況は作り出せるであろう。しかし、これが従属変数に及ぼす効果はかなり違ったものになるように思われる。特に PO 条件や OP 条件で、同一の監督者が前期と後期でその言動を変化させた時、被験者がその変化をどう解釈するかが大きな意味を持ってくるに違いない。将来、検討すべき問題であろう。

要　約

集団形成の初期に監督者が生産促進的圧力を加えることによって、高い生産水準規範が形成され、監督者の圧力が取り除かれた後も、この規範の作用によって高水準の生産性が維持されるであろう、他方、監督者からの圧力なしにいったん低水準の生産規範が形成された後に、遅れて監督者から圧力が加えられる場合には、この規範が圧力に対する抵抗として作用するため、集団の生産性は少なくともある期間、相対的に低い水準に抑えられるであろう、という仮説を検証するため、中学 2 年生男子 48 名、女子 48 名、計 96 名を被験者とし、これを同性の 3 名から成る 32 集団に編成して、色紙を細長く切って鎖状に繋いでいく作業に、練習 2 試行（1 試行は 3 分間）、本実験前期 4 試行、後期 4 試行、計 10 試行従事させた。実験条件は、前期・後期ともに監督者不在（OO 条件）、前期不在で後期復帰して生産促進的圧力をかける（OP 条件）、反対に前期圧力をかけて後期不在となる（PO 条件）、そして前期・後期とも圧力をかける（PP 条件）の 4 条件で、各条件に男子集団 4、女子集団 4 の計 8 集団ずつを割り当てた。

仮説はほぼ支持されたが、実験後期の終わり近くまで練習効果が見られたことと前期から後期への移行に予想外の休憩効果が現れたことによって、特に仮説の後半部分の検証が不明瞭に終わった。なお付随的に、集団凝集性は、前期に監督者が居た条件で、後期の在・不在にかかわらず、後期終了まで単純上昇し、前期監督者不在の条件では後期の在・不在にかかわらず、全期間を通して変化しなかった点が注目された。

注記：

＊本稿は筆者の指導のもとで作成された下記の卒業論文に基づいている。記して謝意を表する．
井上貴・岡田（旧姓，中川）明子・下脇高信
「集団規範の実験的研究：生産水準規範に及ぼす監督者の圧力の効果」
関西学院大学社会学部　1975（昭 50）年度卒業論文

注 1　本実験における「監督者」も「助手」もすべて筆者のゼミナールに所属して集団力学の学習・研究に従事していた学生たちであった。協力に感謝する。

総括

理論化への試み

総括 理論化への試み

1. 成員に共有された観念としての集団規範

集団規範は、他の集団的事象たとえば集団目標、役割構造などと同様に、成員に共有された観念として存在する。ちなみに、集団目標は、集団が将来実現すべく努力している、あるいは努力することになっている望ましい状態に関する、成員間で合意され共有されている観念であるのに対して、役割構造と集団規範は成員の行動（さらに内面化の過程を通して態度や認知にまで及ぶ）に関して形成され共有された観念である。役割が集団内での位置ないし地位によって異なる行動型を指定するのに対して、集団規範は成員に共通な行動型を指定する（もちろん、実際の適用に際しては多少の差異を見せることがないわけではないが—たとえば、Wiggins 他，1965)。集団規範が指定する行動型は、繰り返して生起する状況（recurrent situation）と対応づけられており、その状況に最もふさわしいもの（理想的行動型）から許容可能なものまで、一般にある幅をもって指定されている。許容範囲外の行動型にもさまざまな程度の否認・懲罰が付与される（一般に理想型から遠ざかるほど否認・懲罰の程度は重くなる）ことを考え合わせると、集団規範とは、繰り返して生起する一定の状況における種々の（可能な）行動型に対する、成員に共有された価値づけである、と言い換えることができる。

このように集団規範を成員に共有された価値づけとみるとき、どのような状況でどのような行動型をどのように価値づけるかという、いわば規範の内容と同時に、そのような観念がどのように共有されているか、つまり異なる成員間で観念のどの部分がどれだけ一致しどれだけ齟齬しているかという形式も問題となる。このような測定論的問題との関連で、集団規範を再定義すれば、成員n人（M_1, M_2,.. M_n）から成る集団で、繰り返し生起する状況においてすべての成員に共通に妥当すると（成員M_iによって）認知されている行動型B_iに同調するよう、成員M_iに作用する同調圧P_iの合成されたもの（resultant force）、と規定できる（第1章）。Jackson（1960, 1965）の提唱するリターン・ポテンシャル・モデル（return potential model）がこのような測定論との係わりで注目され、拡充された（第2章）。リターン・ポテンシャル曲線の形、そこから導かれる最大リターン点、許容範囲、強度、是一否認差などの指標は価値づけの内容を、そして規範の結晶度、虚構性などの指標は共有のされ方の形式面を表現している。

集団規範は、集団の存続ないし目標達成という集団からの要請にどう応えるかに関して、成員個々人の異なる反応傾向を調整しつつ、前者の要請と後者の反応傾向とを両立させ得る行動型を探索する中で見出された集団的解（group solution）として生成する。たとえば、欠勤に関する規範は、（企業活動に支障を来さない程度に）所定の業務を遂行せねばならないという職場の要請と、できることなら休んで自由な時間をもちたいという従業員たちの願望との拮抗に対処して、月に何回ぐらいまでなら欠勤が許されるかといった線が引かれる。その際、個々の従業員は自由な時間を持ちたいという願望の強さにおいて異なるであろう。この差異に折り合いをつけながら、所定の業務の達成を可能ならしめるような欠勤頻度がその職場の集団規範として定着する。予想されるように、忙しい職場と暇な職場とでは異なった集団規範が、そして凝集性の高い職場と低い職場とでは異なった集団規範が、実際に観察されている（佐々木, 1994a：第3章）。

集団規範は、集団がそれに同調する成員ないしその行動を是認・賞讃し、それから逸脱する成員ないし行動を否認・懲罰することを通して存続する。是認・賞讃は金品を用いる褒賞、地位・名誉・尊敬の贈与、讃辞、拍手あるいは笑顔による是認といったさまざまな形をとり、否認・懲罰もまた追放、体罰、科料といった明確な形をとるものから揶揄、冷笑、顰蹙といった微妙な形のものまで様々な形をとり得る。

2. 集団規範の形成

成員個々人の異なる反応傾向の調整をとりつつ、集団からの要請に応えるには、成員はどう行動すべきか、という問題に対する集団的解として生成する集団規範は、前例の採用、洞察による解の発見、あるいは利害関係者間の交渉や試行錯誤によるよりよい解の模索などを通して形成される。

前例の採用：3人ないし4人の保育園児を1グループとして毎日同じ家具や玩具の置かれている一室に入れ30～40分ずつ遊ばせることを続けると、座席の配置や玩具の所属・使用に関して集団独自のルールないし慣習が成立することがMerei（1949）によって報告されている。彼はこのようなルールないし慣習の成立を制度化（institutionalization）と呼んでいるが、これには3日ないし6日を要したという。彼の報告には日を追っての細かい描写はないが、おそらく前日支障なく（あまり深刻な喧嘩やもめ事に煩わされることなく）遊ぶことのできた場所と玩具がその園児のものとしてしだいに既得権化していったであろうことが想像される。支障なく遂行された前例は、その時の行動様式が類似の場面で集団規範として採択される確率を高める。

洞察による解の発見：アメリカ合衆国のある小学校1年生の教室で窓近くに巣を作っていたベニヒワの親鳥が餌をくわえて窓のすぐ近くまで飛んで来た時、生徒の1人が「あっ、父さん鳥だ！」と叫ぶと続いてもう1人が「シーッ、静かに、静かに！」と制した。以後親鳥が巣に出入りするたびに教室はシーンと静まり返るようになった、というエピソードが、Bany & Johnson（1964）によって紹介されているが、これなどは、その場にふさわしい行動型が2人目の子どもによって洞察的に発見され、それがクラス集団の規範となった例である。

利害関係者間の交渉：協同関係の成立について実験研究を行ったAzrin & Lindsley（1956）によれば、2人の子どもを1組にして、両者がともに協調的な操作を行った時だけ1個の菓子（ジェリー・ビーン）が出て来るようになっている装置で何の教示も与えず自由に遊ばせたところ、10組中8組はすぐ協同して菓子を手に入れる方法を見出し、こうして得た菓子を一定の仕方で分配するようになったが、残りの２組では初め片方の子だけが菓子を独占していたため他方が協力を拒むようになり、そこで改めて分配のルールを決めて協力関係を確立したという。これらの２組における菓子の分配ルール（すなわち集団規範）は、初めの一方的な配分ルールが利害関係者間の交渉によってよりよいルールへと改変され、定着したのである。

試行錯誤：Stock 他（1958）は、集団心理療法に集まる患者のグループの観察を通して、成員たちの行動を微妙に規制している規範の成立とその改変の過程を明らかにしている。彼女らによれば、その時々にグループが対処しなければならない中心的葛藤（focal conflict）が存在するという。たとえば、治療の初期には治療者の奨めに従って洗いざらい身の上話をしたいという願望（disturbing motive）と、もし皆がそんなことをし始めたらグループの統制がとれなくなるという恐れ（reactive motive）とが中心的葛藤を構成していることがあるが、これを何とか両立させるため、一定の限度内で身の上話をする、といった解決策（solution）が明示的にか暗示的にか同意され、以後これに反する行動は非難されるようになる。しかしこの解決策は、やがて感情的に激して（合意されていた限度を超えて）長々と打明け話を始めた患者が出現したことによって修正を余儀なくされ、かなりつっこんだ打明け話が許容されるようになったという。中心的葛藤理論ではこれを弁証法的発展と呼んでいる。試行錯誤による集団規範成立の典型と言えよう。

ところで、集団規範の成立というとき、どのような基準をもって成立と未成立（または欠如）とを区分したらよいであろうか。すでに第１章で論じた通り、①指定されている行動型が成員に共通に妥当するという認知が成員たちに欠けている場合、②リターン・ポテンシャル・モデルでいう、強度がゼロである場合、または③結晶度が極限的にゼロである場合が集団規範の未成立ないし欠如に相当する。ただし、③に関しては、将来実証的研究が進んで結晶度が標準得点化され、その値が一定の水準以下ならば集団規範としての効果をもち得ない、というような基準が示されるようになるまでは、極めて低い結晶度であっても一応規範は存在するとみなさざるを得ないであろう。

集団規範の形成過程は、結晶度の上昇と虚構性の減少によって特徴づけられる。中学生の５人集団にパンチカードの孔を眼で読んでカードを分類するという単純作業を毎日30分ずつ10日間行わせ、５日目と10日目の作業後に生産水準規範をリターン・ポテンシャル・モデルによって測定し、実際の生産量の推移と対応させて検討した結果（第２章の予備的研究2)、最大リターン点は実際の生産量が増すにつれて高水準に移動し、結晶度は生産量が一定水準に安定するにつれて高まることを示唆する資料を得ている。また、全寮制の看護婦養成機関において、学年ごと（1学年約20名、同じ教室で授業を受けるから心理集団が成立している）に形成される帰寮時刻に関するインフォーマル規範を調べ、１年生よりも２年生の方が結晶度の高い虚構性の小さい規範をもっていたことが見出されており（第７章)、さらにこのような学年差は同じ学年クラスを継続的に追跡調査した結果によっても確認されている（第８章)。

3. 規範の構造特性の規定要因

形成される集団規範の構造特性を規定する要因にはどのようなものがあるであろうか。これまでの研究が明らかにした限りでの要因を挙げておこう。

集団が従事している活動の性格がまず挙げられる。活動の性格はさまざまな角度から分類できるが、たとえば、欠勤に関する職場規範について調べた研究結果（第３章）では、業務の遂行に関して成員相互間に代替可能性が高いか低いかという次元と、業務の遂行が緊急を要するか否かという次元との組み合わせによって、規範を表すリターン・ポテンシャル曲線に特徴的な差異がみられた。低代替可能性—低緊急性の職場では、職務の緊急度からみて支障をきたさない程度の欠勤（月に１～２回）なら許容されるが、それ以上頻繁な欠勤は厳しく否認される、と同時に代替のきかない職務であるから欠勤は少ないに越したことはない（少ない欠勤に対する大きな是認）ということを表すＡ型、高代替可能性—低緊急性の職場では、職務の遂行に支障を来さない限りにおいてなるべく多く休むことが歓迎され、あまり少ない欠勤は周囲の者を休みづらくさせるから歓迎されないことを示すＢ型、そして高代替可能性—高緊急性の職場では、誰かに休まれるとその分の仕事が待ったなしでその日出勤している者たちの負担として追加されるから、とにかく休んでもらいたくない、お互い休まないようにしようといった思いを表わすC型が見出された（53頁）。

大都市の消防を担当する公的組織では、欠勤や遅刻に関する職場規範が「警防防災」「救急救助隊」「管制」など予告無しで緊急対応を迫られる業務に従事している職場で、「調査・予防・査察」「人事厚生・企画・庶務」など定常業務の多い職場におけるより、厳しいことが明らかにされている（第4章）。さらに同じ課題であっても、それを遂行する方式が異なれば（個別作業方式と協同作業法式）、そこに形成される生産水準規範に差異が生じることが実験によって示されている。個別作業方式では協同作業方式におけるよりも、相対的に高水準の最大リターン点と幅広い許容範囲をもつ集団規範が形成されていたのである（第5章）。

ここでは活動の性格が様々な角度から（活動それ自体の相違、活動が人的組織に対してもつ課題性、同一課題への対応の仕方など）分類されており、それらが係わる規範も欠勤、遅刻、生産水準など多様であるが、その根底には、課題ないし業務の遂行という要請と成員の側の志向との間にある間隙ないし葛藤を処理するための解決策（解）として規範が形成されるという原理が働いている。

リーダーシップ・タイプも重要な規定要因である。リーダーシップ・タイプを分類する方法には種々あるが、われわれの研究では三隅（1966）のPM式リーダーシップ論に基づく分類（PM型，P型，M型，pm型の4類型）が用いられた。報道関係企業で行われた欠勤に関する職場規範の研究（第3章）では、PM型リーダーの率いる集団で、少ない欠勤に対する是認と多い欠勤に対する否認が最も顕著に現れる（強度の大きい）規範が形成されがちであり、M型とpm型では許容範囲が頻度の高い欠勤の方へ広がり、同時に高い頻度の欠勤に対する否認が相対的に弱い規範が、そしてP型では少ない欠勤に対する是認が少なく、多い欠勤に対する否認の強い（是―否認差が大きな負となる）規範がみられた。このような差異を産み出す要因の一部には、リーダーの言動を介して成員たちが認知する会社側の期待の差異がある。例えば、

PM 型の監督者は部下の従業員たちに「会社側も少ない欠勤を歓迎し多い欠勤を嫌っている」との認知をもたせているのに対し、P 型の監督者は「会社側は少ない欠勤でもさほど喜ばず、多い欠勤は厳しく否認している」との認知を与えている。

一方、都市の消防組織で行われた欠勤に関する職場規範の研究（第 4 章）では、第 1 線監督層のリーダーシップ・タイプの 4 類型間に（少なくとも、リターン・ポテンシャル曲線の形でみる限り）さほど顕著な規範の差異が見出せなかった。この結果は次のような事情によるものと解される。ここでは担当業務を等質化するため分析のデータを署・分署の警防係りに限定したが、署・分署では第 1 線の監督層よりも高いレベルの管理層（署長・副署長・庶務係長）が大きな影響力をもっており、その上さらにこれらの署・分署を統括する本部は各署・分署が等質的に運営されるよう常に配慮していたことによるものと思われる。しかし、第 1 線監督層のリーダーシップは部下たちの私的見解に影響を及ぼしていて、PM 型では他の型に比べ虚構性の低い規範を産み出している。この点、つまり PM 型のリーダーの下で虚構性の低い欠勤規範が見られる点は、報道関係企業の職場とも共通している。

生産水準規範に及ぼすリーダーの影響をもっと直接的に実験によって検討したのが佐々木・山口（1971：第 6 章）である。すでにみた通り、PM 型リーダーのもとで最大リターン点が高く許容範囲の比較的狭い生産促進的な規範が形成されていたのに対し、P 型リーダーのもとでは最大リターン点が実績より低い生産抑制的な規範が形成されがちであった。これは Patchen（1962）、城戸崎（1972）、田崎・三隅（1976）らが現実の職場集団における業績規範について第 1 線監督者のタイプとの間に見出した相関関係ともよく一致している。

リーダーシップは、このように、直接、集団的解の所在を提示・唱道するだけでなく、一方で成員たちの環境条件（たとえば、会社側の期待の所在など）に対する認知に影響を及ぼし、他方で成員たちの私的見解に影響を与えるなどして、集団に形成される規範の形や虚構性を規定する。

集団の凝集性も、少なくともある種の集団規範の構造特性に影響を与える要因であると思われる。報道関係企業における欠勤に関する職場規範の調査（第 3 章）によれば、凝集性の高い集団では、凝集性の低い集団におけるより、相対的に強度が大きく虚構性の小さい規範が見出されている。もっとも、この凝集性と集団規範との間の因果関係を明確に検証するためには、実験によるテストが必要であろう。ともあれ従来、凝集性はいったん形成された規範に対する成員たちの同調度を左右する要因として注目されてきたが（Cartwright & Zander, 1953,1960,1968）、形成される規範の構造特性を規定する要因でもあることが、ここで示唆されている点は改めて注目されてよい。

4. 集団規範の変容

1）変容の発生因

欠勤や生産水準に関する職場集団の規範について上でみたように、集団の課題状況（課題の性質や作業方式を含む）、リーダーシップ・タイプ、集団の凝集性などが、そこに形成される集団規範の構造特性の規定因として作用するということは、これらの変数に変化が生じるとき集団規範もまた変化する可能性があることを示唆している。実際、佐々木（1971b：第 9 章）は、作業方式を個別作業方式から流れ作業方式へと切り替えることによって、生産水準に関する集団規範に変化が生じることを確認しており、しかもその変化が集団の規模やリーダーの有無によって遅延したり促進されたりすることを見出している。ここではまず、集団規範に変容を生ぜしめる原因について原理的考察を試みたい。

集団規範は、原理的には、成員個々人の反応傾向の差異を調整しつつ、集団の存続ないし目標達成という集団からの要請に応えるにはどう行動すべきかという問題に対する集団的解として捉えることができるから、①現行の解では対処しきれないほどの変化が集団からの要請かまたは成員の反応傾向のいずれかまたは両方に生じた場合、または②現行の解よりもいっそう適応的な解が発見された場合には、集団規範の変容の原因が発生したことになる。

①が原因となる場合には、ひとまず、集団からの要請と成員側の反応傾向とに分けて、それらに含まれる個別の要因の変化として捉えることができる。

上で「集団からの要請」と概括したものの中には、集団目標の変化、利用可能な資源（技術を含む）の変化、集団の置かれている外部環境の変化などが含まれる。Zald（1962）の報告するところによれば、非行少年の収容施設が「治療」を目的とするか、「拘禁」を目的とするかによって、そこで働く専門職員に認められる自律性の程度や被収容者と職員の関係のありようが顕著に異なるという。これは同一施設の変化をみたものではないが、集団目標の変化が集団規範の変容の原因となり得ることを十分に示唆している。拘禁に必要な強制や上意下達的なアプローチでは、治療の目的を達成し得ないことは明らかである。

集団規範の変容の原因となる一方の要因、すなわち、成員の側の反応傾向の変化には、成員が集団に魅力を感じている度合（集団レベルでいえば集団凝集性）、達成動機や親和動機、能力、興味などの変化が含まれる。これらの個別的諸要因は集団への所属期間の長短、入会・退会による成員の交代、成員の他集団への重複所属、リーダーによる指導など様々な事象と関連して変化することが多い。佐々木（1965：第7章；1969：第8章）は看護婦養成機関における学生寮の門限に関する集団規範の変化を3年間にわたって追跡した調査研究の中で、新入生としての1年生クラスから、中堅としての2年生クラスを経て、外部の病院へ出て実習する機会が多く、国家試験、就職へと関心の動く3年生クラスへと、学生たちの関心や動機が変化するのに対応して学年クラス（1学年1クラス）の規範が一定の変化を遂げることを見届けている。

ところで、「従来の規範では対処できない程の変化」というとき、次のことに注意する必要がある。すなわち、複数の個別的要因が同時に変化する時、相互に効果を相殺し合って、結果として、現行規範の変容を促すほど大きな力になり得ない場合があることである。集団のサイズと規範変容の速さとの関係を検べようとした佐々木（1671b：第9章）の実験では、女子中学生の5人集団と10人集団に前半では個別作業方式（各成員に必要な材料と道具を一揃いずつ与えて作業させ、集団の生産高は各成員の生産高の合計として被験者たちの目前で算出）で、後半には道具の数を減らして一種の流れ作業方式に改めて継続させた。流れ作業は一般に分業と専門化による能率化をめざして行われるが、この実験の場合には道具数の減少に対する対応策として採用されたものである。そして実際に、10人集団では前半から後半に有意な生産量の低下がみられた。ところが、5人集団での生産量の低下はそれほど顕著ではなかった。結果として、10人集団では生産水準規範に明瞭な変化が生じたが、5人集団ではほとんど規範に変化が生じなかった。つまり、5人集団では生産用具の減少という外的条件の変化が集団の生産量に与えたであろう影響を、成員の側のより大きな努力の投入という内的条件の変化によって吸収し、実際の生産量にはほとんど変化を生じさせなかったのである。実際の生産量に変化が生じなければ、生産水準規範を変化させる必要はない。このことは、個別的条件（道具の減少、努力の投入など）の変化それ自体は、現行規範が対処できないほどの問題状況の変化をもたらすのでない限り、規範変容の要因たり得ないことを意味している。

②が原因となる事例は、①が原因となる事例ほど多くはないように思われるが、たとえば、集合予定時刻に30分遅れて集まることが比較的多くの成員に不満を残しながらも不文律化している集団で、集合予定時刻を15分遅くしてそれを厳守しようという提案がなされ、集団規範がその方向に変化する、などはその例であろう。

より適合的な解の発見・提唱者はリーダーであることが多い。革新者としてのリーダーについては、Hollander（1958）やVerba（1961）の観察がある。一般にリーダーは集団の内部、外部のいずれにも見通しのよい位置にいて、状況の変化や問題の発生およびそれらに対する革新的な対処法をいち早く察知し得る立場にある。そのようにして知り得た新しい解を集団に向かって提唱する。リーダーはそれまでに蓄積していた「独自の信用」（Hollanderのいうidiosyncrasy credit）ないし「受容資本」（Verbaのいうacceptance capital）を消却しつつ革新を集団に導入する。革新は既存の規範からの逸脱であって、その利点が証明されるまでは、信用を消耗するのである。革新導入の失敗は往々にしてリーダー交代へと発展する。

より適合的な解は時として新入者（newcomer）によってもたらされる。しかし、新入者による規範変容の試みについては、Merei が上述の実験の後半に積極性の高い年長児を集団に加えたときの追跡研究、田崎（1961）の中学生の作業集団に効率的な作業手順を知っている新入者を加えて作業手順を変化させようとした実験などが示すように、これらの新入者はいったん集団に受け容れられ、一定程度の発言権ないし社会的勢力を付与された（すなわち、上述の信用ないし受容資本を蓄積した）後でなければ、既存の規範を変容することができない。

世代の交代も新入者参入の一形態である。Rettig（1966）によれば、イスラエルのキブツのように血縁関係よりも同年齢集団が主要な構成原理をなしている共同体では、より伝統的な村落共同体であるモシャヴァよりも、宗教や家族のしきたりに関して世代間の態度差が大きかったという。

2）変容の過程

集団規範の変化は、①現行規範の虚構性の増大・結晶度の低下→②私的見解の一致度の上昇→③集団規範の私的見解への接近移動（＝新しい規範の虚構性の減少）→④新しい規範の結晶度の上昇という順序を追って進むものと考えられる。佐々木（1969：第 8 章）は看護婦養成機関における学生寮の門限に関するインフォーマル規範の学年進行による変化を追跡した研究の中で、これを支持するデータを得ている。他の種類の規範にも妥当するか否かは今後の検証に待たねばならないが、理論的に考察する限り、このテーゼには一般的妥当性があるものと思われる。

ところで、集団規範の変容のこのような過程は、規模の小さい集団における方が大きい集団におけるよりも、速かに進行するであろう、との仮説が成り立つ。事実、看護婦養成機関の寮の門限に関するインフォーマル規範は、21 人のクラスが 1 年間でとげた変化を、27 人のクラスでは約 1 年半かかって遂げていた（佐々木, 1969：第 8 章）。

佐々木（1971b：第 9 章）は、この仮説を 5 人集団と 10 人集団を用いた実験室実験によって検証しようと試み、仮説成立の根拠を次のように考えた。集団規範が明示的にしろ暗示的にしろ成員間の合意の上に成り立っているものである限り、変容の速さを規定する最大の要因は、その変容の合意を調達するのに必要な成員間相互作用量をそれが生起するのに要する時間に変換した値である。いま、n 人から成る集団において任意の 2 成員の合意が 1 回の相互作用で成立するような最も単純なケースについて考えると、

$_{n}C_{2}$ ＝ n（n − 1）／ 2 箇の相互作用で

集団の合意が成立することになる。

これを 5 人集団と 10 人集団に適用すると、

5 人集団では　$_{5}C_{2}$ ＝ 10 箇の相互作用

10 人集団では　$_{10}C_{2}$ ＝ 45 箇の相互作用

が必要となり、1 箇の相互作用に要する平均所要時間を t とすれば、

5 人集団で　10t

10 人集団で　45t

を要することになる。もっとも、現実には複数の相互作用が同時並行的に生起する可能性があり、その可能性は集団の規模が大きくなるほど大きいであろうから、厳密な定量的予測は困難であるが、合意の成立に要する時間の大小関係については、

5 人集団＜ 10 人集団

という関係を予想することができる。

しかし、先にも述べた通り、上の実験では 5 人集団の特殊事情により予期した生産量の低下を作り出し得なかったため、集団規模の効果を直接検出することが不可能となった。

ところで、規範変容の速さを規定する要因として、成員間合意に要する最少相互作用量の時間変換値を考えるという視点は、規範変容時におけるリーダーの効果についても適用できる筈である。いまもし 10 人集団に有能なリーダーがいて他の成員たちと 1 回ずつの相互作用をもつことによって規範変更の合意をとりつけることができるとすれば、

10 − 1 ＝ 9 箇の相互作用で

全員の合意を取り付けることができることになる。この場合にも、現実はこれほど単純ではないであろうが、一般に他の条件が一定なら、リーダーのいる集団の方がリーダーのいない集団よりも必要な規範変容をより短い時間で

達成するであろうことが予想される。先の実験では、10 人集団の半分（6 集団）では前半の作業が終って後半の作業に入る直前にリーダーの選出を行って（事前のゲス・フー・テストでリーダーシップ得点の高い者を入れておき、彼女が選ばれるようにしてあった）、リーダーに「集団の作業が順調に流れるよう」気を配らせた。

結果、前半から後半への生産量の低下はリーダーの有無に関係なく同程度であったが、規範の変容はリーダーのいた集団でいっそう顕著であった。

要するに、この実験は、5 人集団が小規模集団独特の特殊な反応を示したため、10 人集団との直接比較によって規範変容の速さに関する仮説を検証することには失敗したが、規範変容の基本原理に関しては支持的データを得たことになる。残された課題は、小規模集団特有の特殊反応の生じない範囲での、集団サイズ（たとえば、上述の看護婦養成機関でみられたクラス・サイズの差、20 人対 30 人）を用いて再度検証を試みることであろう。

規範の変容と関連して、制裁の効果が問題となる。厳しい制裁は集団規範を厳しい方向へ変容させ得るであろうか。新設の女子短期大学で初めて生じた定期試験中のカンニング事件とそれに対する大学側の処分（制裁）に取材して、この問題が検討された。結果は大学側の意図に反して、厳しい処分を否認する方向への変化が観察された（佐々木，1971c：第 10 章）。制裁の機能は、本来、規範の維持にあって、変容にどう関わるかは自明ではない。現行規範のもとで期待されている程度を超えた懲罰は制裁と言えるのか、それとも何か別の「外圧」とみるべきであろうか。制裁あるいはこの「外圧」はその出所において異なるのか。大学当局はここの学生たちにとって内集団なのか、それとも外集団なのであろうか。今後の検討に残された問題である。

5. 集団規範と集団生産性

集団規範が集団にもたらす影響は、生産性に限ったことではない。集団規範に関する包括的な理論を得るためには、どのような規範が集団のどのような側面にどのような影響（ないし効果）を与えるのか、網羅的に探索しなければならない。それは一つの広大な研究分野を構成するであろう。

しかしながら現状では、欠勤に関する規範、遅刻に関する規範、寮の門限に関する規範、生産水準に関する規範など、ようやくいくつかの集団規範について多少とも計量的な研究が緒に就いたところである注1。ここでは、これらの規範に限って、第Ⅲ部の研究結果を総括しておこう。

集団の成績が集団の活動量によって決まるとすれば、より多くの活動時間を確保できる集団ほど有利になる。欠席・遅刻に関する規範は、この活動時間の確保に係わっている。

関西学生吹奏楽連盟は毎年コンクールを開催して、参加校の入賞記録を作成保持している。これらの記録や複数の連盟役員による評定に基づいて、連盟傘下の吹奏楽部を成績上位群と下位群とに二分し、部員の参加動機、集団の目標、リーダーシップ、勢力構造、規範、凝集性、コミュニケーション、などなど種々の集団特性を質問紙調査によって測定し比較する中で（佐々木, 1970）、種々の相違点に混じって欠席・遅刻に関する規範の差が浮かび上がってきた。

3 年後、関西学生アーチェリー連盟傘下の洋弓部を対象に同様な調査分析を行ったところ（佐々木,1973b）、これらの規範に限っていえば、差の方向は同様ながら差の幅はかなり縮小されたものであった。

これら 2 つの研究の間におけるこの相違は、一方が吹奏楽他方がアーチェリーという活動の相違、とくにそれが集団の成績として判定される時の係わり方の相違にあると解釈された。すなわち、吹奏楽では個々人の演奏能力がいくら高くても全体としてのハーモニーが出せなくては成績を上げることができないのに対し、アーチェリーでは団体戦といえども（先鋒から中堅をへて大将まで、微妙な心理的影響が全くないわけではないが）基本的には集団の成績は個々の選手の成績の合計で決まるとみてよい。このことは練習の仕方にも相違をもたらす。一斉練習が重要であればあるほど、遅刻が厳しく咎められることになろう。佐々木（1995a：第 11 章）は、これら 2 つの調査研究から欠席・遅刻に関する規範の結果を抜粋して比較・考察したものである。

この問題を再度検討する機会が与えられたのは、さらに 3 年後関西野球連合傘下の大学野球部について調査研究が行われた時であった。野球はメンバー間の連携プレーを必要とする典型的なスポーツといえよう。しかも集団の成績が得点や勝敗によって明瞭に把捉できる。アーチェリーと吹奏楽の比較によって見出された上記の差異は、アーチェリーと野球との比較において（おそらく、いっそう明瞭に）認められるであろう、と予測された。佐々木（1995b：第 12 章）は、この予測を確証している。

集団成績の上位・下位が判別し易い、上記の学生クラブを対象としたこれらの研究から、欠席・遅刻に関する規範と集団の成績との関係については次のように総括できるであろう。

欠席に関する規範および遅刻に関する規範の厳しさは集団の成績と正の相関を示し、その相関値は、集団成績が成員間の協応に依存するほど、大きくなる。因果の方向は規範から成績への方向にあると思われるが、これまでのところ実験による検証は行われていない。また、これら 2 種の規範の間には、集団成績に対する関係（ないし効果）に関して際立った差異が認められていない。2 つの規範を併せて「参加に関する規範」（または単純に「参加規範」）と総称することができよう。

生産水準規範と集団生産性との関係はいくらか複雑である。第 2 章の予備的研究や第 5 章の実験が示唆しているように、リーダーや外部からの特別な指導や働きかけがないところでは、実際の生産量に導かれて規範が形成されていくものと思われる。他方、第 6 章の実験や第 3 章・第 4 章の調査研究が示すように、リーダーシップのありようは集団の生産性と同時に生産水準規範や欠勤・遅刻の規範の形成にも影響を及ぼす。第 13 章の実験はさらに、いったん形成された生産水準規範は、リーダーが不在になっても、集団生産性をある期間現状のまま維持する働きをもっていること、そしてまた、いったん形成された生産水準規範は、その生産水準を変えようとするリーダーの働きかけに抵抗として作用する可能性があることを示唆している。

注記：
注 1　この他に、話し合いの場面における発言頻度に関する規範を扱った研究には下記があり、
山口真人・佐々木薫（1971）「訓練キャンプの集団力学的研究」
関西学院大学社会学部紀要　第 23 号　101-113.

山口真人・佐々木薫（1973）「訓練キャンプの集団力学的研究（Ⅱ）」
関西学院大学社会学部紀要　第 26 号　87-97.

また、授業中の私語に関する規範を扱った研究（卜部，1996）などがある。

卜部敬康（1996）「集団規範の実証的研究」
関西学院大学大学院社会学研究科　1995 年度修士論文

引用文献

安藤延男（1960）宗教的態度形成におよぼすリファレンス・グループの影響　教育・社会心理学研究　1（1），84-95.

青柳靖夫・木下敏（1960）集団内成員の意見判断の同調化傾向に関する実験的研究　教育・社会心理学研究　1（2），174-184.

Azrin, N. & Lindsley, O. R.（1956）The reinforcement of cooperation between children. *Journal of Abnormal and Social Psychology,* 52, 100-102.

Bany, M. A. & Johnson, L. V.（1964）*Classroom Group Behavior: Group dynamics in education.* Macmillan.

Berkowitz, L.（1954）Group standard, cohesiveness, and productivity. ***Human Relations,*** 7, 509-519.

Cartwright, D., & Zander, A.（Eds.）（1953）*Group Dynamics : Research and Theory.* Row Peterson. 三隅二不二（訳編）（1959）「グループ・ダイナミックス」誠信書房

Cartwright, D., & Zander, A.（Eds.）（1960）*Group Dynamics : Research and Theory.* 2nd ed. Row Peterson. 三隅二不二・佐々木薫（訳編）（1969, 1970）「グループ・ダイナミックス」第２版Ⅰ，Ⅱ　誠信書房

Cartwright, D., & Zander, A.（Eds.）（1968）*Group Dynamics : Research and Theory.* 3rd ed. Harper & Row.

Coch, L. & French, J. R. P., Jr.（1948）Overcoming resistance to change. ***Human Relations,*** 1, 512-532. 新村豊・佐々木薫（訳）（1969）変化に対する抵抗の克服　カートライト＆ザンダー編／三隅二不二・佐々木薫（訳編）「グループ・ダイナミックス」第２版Ⅰ　誠信書房　Pp. 383-407.

Deutsch, M. & Gerard, H. B.（1955）A study of normative and informational social influences upon individual judgment. *Journal of Abnormal and Social Psychology,* 51, 629-636. 佐々木薫（訳）（1969）個人の判断に対する規範的影響および情報的影響の研究　カートライト＆ザンダー編／三隅二不二・佐々木薫（訳

編）「グループ・ダイナミックス」第２版Ⅰ　誠信書房　Pp. 241-255.

Festinger, L., Schachter, S. & Back, K.（1950）*Social Pressures in Informal Groups.* Harper.

Fleishman, E. A.（1973）Twenty years of consideration and structure. In E. A. Fleishman & J. G. Hunt （Eds.）*Current Development in the Study of Leadership.* Southern Illinois University Press.

French, J. R. P., Jr.（1956）A formal theory of social power. *Psychological Review,* 63, 181-194. 田崎敏昭・狩野素朗（訳）（1970）社会的勢力に関する形式理論　カートライト＆ザンダー編／三隅二不二・佐々木薫（訳編）「グループ・ダイナミックス」第２版Ⅱ　誠信書房　Pp. 873-893.

French, J. R. P., Jr. & Raven, B.（1959）The bases of social power. In D. Cartwright（ed.）***Studies in Social Power***. Institute for Soial Research, University of Michigan. 水原泰介（訳）（1962）　社会的勢力の基盤　千輪浩（監訳）「社会的勢力」誠信書房

French, J. R. P., Jr., & Zajonc, R. B.（1957）An experimental study of cross-cultural norm conflict. *Journal of Abnormal and Social Psychology,* 54, 218-224.

Georgopoulos, B. S.（1957）The normative structure of social systems : a study of organizational effectiveness. *Doctoral Dissertation,* University of Michigan.

Hackman, J. R., & Vidmar, N.（1970）Effects of size and task type on group performance and member reactions. *Sociometry,* 33, 37-54.

Hare, A. P.（1952）A study of interaction and consensus in different sized groups. *American Sociological Review,* 17, 261-267. 岡村二郎（訳）（1959）大きさの異なる集団における相互作用と意見の一致　カートライト＆ザンダー編／三隅二不二（訳編）「グループ・ダイナミックス」誠信書房　Pp. 598-611.

Hare, A, P.（1962）Group size. In the same author's *Handbook of Small Group Research.* Free Press.

Hartley, R. E.（1960）Norm compatibility, norm preference, and the acceptance of new reference groups. *Journal of Social Psychology,* 52, 87-95.

Hollander, E. P.（1958）Conformity, status, and idiosyncrasy credit. *Psychological*

Review, 65, 117-127.

Homans, G.（1950）*The Human Group.* Harvard University Press. 馬場明男・早川浩一（訳）（1959）「ヒューマン・グループ」誠信書房

Homans, G. C.（1961）*Social Behavior : Its elementary forms.* Harcourt, Brace & World. 橋本茂（訳）（1978）「社会行動―その基本形態」誠信書房

Jackson, J. M.（1960）Structural characteristics of norms. In G. E. Jensen（Ed.）, *Dynamics of Instructional Groups.* University of Chicago Press 末吉悌次・片岡徳雄・森しげる（訳）（1967）「学習集団の力学」黎明書房　Pp. 160-190.

Jackson, J. M.（1965）Structural characteristics of norms. In I. D. Steiner & M. Fishbein（Eds.）*Current Studies in Social Psychology.* Holt, Rinehart & Winston. Pp. 301-309. 香山健一（訳）（1970）規範の構造的特質　田中靖政（訳編）「現代アメリカ社会心理学」日本評論社　Pp. 48-61.

Kahn, R. L., & Katz, D.（1953）Leadership practices in relation to productivity and morale. In D. Cartwright & A. Zander（Eds.）（1953）*Group Dynamics: Research and theory*. Row Peterson. Also in 2nd ed.（1960）. 中野繁喜（訳）（1970）生産性およびモラールとの関係からみたリーダーシップ　カートライト&ザンダー編／三隅二不二・佐々木薫（訳編）「グループ・ダイナミックス」第2版Ⅱ　誠信書房　Pp. 663-680.

狩野素朗（1970）集団効率と成員満足感におよぼす構造特性とリーダーシップ特性との交互作用　教育・社会心理学研究　9（2）, 127-144.

河津雄介（1967）いわゆるPM式リーダーシップ論におけるM機能の触媒効果に関する感情論的分析：快・不快の次元よりみたリーダーシップの感情値測定　教育・社会心理学研究　6（2）, 173-184.

河津雄介（1970）フォロワーによるリーダー行動の受け入れの感情的側面とリーダーシップ効果　山口大学教育学部研究論叢　19巻（第3部）　99-103.

城戸崎雅崇（1972）達成動機とリーダーシップの条件効果及び集団の業績規範に関する実証的研究　実験社会心理学研究　12, 108-112.

木下冨雄（1966）集団のsizeと課題解決の効率　日本心理学会第30回大会発表論文集　P. 373.

木下冨雄（1970）組織の size と意志決定　日本心理学会第 34 回大会　シンポジウム論旨

Likert, R.（1961）*New Patterns of Management.* McGraw-Hill. 三隅二不二（監訳）（1964）「経営の行動科学」ダイヤモンド社

MaClelland, D. C., Sturr, J. F., Knapp, R. H., & Wendt, H. W.（1958）Obligations to self in the United States and Germany. *Journal of Abnormal and Social Psychology,* 56, 245-255.

Maeda, H.（1968）Group cohesiveness, conflicting induction, and productivity. 名古屋大学文学部 20 周年記念論集　Pp. 147-172.

前田恒・小嶋外弘・野間健三（1960）集団の凝集力と生産性に関する実験的研究（Ⅰ）：Member attractiveness を操作した場合について　教育・社会心理学研究　1（2），164-173.

前田恒・小嶋外弘・中島貞夫（1962）集団の凝集力と生産性に関する実験的研究（Ⅱ）：Group status を操作した場合について　教育・社会心理学研究　3（1），39-50.

松本卓三（1965）集団の大きさについての研究（Ⅰ）日本心理学会第 29 回大会発表論文集　P. 345.

Merei, F.（1949）Group leadership and institutionalization. *Human Relations,* 2. 23-29.

三隅二不二（1963）実験社会心理学の最近の展望（I）　心理学研究　34, 84-90.

三隅二不二（1966）「新しいリーダーシップ」ダイヤモンド社

三隅二不二・黒川正流（1971）集団規模の大きさが集団のリーダーシップ機能及び成員の帰属意識、モラールに及ぼす効果に関する研究　教育・社会心理学研究　10（2），169-181.

三隅二不二・白樫三四郎（1963）組織体におけるリーダーシップの構造―機能に関する実験的研究　教育・社会心理学研究　4（2），115-127.

三隅二不二・田崎敏昭（1965）組織体におけるリーダーシップの構造―機能に関する実験的研究　教育・社会心理学研究　5（1），1-13.

三隅二不二・河津雄介・武田忠輔（1967）組織体の PM 式管理・監督行動が生産性とモラールにおよぼす効果に関する実証的研究　教育・社会心理学

研究　6（2），111-123.

三隅二不二・武田忠輔・関文恭（1967）組織体のPM式リーダーシップ条件が生産性とモラールとくに達成動機におよぼす効果に関する実証的研究　教育・社会心理学研究　7（1），27-42.

三隅二不二・関文恭（1968）PM式監督条件効果の動機論的分析　教育・社会心理学研究　8（1），25-33.

三隅二不二・佐藤静一（1968）作業課題遂行とレミニッセンスに及ぼすPM式監督行動類型の効果　教育・社会心理学研究　8（1），13-23.

三隅二不二・吉田正敏・佐藤静一（1969）PM式指導条件が知覚—運動学習におけるパフォーマンスとレミニッセンスに及ぼす効果（Ⅱ）　教育・社会心理学研究　8（2），147-158.

三隅二不二・武田忠輔・橋口捷久（1969）病院看護婦集団におけるPM式リーダーシップおよび社会的勢力に関する実証的研究　教育・社会心理学研究　8（2），150-172.

三隅二不二・佐藤静一・吉田正敏（1970）PM式指導条件が知覚—運動学習におけるパフォーマンスとレミニッセンスに及ぼす効果（Ⅲ）　教育・社会心理学研究　9（1），1-16.

三隅二不二・河津雄介（1970）PM式リーダーシップ論にいうP型およびM型のリーダーシップ・パターン特性の生理心理学的検討　教育・社会心理学研究　9（2），79-86.

三隅二不二・白樫三四郎・武田忠輔・篠原弘章・関文恭（1970）組織におけるリーダーシップの研究　年報社会心理学　11号　63-90.

永田良昭（1965）第一線・第二線監督者のリーダーシップの研究Ⅱ：M機能の検討を中心として　鉄道労働科学　18,313-317.

Newcomb, T. M.（1950）*Social Psychology.* Dryden. 森東吾・萬成博（共訳）（1956）「社会心理学」培風館

O'Dell, J. W.（1968）Group size and emotional interaction. *Journal of Personality and Social Psychology,* 8, 75-78.

Patchen, M.（1962）Supervisory methods and group performance norms. *Adminis-*

trative Science Quarterly, 7（3），275-294.

Reothlisberger, F. J. & Dickson, W. J.（1939）*Management and the worker.* Harvard University Press.

Rettig, S.（1966）Relation of social systems to intergenerational changes on moral attitudes. *Journal of Personality and Social Psychology,* 4, 409-414.

Rommetveit, R.（1955）*Social Norms and Roles.* University of Minnesota Press.

佐々木薫（1963）集団規範の研究：概念の展開と方法論的吟味　教育・社会心理学研究　4, 21-41.

佐々木薫（1965）集団規範の研究（Ⅱ）：看護学院生の帰寮時刻に関する調査研究　教育・社会心理学研究　5（1），75-85.

佐々木薫（1966a）集団規範の研究（Ⅲ）：生産水準規範に及ぼす課題遂行方式の効果に関する実験的研究　教育・社会心理学研究　5（2），189-199.

佐々木薫（1966b）欠勤に関する集団規範の研究　日本心理学会第 30 回大会発表補足資料→佐々木薫（1994a）

佐々木薫（1969）寮の門限に関するインフォーマルな集団規範の変動　関西学院大学社会学部紀要　18, 29-46.

佐々木薫（1970）学生集団のグループ・ダイナミックス的研究（Ⅰ）：吹奏楽部の集団特性と生産性との関係について　日本教育心理学会第 12 回総会発表論文集　Pp. 308-309.

佐々木薫（1971a）集団規範　水原泰介（編）「社会心理学」（講座心理学 13）東京大学出版会　Pp. 197-246.

佐々木薫（1971b）集団規範の研究（Ⅳ）：集団のサイズとリーダーが規範変容に及ぼす効果の実験的研究　実験社会心理学研究　11 巻（1 号）45-55.

佐々木薫（1971c）規範形成に及ぼす制裁の効果に関する調査研究：カンニング事件による自然実験　関西学院大学社会学部紀要　23, 79-90.

佐々木薫（1973a）「組織の発展をめざして：現状と問題点」　神戸市消防局

佐々木薫（1973b）学生集団のグループ・ダイナミックス的研究（Ⅲ）：洋弓部の集団特性と生産性との関係について　日本教育心理学会第 15 回総会発表論文集 Pp. 268-269.

佐々木薫（1982）集団規範の変化に関する研究　三隅二不二・木下冨雄（編）「現代社会心理学の発展」ナカニシヤ出版　Pp. 151-178.

佐々木薫（1994a）欠勤に関する職場規範の調査研究　関西学院大学社会学部紀要　70, 71-88.

佐々木薫（1994b）欠勤および遅刻に関する職場規範の調査研究：都市消防の事例研究　関西学院大学社会学部紀要　71, 45-68.

佐々木薫（1995a）出席及び遅刻に関する規範と集団の成績：吹奏楽部と洋弓部の調査研究　関西学院大学社会学部紀要　72, 73-90.

佐々木薫（1995b）出席及び遅刻に関する規範と集団の成績（Ⅱ）：大学野球部部の調査研究　関西学院大学社会学部紀要　73, 13-24.

佐々木薫（1998a）監督者，生産水準規範，および集団生産性　関西学院大学社会学部紀要　79, 35-49.

佐々木薫（1998b）集団規範の研究：理論化の試み　関西学院大学社会学部紀要　81, 51-60.

佐々木薫・山口真人（1971）リーダーシップ・タイプが集団規範の形成におよぼす効果の実験的研究　関西学院大学社会学部紀要　22, 209-226.

佐藤静一（1968）課題遂行とレミニッセンスにおけるモチベーションの効果　教育・社会心理学研究　7（2），159-167.

佐藤静一（1970）PM 式指導条件が知覚-運動学習におけるパフォーマンスとレミニッセンスに及ぼす効果（Ⅴ）　日本グループ・ダオナミックス学会第 18 回大会発表

Schachter, S., Ellertson, N., McBride, D., & Gregory, D.（1951）An experimental study of cohesiveness and productivity. *Human Relations,* 4, 229-238. 金子信光・佐々木薫（訳）（1969）凝集性と生産性に関する実験的研究　カートライト・ザンダー編／三隅二不二・佐々木薫（訳編）「グループ・ダイナミックス」第二版Ⅰ　誠信書房　Pp. 183-194.

Schachter, S.（1951）Deviation, rejection and communication. *Journal of Abnormal and Social Psychology,* 46, 190-207. 野村勝彦・佐々木薫（訳）（1969）逸脱，拒絶，およびコミュニケーション　カートライト・ザンダー編／三隅二不

二・佐々木薫（訳編）「グループ・ダイナミックス」第２版Ⅰ　誠信書房　Pp. 311-340.

Seashore, S. E.（1954）*Group Cohesiveness in the Industrial Work Groups.* Institute for Social Research, University of Michigan.

Sherif, M.（1935）A study of some social factors in perception. *Archives of Psychology,* No. 187. Cited in Sherif（1936）.

Sherif, M.（1936）*The Psychology of Social Norms.* Harper.

Siegel, A., & Siegel, S.（1956）Reference groups, membership groups and attitude change. *Journal of Abnormal and Social Psychology,* 55, 360-364. 安藤延男（訳）（1969）準拠集団, 成員集団および態度変容　カートライト・ザンダー編／三隅二不二・佐々木薫（訳編）「グループ・ダイナミックス」第２版Ⅰ　誠信書房　Pp. 279-288.

Steiner, I. D.（1966）Models for inferring relationship between group size and potential productivity. *Behavioral Science,* 11, 273-283.

Stock, D., Whitman, R. M. & Liberman, M. A.（1958）The deviant member in therapy groups. *Human Relations*, 11, 341-372.

Stouffer, S. A.（1949）An analysis of conflicting social norms. *American Sociological Review,* 14, 707-717.

田崎敏昭（1961）集団への同調傾向に関する実験的研究　教育・社会心理学研究　2, 182-191.

田崎敏昭・三隅二不二（1976）PM 式リーダーシップ条件が集団の規範並びに規範への斉一性に及ぼす効果　実験社会心理学研究　16, 1-7.

Thibaut, J., & Kelley, H.（1959）*The Social Psychology of Groups.* John Wiley.

Thomas, E. J.（1957）Effects of facilitative role interdependence on group functioning. *Human Relations*, 10, 347-366. 河津雄介（訳）（1970）促進的役割相互依存性が集団機能に及ぼす効果　三隅二不二・佐々木薫（訳編）「グループ・ダイナミックス」第２版Ⅱ　誠信書房　Pp. 537-562.

Thomas, E. J. & Fink, C. F.（1963）Effects of group size. *Psychological Bulletin,* 60, 371-384.

Verba, S.（1961）*Small Groups and Political Behavior : A study of leadership.* Princeton University Press. 青井和夫（訳編）（1963）小集団と政治行動　誠信書房

Wiggins, J. A., Dill, F. & Schwartz, R. D.（1965）On “status-liability”. ***Sociometry,*** 28, 197-209.

Zald, M.（1962）Organizational control structures in five correctional institutions. *American Journal of Sociology,* 38, 305-345.

Zimet, C. N. & Schneider, C.（1969）Effects of group size on interaction in small groups. *Journal of Social Psychology,* 77, 177-188.

付　録

付録Ⅰ　調査票見本（第7章用）

付録Ⅱ　調査票見本（第8章用）

付録Ⅲ　調査票見本（第10章用）

付録Ⅰ　調査票見本（第７章用）

A 「看護婦」のイメージ調査

「看護婦」という職業についてあなたがもっているイメージを答えて下さい。

	非常に	かなり	やや	やや	かなり	非常に	
明るい	1	2	3	4	5	6	暗い
重々しい	1	2	3	4	5	6	軽々しい
あたたかい	1	2	3	4	5	6	つめたい
強い	1	2	3	4	5	6	弱い
楽しい	1	2	3	4	5	6	苦しい
かたい	1	2	3	4	5	6	やわらかい
新しい	1	2	3	4	5	6	古めかしい
はで	1	2	3	4	5	6	じみ
はやい	1	2	3	4	5	6	おそい
円やか	1	2	3	4	5	6	角ばっている

B　意見調査

Q1　看護婦になろうと決心したのはどんな理由からでしたか。

Q2　早く学院を卒業して、現場で働きたいと思いますか。

1. 早く現場で働きたい。
2. 現場で働くかどうかはともかくとして、学院を早く卒業したい。
3. あまり早く卒業したくない。
4. できることなら、いつまでも学院に残っていたい。

Q3　全般的にみて学院の講義には満足していますか。

1. 非常に満足している。
2. かなり満足している。
3. まあまあというところ。
4. どちらかといえば不満である。
5. 非常に不満である。

（4・5 →）不満の理由：

Q4　学院の講義や評価法（試験のことなど）について何か要望がありますか。

Q5　学院の全寮制（学生は全員寮に入らなければならないという制度）についてどう思いますか。

1. 全寮制がよい。
2. 特に通学を希望する者以外はなるべく寮に入れたがよい。
3. 通学が困難な者にだけ寮を提供するのがよい。

Q6　寮の生活についてどう思いますか。

	非常に	かなり	いくらか	あまり…ない	全然…ない
楽しい	1	2	3	4	5
窮くつだ	1	2	3	4	5
有益だ	1	2	3	4	5

Q7　（Q7-A として本文中に掲出）

Q8　（Q7-B として本文中に掲出）

Q9　今の生活で一番楽しいことはどんなことですか。

Q10　以上のこと以外で、何か書きたいことがあったら、自由にどうぞ。

付録Ⅱ　調査票見本（第８章用）

アンケート形式　Ⅱ

昭和　年　月　日

Q1 「看護婦」という職業についてあなたがもっているイメージを答えて下さい。（あてはまると思うところの数字を○で囲んで下さい。）

	非常に	かなり	やや	やや	かなり	非常に	
（イ）楽しい	1	2	3	4	5	6	暗い
（ロ）重い	1	2	3	4	5	6	軽い
（ハ）あたたかい	1	2	3	4	5	6	つめたい
（ニ）強い	1	2	3	4	5	6	弱い
（ホ）楽しい	1	2	3	4	5	6	苦しい
（ヘ）かたい	1	2	3	4	5	6	やわらかい
（ト）新しい	1	2	3	4	5	6	古い
（チ）はで	1	2	3	4	5	6	じみ
（リ）円やか	1	2	3	4	5	6	角ばっている
（ヌ）自由な	1	2	3	4	5	6	窮くつな
（ル）単純な	1	2	3	4	5	6	複雑な
（ヲ）高い	1	2	3	4	5	6	低い

Q2　今の生活で一番楽しいことはどんなことですか。

Q3　一番つらいと思うのはどんなことですか。

Q4　早く学院を卒業して、現場で働きたいと思いますか。

1. 早く現場に出て働きたい。
2. 現場で働くかどうかはともかくとして、早くこの学院を卒業したい。
3. あまり早く卒業したくない。
4. できることならいつまでも学院に残っていたい。

Q5　働く場所としてはどんなところが好きですか。

1. 国公立の大きな病院
2. 国公立の小さな医療施設
3. 私立の大きな病院
4. 私立の小さな病院または医院
5. その他（　　　　）

Q6　もし誰かが将来何になろうかと迷っているとしたらあなたはその人に看護婦になることをすすめますか。

1. すすめる
2. すすめない

Q7. あなた自身、看護婦以外の何かになりたいと思いますか。

1. 思う　→それは何ですか（　　　　　　　　）
2. 思わない

Q8　全般的にみて、学院の講義には満足していますか。

1. 非常に満足している
2. かなり満足している
3. まあまあというところ
4. どちらかといえば不満である → 不満の理由は：
5. 非常に不満である →

Q9　あなたはこの学院の学生であることに誇りを感じますか。

1. 非常に大きな誇りを感じている。
2. かなり大きな誇りを感じている。
3. いくらか誇りを感じている。
4. 誇りなどほとんど感じない。
5. むしろ肩身のせまい思いをしている。

何か理由がありますか：

Q10　年令の上下を問わず、あなたが尊敬できる人は、この学院内に何人ぐらいいますか。

（　　　　）人くらい

Q11　あなたが自分の親友と考えている人々は学院の内外にどれくらいいますか。

学院内の	上級生の中に（　　）人	学院外の	年長者に（　　）人
	同級生の中に（　　）人		同年者に（　　）人
	下級生の中に（　　）人		年少者に（　　）人
	その他に　　（　　）人		

Q12　個人的な問題で困ったことが起こったら、まず誰に相談しますか。（1つだけで○囲んで下さい。）

1. 同級生　　2. 上級生　　3. 下級生　　4. 学院の先生　　5. 両親
6. 兄弟姉妹　　7. 親類縁者　　8. 学院外の友人　　9. 学院外の先生
10. その他（　　　）

Q13　どれくらい頻繁に家（郷里）へ帰りますか。

平均して（　　　）カ月に（　　　）回くらい

Q14　毎月平均の出費はいくらぐらいになりますか。

月平均（　　　）円くらい

Q15　そのための収入をどうして得ていますか。

家からの仕送り	（　　　）	円
自分の貯金から	（　　　）	円
アルバイトして	（　　　）	円
その他　［　　　］	（　　　）	円
［　　　］	（　　　）	円
計	（　　　）	円

Q16　学院の全寮制［学生は全員寮に入らなければならないという制度］についてどう思いますか。

1. 全寮制がよい。
2. 特に通学を希望する者以外はなるべく寮に入れた方がよい。
3. 通学が困難な者にだけ寮を提供するのがよい。

Q17　寮の生活についてどう思いますか。

	非常に	かなり	いくらか	あまり…ない	全然…ない
（イ）楽しい	1	2	3	4	5
（ロ）窮くつだ	1	2	3	4	5
（ハ）有益だ	1	2	3	4	5

Q18　もしあなたのクラスの人が平日無断で外出し、次のような時刻に帰って来たとしたら、どの程度の罰を与えるのが適当だと思いますか。

ただし、罰の程度は

第１度　補食室当番

第２度　補食室当番＋清掃当番

第３度　愛２度＋補食室当番１週間

とする（寮則細則第40条）。

（イ）午後９時15分に帰ったら　0. 罰しない　1. 第１度　2. 第２度　3. 第３度

（ロ）午後９時30分に帰ったら　0. 罰しない　1. 第１度　2. 第２度　3. 第３度

（ハ）午後９時45分に帰ったら　0. 罰しない　1. 第１度　2. 第２度　3. 第３度

（ニ）午後10時00分に帰ったら　0. 罰しない　1. 第１度　2. 第２度　3. 第３度

（ホ）午後10時30分に帰ったら　0. 罰しない　1. 第１度　2. 第２度　3. 第３度

（ヘ）午後11時00分に帰ったら　0. 罰しない　1. 第１度　2. 第２度　3. 第３度

（ト）午後11時30分に帰ったら　0. 罰しない　1. 第１度　2. 第２度　3. 第３度

（チ）午後12時00分に帰ったら　0. 罰しない　1. 第１度　2. 第２度　3. 第３度

（リ）午後12時過ぎて帰ったら　0. 罰しない　1. 第１度　2. 第２度　3. 第３度

Q19　このことについて、あなたのクラスの他の人たちはどう思っているでしょうか。（クラス全体を考えて、もっとも多くの人が答えるだろうと思われるところを答えて下さい。）

（イ）午後９時15分に帰ったら　0. 罰しない　1. 第１度　2. 第２度　3. 第３度

（ロ）午後９時30分に帰ったら　0. 罰しない　1. 第１度　2. 第２度　3. 第３度

（ハ）午後９時45分に帰ったら　0. 罰しない　1. 第１度　2. 第２度　3. 第３度

（ニ）午後10時00分に帰ったら　0. 罰しない　1. 第１度　2. 第２度　3. 第３度

（ホ）午後10時30分に帰ったら　0. 罰しない　1. 第１度　2. 第２度　3. 第３度

（ヘ）午後11時00分に帰ったら　0. 罰しない　1. 第１度　2. 第２度　3. 第３度

（ト）午後11時30分に帰ったら　0. 罰しない　1. 第１度　2. 第２度　3. 第３度

（チ）午後12時00分に帰ったら　0. 罰しない　1. 第１度　2. 第２度　3. 第３度

（リ）午後12時過ぎて帰ったら　0. 罰しない　1. 第１度　2. 第２度　3. 第３度

Q20　寮はうまく運営されていると思いますか。

1. 非常にうまく運営されている。
2. かなりうまく運営されている。

3. まあまあというところ
4. どうもまずく運営されている。→ どういう点ですか、どうしたら
5. 非常にまずく運営されている。┘ よいと思いますか：

Q21　学院内であなたはサークル（クラブ、部）に参加していますか。
1. 何にも参加していない。
2. 参加している。→（　　　　　）（　　　　　）（　　　　　）

Q22　学院外であなたは何かの団体に加入していますか。
1. 何にも加入していない。
2. 加入している。→（　　　　　）（　　　　　）

Q23　看護婦の実習はどれほど経験しましたか。
1年生に入学して以来通算して、約（　　　　　）日くらい

Q24　あなたの学年：（　　　）年生

Q25　あなたの出身高校：1. 福岡市内　　2. 福岡市外福岡県内
3. その他（　　　　）県
高校卒業年月：昭和（　　　）年3月

Q26　あなたの家で中心になっている人の職業：(回答肢は省略)

付録Ⅲ　調査票見本（第 10 章用）

はじめに

まず次のような場面を想像してみて下さい。

あなたはいま、教務係に頼まれて、この大学のあるクラス（ただし、あなたとは関係のない）で期末考査の試験監督をしているところです。時間が半分ほど過ぎた頃、あなたは、ある 1 人の学生がカンニング・ペーパーを使ってカンニングしているところを見つけました。

あなたがその学生に近づくと、その学生は観念したように「やあ、バレたか」とつぶやきました。その学生はあなたの知らない学生です。この場合、代理監督者としてあなたがとり得る処置として、次の 5 通りが考えられます。

処置Ⅰ　カンニング・ペーパーと答案用紙を取り上げて直ちに退場を命じ、教務に報告する。

処置Ⅱ　カンニング・ペーパーを取り上げた上で一応そのまま受験を続けさせるが、答案を教務に届ける時、マークしてカンニングの事実を報告する。

処置Ⅲ　その学生が自発的に受験を放棄するようにそと促がし、カンニングの事実は誰にも知らせない。ただし、すすめに応じなければ処置Ⅱをとる。

処置Ⅳ　カンニング・ペーパーだけを取り上げて、そのまま受験を続けさせ、教務には報告しない。

処置Ⅴ　見て見ぬふりをする。教務にも報告しない。

以上のことをよく念頭に置いて、次の質問に答えて下さい。

質問 A 群

この場合：

①カンニングしていた学生は代理監督者（＝あなた）の知らない学生である。

②あなたがどの処置をとったかは、そのうち何らかの形であなたのクラスの人たちに伝わる可能性がある。

とします。

質問１　あなたはどの処置をとるでしょうか。

注意：「とるべきだ」とか「とりたい」とかいうことではなく、この場合の状況から考えて、あなたがもっとも取りそうな処置を１つ〇で囲んで下さい。

処置Ⅰ　　処置Ⅱ　　処置Ⅲ　　処置Ⅳ　　処置Ⅴ

質問２　［上の答えとは関係なく］もしあなたが処置Ⅰをとったと仮定します。その場合、あなたのクラスの人たちは、あなたの行為についてどう思うでしょうか。また、あなたが処置Ⅱ，Ⅲ，……Ⅴをとった場合にはどうでしょうか。

もしあなたが↓　あなたのクラスの人たちは→

	実にけしからん許せないと思うだろう	どうもけしからんことをしたと思うだろう	どちらかと言えばまずいことをしてくれたと思うだろう	よくやったとは言えないがまあよかろうと思うだろう	わりによくやってくれたと思うだろう	かなりよくやってくれたと思うだろう	全く期待通りによくやってくれたと思うだろう
処置Ⅰをとったとしたら	1	2	3	4	5	6	7
処置Ⅰをとったとしたら	1	2	3	4	5	6	7
処置Ⅱをとったとしたら	1	2	3	4	5	6	7
処置Ⅲをとったとしたら	1	2	3	4	5	6	7
処置Ⅳをとったとしたら	1	2	3	4	5	6	7
処置Ⅴをとったとしたら	1	2	3	4	5	6	7

質問３　［上と同様に］もしあなたが処置Ⅰをとったとした場合、学校当局はどう思うでしょうか。また、あなたが処置Ⅱ，Ⅲ，……Ⅴをとった場合にはどうでしょうか。

もしあなたが
↓
学校当局は⟶

	実にけしからん許せないと思うだろう	どうもけしからんことをしたと思うだろう	どちらかと言えばまずいことをしてくれたと思うだろう	よくやったとは言えないがまあよかろうと思うだろう	わりによくやってくれたと思うだろう	かなりよくやってくれたと思うだろう	全く期待通りによくやってくれたと思うだろう
処置Ｉをとったとしたら	1	2	3	4	5	6	7
処置Ｉをとったとしたら	1	2	3	4	5	6	7
処置Ⅱをとったとしたら	1	2	3	4	5	6	7
処置Ⅲをとったとしたら	1	2	3	4	5	6	7
処置Ⅳをとったとしたら	1	2	3	4	5	6	7
処置Ⅴをとったとしたら	1	2	3	4	5	6	7

質問４　こんどは、代理監督者があなたでなく、あなたのクラスの誰かであったとします。その人が処置Ｉをとった場合、処置Ⅱ，Ⅲ，……Ⅴをとった場合のことを想像して、そのときあなたはどう思うかを答えて下さい。

もしあなたクラスのの誰かが
↓
あなたは⟶

	実にけしからん許せないと思うだろう	どうもけしからんことをしたと思うだろう	どちらかと言えばまずいことをしてくれたと思うだろう	よくやったとは言えないがまあよかろうと思うだろう	わりによくやってくれたと思うだろう	かなりよくやってくれたと思うだろう	全く期待通りによくやってくれたと思うだろう
処置Ｉをとったとしたら	1	2	3	4	5	6	7
処置Ｉをとったとしたら	1	2	3	4	5	6	7
処置Ⅱをとったとしたら	1	2	3	4	5	6	7
処置Ⅲをとったとしたら	1	2	3	4	5	6	7
処置Ⅳをとったとしたら	1	2	3	4	5	6	7
処置Ⅴをとったとしたら	1	2	3	4	5	6	7

質問B群

今度は：

①カンニングしていた学生は代理監督者（＝あなた）の大の親友。その親友はいつも熱心に勉強する努力家だが成績はどうも芳しくない。今度の試験にはぜひともよい成績をおさめておきたいと一生けんめいになっていた。

②あなたがどの処置をとったかは、そのうち何らかの形であなたのクラスの人たちに伝わる可能性があるものとする。（この点はＡ群と同じ）

質問１　あなたはどの処置をとるでしょうか。

注意：「とるべきだ」とか「とりたい」とかいうことではなく、この場合の状況から考えて、あなたがもっとも取りそうな処置を１つ〇で囲んで下さい。

処置Ⅰ　　処置Ⅱ　　処置Ⅲ　　処置Ⅳ　　処置Ⅴ

質問２　[上の答えとは関係なく]もしあなたが処置Ⅰをとったと仮定します。その場合、あなたのクラスの人たちは、あなたの行為についてどう思うでしょうか。また、あなたが処置Ⅱ，Ⅲ，……Ⅴをとった場合にはどうでしょうか。

もしあなたが ↓

あなたのクラスの人たちは→

	実にけしからん許せないと思うだろう	どうもけしからんことをしたと思うだろう	どちらかと言えばまずいことをしてくれたと思うだろう	よくやったとは言えないがまあよかろうと思うだろう	わりによくやってくれたと思うだろう	かなりよくやってくれたと思うだろう	全く期待通りによくやってくれたと思うだろう
処置Ⅰをとったとしたら	1	2	3	4	5	6	7
処置Ⅰをとったとしたら	1	2	3	4	5	6	7
処置Ⅱをとったとしたら	1	2	3	4	5	6	7
処置Ⅲをとったとしたら	1	2	3	4	5	6	7

処置Ⅳをとったとしたら	1	2	3	4	5	6	7
処置Ⅴをとったとしたら	1	2	3	4	5	6	7

質問 3　［上と同様に］もしあなたが処置Ⅰをとったとした場合、学校当局はどう思うでしょうか。また、あなたが処置Ⅱ，Ⅲ，……Ⅴをとった場合にはどうでしょうか。

もしあなたが ↓ 学校当局は ⟶

	1	2	3	4	5	6	7
	実にけしからん許せないと思うだろう	どうもけしからんことをしたと思うだろう	どちらかと言えばまずいことをしてくれたと思うだろう	よくやったとは言えないがまあよかろうと思うだろう	わりによくやってくれたと思うだろう	かなりよくやってくれたと思うだろう	全く期待通りによくやってくれたと思うだろう
処置Ⅰをとったとしたら	1	2	3	4	5	6	7
処置Ⅰをとったとしたら	1	2	3	4	5	6	7
処置Ⅱをとったとしたら	1	2	3	4	5	6	7
処置　Ⅲをとったとしたら	1	2	3	4	5	6	7
処置Ⅳをとったとしたら	1	2	3	4	5	6	7
処置Ⅴをとったとしたら	1	2	3	4	5	6	7

質問 4　こんどは、代理監督者があなたでなく、あなたのクラスの誰かであったとします。その人が処置Ⅰをとった場合、処置Ⅱ，Ⅲ，……Ⅴをとった場合のことを想像して、そのときあなたはどう思うかを答えて下さい。

もしあなたクラスの誰かが ↓ あなたは ⟶

	1	2	3	4	5	6	7
	実にけしからん許せないと思うだろう	どうもけしからんことをしたと思うだろう	どちらかと言えばまずいことをしてくれたと思うだろう	よくやったとは言えないがまあよかろうと思うだろう	わりによくやってくれたと思うだろう	かなりよくやってくれたと思うだろう	全く期待通りによくやってくれたと思うだろう
処置Ⅰをとったとしたら	1	2	3	4	5	6	7

処置Ⅰをとったとしたら	1	2	3	4	5	6	7
処置Ⅱをとったとしたら	1	2	3	4	5	6	7
処置Ⅲをとったとしたら	1	2	3	4	5	6	7
処置Ⅳをとったとしたら	1	2	3	4	5	6	7
処置Ⅴをとったとしたら	1	2	3	4	5	6	7

索　引

〈事項索引〉

【ら行】

＜和文人名索引＞

＜欧文人名索引＞

（著者紹介）

佐々木　薫（ささき　かおる）

1935 年　高知県高知市生まれ

1957 年　九州大学教育学部卒業

1963 年　九州大学大学院教育学研究科（教育心理学専攻）博士課程修了
（博士課程在学中　１年間米国ミシガン大学大学院に留学

1963 年　九州大学教育学部助手

1965 年　筑紫女学園短期大学助教授

1967 年　関西学院大学社会学部専任講師

現　在　関西学院大学社会学部教授、博士（社会学）

著　作　『社会心理学を学ぶ』（共編著）有斐閣　1979
『集団行動』（社会心理学講座２）（分担執筆）東大出版会　1978
『現代社会心理学の発展』（分担執筆）ナカニシヤ出版　1981
『集団行動の心理学』（共編著）有斐閣　1987

訳　書　カートライト＆サンダー編『グループ・ダイナミックス』第２版
（共訳編）誠信書房　1969-70
リカート著『経営の行動学』（分担訳）ダイヤモンド社　1964

集団規範の実証的研究

関西学院大学研究叢書　第94編

2000年6月20日初版第一刷発行

著　者　　佐々木　薫
発行代表者　山本　栄一
発行所　　関西学院大学出版会
所在地　　〒662-0891　兵庫県西宮市上ヶ原1-1-155
電　話　　0798-53-5233

印刷所　　水書房
製本所　　日本データネット(株)
函・写真撮影　清水　茂

ISBN: 4-907654-15-4

http://www.kwansei.ac.jp/press